浙江省高校人文社科重点研究基地
浙江省哲学社会科学重点研究基地

# 产业技术创新战略联盟运行绩效评价理论与实践

郑胜华 著

ZHEJIANG UNIVERSITY PRESS
浙江大学出版社

U0885421

**图书在版编目(CIP)数据**

产业技术创新战略联盟运行绩效评价理论与实践 / 郑胜华著. —杭州：浙江大学出版社，2018.11
ISBN 978-7-308-18509-7

Ⅰ.①产… Ⅱ.①郑… Ⅲ.①产业经济－技术革新－企业联盟－研究－中国 Ⅳ.①F279.244

中国版本图书馆 CIP 数据核字(2018)第 182289 号

**产业技术创新战略联盟运行绩效评价理论与实践**
郑胜华 著

**责任编辑** 傅百荣
**责任校对** 杨利军 夏湘娣
**封面设计** 周 灵
**出版发行** 浙江大学出版社
(杭州市天目山路 148 号 邮政编码 310007)
(网址：http://www.zjupress.com)
**排 版** 杭州隆盛图文制作有限公司
**印 刷** 浙江省良渚印刷厂
**开 本** 710mm×1000mm 1/16
**印 张** 15
**字 数** 270 千
**版 印 次** 2018 年 11 月第 1 版 2018 年 11 月第 1 次印刷
**书 号** ISBN 978-7-308-18509-7
**定 价** 62.00 元

**版权所有 翻印必究 印装差错 负责调换**
浙江大学出版社市场运营中心联系方式：0571－88925591；http://zjdxcbs.tmall.com

PREFACE

# 序　言

产业技术创新战略联盟是由企业、大学、科研机构或其他组织机构，以企业发展需求和各方的共同利益为基础，以提升产业技术创新能力为目标，以具有法律约束力的契约为保障，形成的联合开发、优势互补、利益共享、风险共担的技术创新合作组织。作为国家科技创新体系的重要组成部分，产业技术创新战略联盟在整合产业技术创新资源，引导创新要素向企业集聚，促进产业技术集成创新，攻克产业共性技术难题，提高产业技术创新能力，提升产业核心竞争力和推动产业转型升级等方面发挥了越来越重要的作用，受到了国家的高度重视和扶持，为此，科技部从 2008 年开始推出国家产业技术创新战略联盟试点单位，截至 2015 年，试点单位已经达到 151 家，极大地推动了国家产业技术的创新升级和产业结构的优化调整 。然而，随着联盟数量不断增加，各个地区的联盟运行绩效由于联盟目标、联盟规划、伙伴选择、运行模式、伙伴协同和产业导向等方面的不同而参差不齐，一定程度上影响了试点联盟整体形象和国家巨额投入资金的产出效应、衍生效应和公平效应，进而影响联盟所在产业技术创新能力和整体竞争力的进一步提升。因此，如何制定一套科学合理的运行绩效评价体系，对现有技术创新战略联盟进行有效的评估，以确保联盟优胜劣汰和整体健康发展是亟待解决的关键问题。

浙江省产业技术创新战略联盟自 2010 年启动建设以来，分四批先后成立了 46 家，在制定产业发展规划和标准体系、组织科技项目申报与实施、搭建创新平台和展示平台以及培养行业人才等方面取得了较好的成效。但已建联盟同样不同程度地存在组织松散、内部管理缺失、财政补助经费使用不善等问题，且近两年来联盟的建设处于停滞状态。这种状况与国家和省市各级政府所期待的联盟的作用不相吻合。为了更好发挥产业技术创新战略联盟在提高产业整体技术创新能力和产业结构优化调整等方面的作用，国家已经做出了相应部署，如《中共中央、国务院关于深化体制机制改革加快实施创新驱动发展战略的若干意见》(中发〔2015〕8号)在继续鼓励“构建以企业为主导、产学研合作的产业技术创新战略联盟”的前提下，提出了联盟管理模式的创新思路，要求“更多运用财政后补助、间接投入等方式，支持企业自主决策、先行投入，开展重大产业关键共性技术、装备和标准的研发攻关”。

据此，在后续的浙江省产业技术创新战略联盟建设中，采取联盟先行投入联合开展相关技术研发和攻关，财政资金根据各联盟实际运行效果进行评价后给予补助的方式(新建立的联盟也不再采取以往通过科技项目进行事前补助的方式)将是政府对联盟管理改革的主要路径，而其中评价是最重要的环节。不过，联盟价值创造活动是一个非常复杂的过程，有很多因素影响联盟的运行绩效，如伙伴之间资源和能力的差异、联盟的周期性和动态性、联盟目标的不一致、R&D项目的选择、研发经费投入力度和公共平台的建设等，而且，联盟还存在着经济收益的时滞性和累积性、职能的长期性和复杂性、联盟成员目标的多样性以及不同管理目标下的联盟绩效测量的差异性等。因此，虽然产业技术创新战略联盟运行绩效的评价近年来逐渐成为联盟管理研究领域关注的热点，也出了一些不错的成果，但是，联盟运行绩效固有的复杂性使得现有研究还没有形成较为完善的评价理论体系，缺乏较好的实践指导意义。综上，无论理论建构，还是实践应用，技术创新战略联盟评价体系的完善和优化都是值得探讨的话题。

本书正是基于以上需求提出的，以“产业技术创新战略联盟运行绩效评价”为研究对象，通过揭示产业技术创新战略联盟的运行机理和管理特点，从投入和产出的无形化、评价指标的非财务化、评价主体的多元性、评价的过程化和评价标准的多样化等基点入手，结合文献回顾与浙江省30个联盟的实地访谈和问卷调查，找到影响产业技术创新战略联盟运行绩效的关键因素，并综合运用SPSS、Eviews等统计工具，层次分析法、模糊数学综合评价法和案例分析法等研究方法进行检验，在此基础上，制定了一套较为完善的产业技术创新战略联盟评价体系。本书的研究成果不仅能够进一步丰富和发展现有理论架构，而且可以更为科学地评价联盟的实际运行效果，为包括浙江省在内的各级政府制定更有针对性的扶持政策和更为合理的财政经费支出提供决策参考。

需要说明的是，本书在编写中全面梳理并参考了国内外诸多相关的研究文献、企业成果和政府政策，汲取了许多学者、企业管理者和政府官员的思想精华，在此表示由衷的感谢。当然，作为一个发展中的研究领域，产业技术创新战略联盟及其运行绩效评价有许多理论和实践问题尚在探索之中，限于作者能力与时间，文中难免有不当之处，还请同仁谅解，并请广大读者批评指正。

作　者

2018 年 10 月于浙江工业大学屏峰校区

CONTENTS

# 目　录

## 第一篇　理论篇

## 第二篇 案例篇



## 第三篇 政策篇

# 第一篇
# 理论篇

## 1 国内外产业技术创新战略联盟研究概览

由于产业技术创新战略联盟在英文中没有精确对应的专有名词，因此为了了解国外学者对技术联盟的研究状况，本书在“Web of Science”数据库中，以“technology alliance”为主题进行检索，共搜索到文献233篇(此233篇文献是在特定限定词下得到的，不排除其他相关文献没有包含在内，只供线性描述所用)。文章发表数量的走势图如图1-1所示，从检索结果可知，在“Web of Science”数据库中，关于技术联盟研究的第一篇文献发表于1990年，且文献

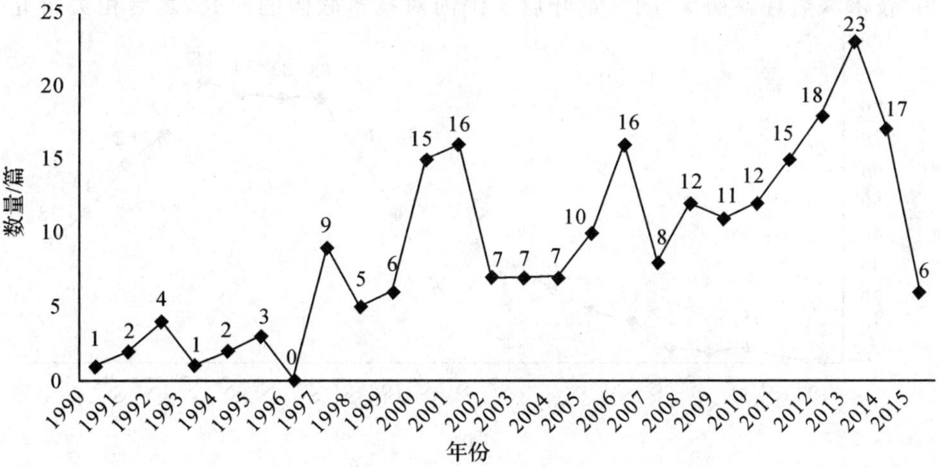


图1-1　技术联盟外文文献发表数量及走势

数量大体呈上升趋势。

1990 年，*Journal of Petroleum Technology* 期刊收录了一篇名为"Annual-meeting proposes new industry alliances—the 65th SPE annual-meeting in September explored industry strategies to maximize technology and minimize costs"的会议论文，文章初次探讨了产业技术创新战略联盟如何制定策略来实现联盟整体技术最优，成本最少。

通过检索外文文献的引用率，可以发现引用率最高的是 Stuart T E 在 2000 年发表于 *Strategic Management Journal* 上的一篇名为"Inter-organizational alliances and the performance of firms: A study of growth and innovation rates in a high-technology industry"的文章，文章探讨了技术联盟与企业绩效之间的关系，认为技术联盟可以更好地实现资源优化配置，特别是技术联盟中的小公司可以通过联盟获得自身所不具备的声誉资源，最后通过实证分析认为，良好的伙伴合作可以比单个企业产生更好的绩效。

由于国内学者明确定义产业技术创新战略联盟的时间较晚，因此，为了在时间跨度上更全面地了解国内学者在产业技术创新战略联盟领域的研究现状，本书在"中国知网"数据库中，以涵盖领域更广、代表含义准确度高的"技术联盟"为篇名来检索，选择学科领域为"经济与管理科学"，并剔除一些相关度低的论文，共搜索到论文 826 篇（此 826 篇文献是在特定限定词下得到的，不排除其他相关文献没有包含在内，只供线性描述用途）。文章发表数量的走势如图 1-2 所示。从检索结果可知，1995 年蔡兵在《自然辩证法研究》发表的名为"技术联盟现象初探"的文章开启了国内对技术联盟的研究，之后相关研究

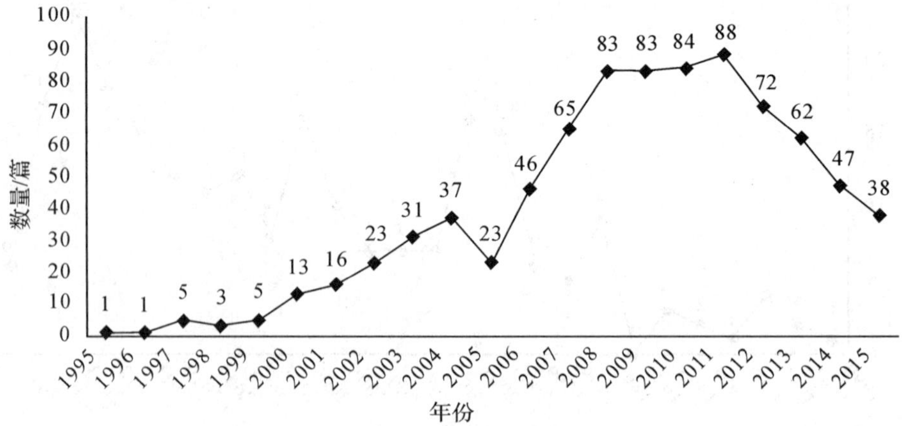


图 1-2 技术联盟中文文献发表数量及走势

呈逐年上升趋势，1995 年至 1999 年，发表的文献较少，处于初步研究阶段。2000 年至 2004 年，发表的文献数量明显增多，进入技术联盟研究的第一次高潮。2005 年至 2011 年，文献发表数量大幅增加，进入技术联盟研究的第二次大发展阶段。2011 年至 2015 年，技术联盟研究热度相对降低，相关文献发表数量呈缓慢下降趋势，但相对数量占比依然较高。

中文文献被引用率最高的是陈培樗、屠梅曾(2007)发表在《科技进步与对策》中的一篇名为“产学研技术联盟合作创新机制研究”的文章，其对技术联盟的合作模式及运行机制进行了分析，并以第三代移动通信技术联盟为例，探讨了技术联盟的运作方式及影响因素。

综上所述，可以清晰地发现，技术联盟的研究正成为新经济时代下创新组织理论研究的热点之一，其所涉及的对象和领域不断地发展与深化，包括联盟的内涵与特征、联盟发展模式、联盟运行机制以及联盟绩效评价等领域(见图 1-3)。

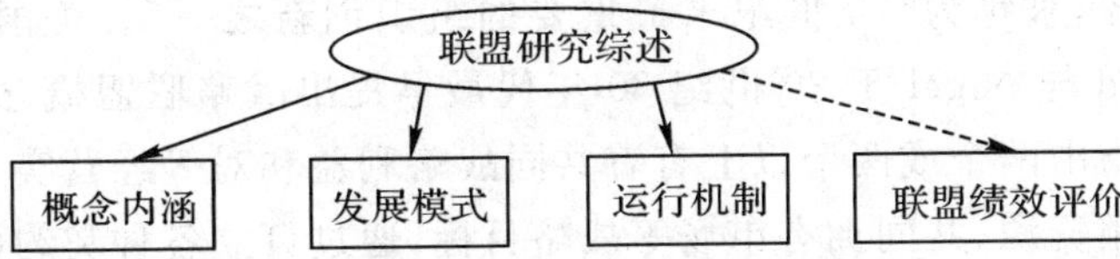


图 1-3　产业技术创新战略联盟研究概览

# 2 产业技术创新战略联盟内涵与特征

## 2.1 战略联盟内涵

学者对产业技术创新战略联盟的研究最早源于战略联盟。随着经济全球化趋势的不断加强，市场环境的不断变化，产品和技术生命周期越来越短，战略联盟逐渐以一种全新的现代组织形式扩散开来，成为企业培育和提升竞争力的重要路径，被称为“20 世纪末最重要的组织创新之一”。美国 DEC 公司总裁 Hopland 与 Nigel 于 20 世纪 80 年代最早提出战略联盟概念，他们认为战略联盟是指由两个或两个以上有着共同战略利益和对等经营实力的企业为达到共同使用资源、共同拥有市场等战略目标，通过订立各种契约而结成的成果共享、风险共担、生产要素双向或多向流动的松散的合作组织；Teece(1992)对战略联盟内涵进行了更为深入的研究，提出战略联盟是两个及以上联盟伙伴为了实现资源共享、优势互补等战略目标而进行的以承诺和信任为特征的合作活动，包括技术成果互换、R&D 合作协议、共同营销、排他性的合作生产和采购协议等形式。综上，战略联盟是指由两个或两个以上有共同战略利益和对等经营实力的企业(或特定事业和职能部门)，为达到共同拥有市场、共同使用资源等战略目标，通过各种协议、契约而结成的优势互补或优势相长、风险共担、生产要素水平式双向或多向流动的一种松散的合作模式。战略联盟有利于规模经济，实现企业优势互补，有效占领新市场和处理专业化、多样化的生产关系。战略联盟的主要形式有合资、研发协议、特许经营、定牌生产、相互持股等。

## 2.2 技术联盟内涵

随着 R&D 项目规模的不断扩大，技术需求的快速变化，企业之间的合作越来越紧密，尤其在高技术领域，参与者通过合作协议的方式互相联系在一起，联盟复杂性不断增加，协同创新中的整合、互动不断加强，以技术创新为目的的技术联盟逐渐发展起来。技术联盟源于技术合作，如 Bartoe(1990)的空间站国际技术合作，Hagedoorn 和 Schakenrad(1991)的新材料企业间通用技术合作等。1994 年，Egelhoff 和 Haklisch(1994)首先对技术联盟进行了探索性研究，提出技术联盟在企业战略中的重要性和影响因素，他们认为技术联盟是技术集成创新阶段企业组织制度的创新形式，是技术转移的新思路，是企业为了获取竞争优势而结成的相互依赖的战略性伙伴关系。技术联盟的参与方不仅有企业，而且还包括高校和科研院所，甚至金融、中介等服务机构。企业通过与其他企业、高校、科研院所等订立契约关系结成联盟，以便在一段时间内协作从事技术研究或产品开发，主要目的是提高企业的技术创新能力。中国有关技术联盟文献最早源于对日本科学技术联盟(JUSE)的研究。张重庆(1983)提出日本技术联盟是一个由科学技术厅、企业等共同出资人组成的财团法人科学技术团体，在加强科学技术工作者的相互交流，促进科技开发，推进日本企业管理现代化和全面质量管理方面发挥了重要作用(郝廷玺、吴景信，1987)。王宁霞(1990)进一步指出工业活动已经越来越集中于生产、获取和利用知识，尤其是科学与技术知识，企业必须通过建立全球性技术联盟和技术网络来加强相互依赖。由此，可以看出技术联盟是指两个或两个以上具有独立法人地位的企业联合致力于某一技术或产品的研发行为，是为适应技术快速发展和市场竞争需要而产生的优势互补或加强性组织。

## 2.3 产学研联盟内涵

20 世纪 90 年代以后，随着技术创新成为企业发展的核心要素，学者们的关注点拓展至产业范围内的技术联盟，包括产学研联盟和产业技术创新战略联盟(简称产业技术创新战略联盟)。产学研联盟是产业技术创新战略联盟的前身，是在产学研合作的基础上发展而来的。早期的产学研联盟是指在新技术革命条件下，由若干大公司联合相关大学、政府和科研机构共同组建研究开发项目小组，通过一段时间合作取得一定进展后，进一步发展成产、学、研结合，资金、技术、人才结合的高新技术产业组织。目前的产学研联盟一般以企业为主体、市场为导向、高等院校和科研机构为主要技术依托，政府、中介机构和行业协会为辅助力量，强强联合、优势互补、互惠共赢。通常由企业出资金，大学和研究机构出技术和人才，共同推动技术成果转化，包括改进现有产品、开发新产品、扩张市场、采用新流程以及具体实现程度等。产学研联盟主要包括支持研究、合作研究、知识转移、技术转移等活动(Santoro, Chakrabarti, 1999;倪力亚,2006;黄子蕴,孙颖楷,张晶晶,2010;邓雪,高寒,2013),是产学研结合的一种高级形式,产学研联盟与传统的产学研合作的区别在于:成员之间实现风险共担、利益共享,是企业、高校和科研机构为实现各自利益而进行的战略性选择。但这种“产学研结合体”结构松散,行为短期,往往以临时项目居多,缺乏持续性和产业化机制,没有形成产业技术创新合力和完整的创新链条(李新男,2007)。

## 2.4 产业技术创新战略联盟内涵

产业技术创新战略联盟作为一种全新模式的产学研合作联盟,主张通过联盟单位的技术合作推动产业共性技术的研发,通过整合创新资源以实现1+1>2的产业协同创新效果。由于产业技术创新战略联盟是一个新型、复杂的系统组织,是在产学研联盟、技术联盟的基础上进一步深化形成的高级产业组织形式,因此,国内外学者对产业技术创新战略联盟内涵的界定都是在战略联盟、产学研联盟、技术联盟的基础上产生的。本书从功能视角、关系视角和结构视角三个维度来解析。

从功能视角看,产业技术创新战略联盟是不同联盟成员之间关于资源交换、共享技术和服务、共同开发产品的一种自觉性安排,是联盟成员之间一种长期合作关系,这种合作关系可以使组织成员保持对自身资源的控制并共同决定资源的使用(Brass,2004)。

从关系视角看,产业技术创新战略联盟是相互独立的企业和其他组织通过一系列契约联结的集合体(Casseres,1994),是通过准市场协调契约形成的多维向量体系(刘东,2003),是成员们围绕一个共同目标进行合作的具有指向性与长期性的契约联合(嵇登科,2006)。

从结构视角看,产业技术创新战略联盟是以突破某一产业的共性技术并实现研发成果的转化为目标,多家具有相同产业背景及一致性需求的企业和科研机构、高等院校结合起来,选择合适的组织模式、科学的运作机制,以契约为纽带,形成的满足各方共同利益的组织形式(Christian,2006),是产学研合作的高级形式(邱光宇,2009)。

在国内外相关研究基础上,2008 年 12 月,国家科技部联合财政部、教育部等六部委发布了《关于推动产业技术创新战略联盟构建的指导意见》,将产业技术创新战略联盟定义为:由企业、大学、科研机构或其他组织机构,以企业发展需求和各方的共同利益为基础，以提升产业技术创新能力为目标，以具有法律约束力的契约为保障，形成的联合开发、优势互补、利益共享、风险共担的技术创新合作组织。

## 2.5 产业技术创新战略联盟特征

对比产业技术创新战略联盟与战略联盟、技术联盟、产学研联盟，不同学者从不同角度归纳了产业技术创新战略联盟的不同特征。产业技术创新战略联盟与战略联盟、技术联盟和产学研联盟相比，前者往往以大型企业为活动主体，并吸纳了一批相互依存的个体。与一般战略联盟不同，产业技术创新战略联盟开展的合作规模更大、综合性更强、复杂程度更高、合作进程更长、组织和运行更加开放（张晖明和丁娟 2004）；不仅反映了企业的内在发展需求，更体现了国家和地区的战略目标，满足了国家重点产业技术创新需要（胡枭峰，2010）。产业技术创新战略联盟的一般特征是主体企业化、目标产业化和合作自由化（胡争光和南剑飞，2011），同时，还应当看到政府在联盟创新活动中的地位和作用，政府是产业技术创新战略联盟的重要推动力量（潘东华，孙晨，2013），通过提供资金支持以及政策约束，维护联盟稳定，保障联盟创新成果价值的实现。

综上，产业技术创新战略联盟与战略联盟、技术联盟和产学研联盟既有相同之处，也存在自身鲜明的特征（见表 2-1）：一是定位于合作创新，重点在于产学研之间的联合开发与创新；二是主要面向同一产业，是“同行”之间，“同产业链”之间的合作；三是参与主体的多样化，包括企业、大学、科研机构、金融机构、中介服务组织、政府等。与一般的战略联盟相比，它的层次更高，参与主体更广泛和多样，合作关系更长期和紧密，其对创新的推动作用也更明显（李学勇，2009；何卫红，2013）。总体而言，产业技术创新战略联盟不仅是企业、高校、政府搭建的技术合作桥梁，也是建立在产业发展基础之上的同盟军，同时体现的是国家和地区的创新意志，其发展对产业、地区有两大直接的作用——提升产业、地区的科技实力和经济发展水平。

**表 2-1 产业技术创新战略联盟与战略联盟、技术联盟、产学研联盟的区别**

| 类型 | 主体 | 目标 | 组织结构 | 法律保障 |
| --- | --- | --- | --- | --- |
| 战略联盟 | 两个及两个以上企业 | 增强企业竞争能力,资源共享、优势互补 | 松散型网络组织 | 较弱 |
| 技术联盟 | 企业、高校、科研机构 | 进行技术研究或产品研发,提升企业技术创新能力 | 松散型网络组织 | 较弱 |
| 产学研联盟 | 企业、高校、科研机构 | 增强个体竞争能力,企业开发新技术、新产品,高校、科研机构提高学术地位 | 松散型网络组织,临时项目居多 | 较弱 |
| 产业技术创新战略联盟 | 企业、高校、科研机构、政府、金融机构、中介机构 | 突破产业关键技术,提升产业技术创新能力,满足国家战略需要 | 权责利明确,有正式的组织结构 | 较强 |

资料来源:根据有关资料整理。

# 3 产业技术创新战略联盟运行模式

纵观产业技术创新战略联盟的形成及发展过程，在本国、本地区实际国情以及外部环境的影响下，各个国家和地区呈现出不同的运行模式。主要有欧美日三种模式。

## 3.1 欧洲产业技术创新战略联盟模式

近现代的欧洲一直在工业以及科研基础领域拥有着雄厚的实力，科技人才储备充足，而欧盟的成立无疑为加强各国之间的合作、提升整个欧洲国家的科技水平起到了重要作用。欧洲内部各国家之间的产业技术创新战略联盟主要有以下几种形式。

网络中心模式。该模式多以开展技术研究项目合作为前提，通过联合工业界、高等院校以及科研机构等形成虚拟的组织形式。网络中心模式在一定程度上摆脱了时间地域等方面的限制，通过建立明确的知识产权归属及技术转移办法等强化和集中了技术研究力量。例如上世纪末德国推行的创新网络计划(InnoNet)，该项目主要针对中小企业开展竞争前的研究合作，研究涉及研究开发从简单到复杂的整个发展过程，加快了联盟知识向中小企业倾斜和转移的推进速度。

技术转移模式。该模式重在促进产业技术创新战略联盟内的技术转移，加速产学研合作间知识的流动和共享。其中德国的弗琅霍夫联合体(FHG)就是这种模式的典型，该联合体不仅进行产业技术研究工作，同时又关注技术研究成果的使用和产业化过程，尤其值得一提的是该联合体通过发放技术许可证、设立专门化的机构和部门等形式为技术转移提供更多样化、专业化的服务。此外，英国设立了“科技开发应用中心”这样的专业性机构，围绕科技技术的开发，研究成果的转移、市场商业化以及利用等问题开展研究工作。

战术整合模式。该模式通过成员分担研究费用、共享研究成果等方式强化了欧盟企业间具有地缘性的合作成果，同时也提升了欧盟对外的整体竞争实力和科研技术水平。例如1989年，由法国的卡西诺、荷兰的欧得等企业牵头成立的欧洲零售联盟，通过整合联盟企业各自的技术优势，不仅帮助各家企业实现了技术创新的低成本，而且还联手研制了具有专利成果的新产品、新工艺和新技术，取得了巨大的规模经济效应。

## 3.2 美国产业技术创新战略联盟模式

美国产业技术创新战略联盟最具代表性的模式有：政府引导联盟模式、工程研究中心模式和企业大学合作研究模式。

政府引导联盟模式。这是主要通过政府部门直接资金资助、多渠道引资等筹资方式，整合产业资源，引导产业各主体参与国家战略性技术研究的组织形式。如美国新一代汽车合作伙伴计划（PNGV），该联盟由美国副总统直接分管，并纳入了能源、商务等8个联邦权威管理部门，联邦政府的直接引导不仅充分发挥了联邦机构在信息资源、组织管理等方面的优势，而且强化了联盟目标与国家技术发展战略目标的一致性。美国FREEDOMCAR计划、半导体制造技术联合体等也是此类模式的典型代表。

工程研究中心（ERC）模式。该模式关注大、中工程科学研究领域间的跨学科课题研究，突出大学同企业间的合作关系。该中心的研究内容不限于某一技术领域或技术应用的局部问题，而是涉及从制造、生产到销售等各环节的整个过程。在研究费用方面，由联邦政府、州政府、企业和大学共同出资构成。另外，工业界除了每年需提供三成左右的中心研究资金外，还需要在科学研究仪器、器械等设备方面给与无偿援助。在组织管理方面，ERC的方式非常灵活，中心组织架构依据不同的高校其各自特点也不同。此外，新型工程人才的培养也是工程研究中心的重要任务，通过开展多学科的综合教育、开设继续工程教育计划等形成了不同与传统大学的ERC独特文化。

企业大学合作模式。该模式根据企业的要求开展课题研究，旨在加强企业与大学之间的长期科研合作。企业大学合作研究中心（IUCRC）的主要任务是解决行业内共性技术问题。研究中心在机构上并不依附于企业或高等院校，有着自己的技术物资等。在组织形式上，主要有单对多的合作形式，即由一所高等院校与多个企业联合形成的组织方式；多对多的合作形式，即多个大学与多个企业间的联合研究方式；计划合同的合作方式，IUCRC通过与产学方签订共同的合作协议，推动各项合作研究工作的安排和开展。

## 3.3 日本产业技术创新战略联盟模式

随着20世纪60年代工矿业技术组合法的诞生,80年代日本科技立国战略的提出以及90年代日本政府积极推进的产学研一体化进程,日本产业技术创新战略联盟在不断探索中逐步形成了独具特色的模式。

技术研究组合。技术研究组合是日本开展产业技术创新战略联盟最主要的模式和最具日本特色的成功模式典范。该合作研究组织是在《工矿业技术研究组合法》下设立的具有特殊法律地位的组织,是介于公益法人与企业法人之间的非营利法人。技术研究组合的组织形式并不是长久存在的,在完成指定合作任务后,联盟企业就解散回原来企业。技术研究组合主要有水平和垂直两种合作类型:水平合作型是主要强调联盟成员之间进行任务分担的组织形式,在联盟统一研究开发战略目标部署后,具体的项目由联盟成员进行单独研究;而垂直合作型则是将技术研究组合的所有成员汇集到一起,集中进行研究开发工作。在合作早期,技术研究组合主要采取水平合作方式,伴随着企业整体研发水平的提升,现在更倾向于垂直和水平相结合的灵活性的混合型合作方式。

混合研究模式。20世纪80年代,为了实现技术强国的发展战略,日本政府通过制定多种混合研究模式来加速工业界同国立大学间的合作。依据合作形式的不同,主要包括:国立大学同日本民间研究机构之间开展的技术合作研究;工业界或政府部门依托自身需要,委托国立大学进行某项技术研究的委托合作研究;具有单独研究场所的、高校和工业界共同合作的合作研究中心,合作研究中心一方面给企业技术改进和创新提供了条件,另一方面也加速了高校科技成果的转化和利用。

技术标准联盟。伴随着经济全球化,具有业界及国际标准的技术产品成为当代科技发展的重要标志,尤其在高科技领域。经历了索尼和松下两大公司在录像机技术标准领域里的猛烈争夺之后,“技术标准”这一词汇得到了日本企业界的广泛关注。纵观日本的技术标准联盟,可以发现联盟按主体的不同可分为具有法人资格正式和不具法人资格的非正式两种组织类型。在技术标准联盟形式最多的通信信息技术产业技术创新战略联盟中,又大致可分为两类。一类是由行业龙头企业主导的标准联盟形式,例如2002年由松下电器等公司牵头成立的ECHONET财团,到2008年这一财团已成为制定国际相关技术标准的组织。另一类是在风投公司推动下成立的技术联盟。目前,技术标准联盟已逐步成为日本产业技术创新战略联盟的发展新趋势，并迅速成长起来。

**表 3-1 欧美日产业技术创新战略联盟模式比较**

| 国家与地区 | 模式 | 特点 |
|---|---|---|
| 欧洲 | 网络中心模式 | 在多个项目合作的基础上形成虚拟的科技合作组织 |
| | 技术转移模式 | 联盟主要工作是技术转移和成果推广，多为非营利化的组织 |
| | 战术整合模式 | 通过战术整合进行联盟合作，增强整体科技实力 |
| 美国 | 政府引导型模式 | 主要以政府引导为主，企业、学研各方研究力量并进。联盟初期，政府提供经费支持，运行中后期更多通过科技计划目标、产业技术发展路线对联盟加以引导 |
| | 工程研究中心模式 | 政府在大学内设立的工程研究中心，开展适合工业发展的跨学科技术研究，同时致力于高尖端新型工程人才的培养 |
| | 企业大学合作模式 | 联盟根据企业的要求开展课题研究，旨在加强企业与大学间的长期科研合作。该模式有很强的独立性，有自己物质技术基础和研究人才 |
| 日本 | 技术研究组合 | 通产省批准设立的非营利法人，多家企业形成的合作组织，共同开展共性技术等的突破性研究，组合在完成目标后解散 |
| | 混合研究模式 | 日本国立大学与产业界进行的合作、委托以及建立合作机构等形式的合作模式 |
| | 技术标准联盟 | 联盟按主体的不同可划分成具有合理法人正式和不具法人资格的非正式两种组织类型 |

从表 3-1 的比较中可以看出，美国产业技术创新战略联盟的模式最为多样，合作范围相当广泛，合作层次也最为深入。日本的技术研究组合模式的特点最为突出，是目前产业技术创新战略联盟最为规范的模式之一；技术标准联盟的兴起也顺应了经济全球化的发展趋势，有利于其国际竞争力的提升。在欧洲，联盟形式更具网络化的特点，信息技术的应用以及联合研究的多角度，体现欧洲产业技术创新战略联盟的一体化目标。当然，通过对主要发达国家各具特色联盟模式的考察不难发现，无论是美国、日本还是欧洲，产业技术创新战略联盟模式伴随着合作研究的发展不断深入，主要经历以下路径：在合作研究的初级阶段，由于企业的自主创新能力比较弱，科研机构及高校在科技研究中的优势地位等特点，联盟模式主要以推动技术成果转让以及以科研方为主导的类型为主；伴随着企业研发需求层次的提高以及高新技术的迅速发展，自主研发水平和风险抵御能力的增强，企业和科研方的合作意愿都得到了加强，通过不断进行知识技术等资源的交流和共享，推动了科技创新成果的转化

和利用效率,产业甚至整个国家技术创新能力得到了有效提升,此时,建立合作研究实体以及加速网络化信息资源共享等占据了联盟模式的主导地位。

## 3.4 欧美日产业技术创新战略联盟模式类型划分

通过表 3-2 的对比可以看出,美国的产业技术创新战略联盟实践是在市场配置主导下的发展模式,成熟的自由市场机制以及联盟管理体制为联盟营造了良好环境,联盟参与方还包括风险投资等各类社会中介服务组织,来自财税、技术研究成果的转移扩散和知识产权等方面的法律制度可以说是美国产业技术创新战略联盟运行实践的重要制度保证。日本产业技术创新战略联盟实践的突出特点是官方主导,日本政府直接介入联盟的技术创新活动,作为技术创新合作的领导和指挥者参与其中。可以说,政府主导结合灵活而多样的研究组织合作形式是日本产业技术创新战略联盟高效运作的重要保证。

**表 3-2 欧美日产业技术创新联盟运行模式比较**

| | 欧洲 | 美国 | 日本 |
|---|---|---|---|
| 发展模式 | 市场配置与政府参与 | 市场配置 | 政府主导 |
| 联盟目标 | 专注于共性技术及重点前沿性科技项目 | 解决商业研究领域的共性技术问题 | 解决产业共性关键技术问题 |
| 市场环境 | 中介机构发达 | 金融市场发达,非官方中介机构多 | 金融市场相对落后,政府提供中介服务 |
| 管理人员 | 联盟内设有统一的管理机构 | 主要来自成员企业 | 政府和企业成员 |
| 组织结构 | 组织呈现扁平化 | 直线职能型,明确分阶段的合作研究目标 | 联盟内设多个小型实验室,分类研究,具有松散性和灵活性 |
| 资金来源 | 政府与企业分摊,政府分阶段支付;风险投资介入 | 政府与企业分摊,发达的风险投资机制 | 政府与企业分摊,政府支持为主 |
| 利益分配 | 按比例进行权益分配;相关法律法规保证 | 按比例进行权益分配及参与企业管理,完整的知识产权法律体系 | 按比例进行权益分配及参与企业管理,完善的知识产权体系 |
| 成果的扩散和转移 | 分类明确的成果转让、保护与推广制度;完善的科技交流平台 | 健全的科技立法体系;递次扩散转移的机制 | 有着丰富的资源流动、技术转让和成果转化、合作研究评估体系等机制 |

与美日相比，欧洲的发展模式介于美国和日本之间，为了调动欧洲各国的积极性和更好地整合资源，欧盟在产业技术创新战略联盟发展中起到了重要的引导作用：建立了完善的管理制度，提供了大量的联盟经费，吸引了众多的科技中介机构，推动了人才交流市场的开放，促进了联盟成果的转让。创新的管理思想和严格而规范的项目遴选评估机制是欧洲产业技术创新战略联盟的标志。

# 4 产业技术创新战略联盟运行绩效影响因素

## 4.1 战略联盟运行绩效影响因素

对影响联盟运行绩效的因素进行识别不仅有利于联盟的长期稳定和健康发展,也为联盟运行绩效评价提供了理论依据。根据联盟构建及运行的特点,国外相关机构和学者从不同的理论视角,归纳影响联盟运行绩效的因素,包括交易费用理论、资源基础理论、委托代理理论、博弈论、动态能力等。战略联盟顾问公司——"技术联合与联盟"(Technology Associates and Alliances)对455家公司的执行总裁的访谈结果表明,在列出的一系列联盟成功因素中,伙伴选择、高管承诺、明确角色、共担风险等对联盟绩效的影响更大,尤其是伙伴选择和高管承诺,超过50%的人认为是最为重要的;之后,Souder与Nassar对美国21个研发联盟进行了调研,总结出10项成功治理联盟的法则,包括激发成员对联盟的高度承诺、执行强势的联盟控制以及建立系统化的管理程序等。同时,学者也提出了一些联盟的失败原因,如"目标和战略不一致"、"伙伴实力的不对称"、"信任缺失"、"文化不和谐"等;Das和Teng(2000)则构建了一个内部张力(Internal tensions)的分析框架,提出联盟中存在的3对张力——合作与竞争、刚性与弹性、长期定位与短期定位是导致其不稳定的根源所在。还有学者通过引入关系资本、联盟能力、联盟管理等因素,研究联盟过程的因素对于联盟绩效的影响(Dyer,1998;Lambe,2002;Ireland,2002)。

国内比较具有代表性的观点包括边伟军(2004)、曹静(2010)、芮明杰(2005)和王飞绒(2008)等学者的观点。边伟军从联盟形成前后两个阶段来探讨联盟运行的影响因素;在此基础上,曹静等系统地将联盟运行划分为要素与过程两个相关的层次,归纳出主体(技术吸收能力和创新能力)、外部环境、机制、学习与成长等影响因素;芮明杰(2005)则将联盟过程中的治理行为纳入分析范畴,认为治理行为对联盟绩效有积极影响;王飞绒(2008)进一步将技术联盟的整体管理水平作为分析维度,论证了管理水平和组织间学习绩效之间的正相关关系；而王慧瑾(2010)等的研究表明，改良组织文化的要求、降低创新成本的要求、缩短创新周期的要求、开拓新市场的要求是影响技术联盟的内在因素。

(1)联盟结构特征

总结学者们的观点可以看出，联盟绩效首先取决于联盟规模、密度、异质性等结构特征。联盟规模决定了联盟主体可以有效利用的关系数和可能占有的外部资源数。联盟规模越大意味着合作伙伴越多，能够获得知识的渠道就越多，联盟绩效的提升空间就越大。Reagans 和 Mcevily(2003)通过实证发现，联盟密度对个体或组织间知识转移有着显著的正向影响。高密度联盟中成员对声望的维护能够增强成员对知识的输出意愿，并对知识转移和获取效果产生积极影响。密度越高，联盟成员间的关系越紧密，越有利于促进联盟内更多的合作开展和更快的信息流动。联盟异质性即联盟成员在规模、产品、市场、技术等方面的差异化水平(Whetten，1982)，异质性体现了联盟内合作伙伴类型或资源种类的多寡。联盟差异越大，资源互补程度越大，成员越容易在需要时找到适合的资源及合作者，不同类型知识碰撞的机率也越大，也更容易在碰撞过程中产生新知识(Linan，2005；王晓娟，2006)。

(2)资源投入承诺和开放使用

对资源的投入承诺和开放使用是联盟顺利运行的基础。资源基础理论认为，企业取得联盟竞争优势的关键因素在于其拥有的资源。联盟作为获取资源的重要途径，可以为联盟成员提供联盟伙伴的异质资源。联盟资源包括人力、财力、物力等，只有当实物资源、人力资源、金融资源、社会资源、关系资源和知识资源共同发挥作用时，联盟才能更顺畅地运行。联盟的成功很大程度上取决于资源的互补性、差异性、充足性、资源规模的对称程度(吉峰，周敏，2007)。资源的互补性对联盟稳定性具有显著影响，当企业获得需要的资源时，就不会离开联盟，联盟就可以维持稳定(王向晖等，2001)。

(3)合作伙伴选择与伙伴关系

合作伙伴选择与伙伴关系对联盟成功运行具有重要影响。伙伴选择是建立战略联盟的关键一环，联盟伙伴的选择直接关系到联盟伙伴的行为，是组建联盟之前以及联盟运行过程中不容忽视的问题。许多研究者都认为，低劣的联盟伙伴选择是联盟失败的根源所在。在伙伴选择时，应考虑伙伴之间的匹配性和差异性。匹配性包括资产互补性、经营实力匹配度、目标一致性、合作历史等要素(蔡继荣，2012)。差异性包括不同成员具备不同的研发实力、制造优势、资金实力、销售渠道、品牌知名度等。资源结构越多样，差异越明显，伙伴之间选择合作的可能性越大，合作的产出价值越高。当对方拥有自身所欠缺的专有技术或所急需的核心能力时，合作意愿显著增强，合作关系进一步发展的潜力更大(Gadde 和 Snehota,2000;刘芳,2012)。

联盟伙伴的选择标准可以划分为合作伙伴的资源共享性、相互兼容性、合作伙伴的能力以及合作伙伴的承诺(喻金田,胡春华,2015)。共享性包括传授能力和吸收能力两个方面，知识与技术的交流程度反映了合作伙伴之间的合作态度。相互兼容匹配是避免成员之间冲突、维持联盟和谐稳定的关键因素，包括相似的战略目标、经营策略、生产规模、财务能力等。要特别注意企业文化因素的重要性，当联盟伙伴有相似的价值观和企业文化时，其合作关系将维持更久(Das 和 Rahman,2010)，而过大的文化差异容易造成成员之间磨合的困难，不利于联盟的长期健康发展。

合作伙伴的能力关系到其能够为联盟和成员所作出的贡献，体现在组织能力、创新能力、关系资本、资金实力、行业声誉、品牌知名度等各个方面。在选择联盟伙伴时，应清楚地了解自己究竟需要获得哪方面的能力，客观评估合作伙伴是否具有这样的能力以及是否愿意进行相关能力的共享。但应注意伙伴之间的能力不宜差距过大，相似能力成员组成的联盟更有利于成员之间的相互适应，促进合作更好地进行。实力强大的企业总是试图主导联盟向最有利于自己的方向发展，这可能损害其他实力较弱的伙伴的利益，最终导致联盟的瓦解。合作伙伴的承诺和投入体现了成员的合作态度和诚信程度。承诺履行主要表现在合作成员都要承担相应的责任和义务，按规定投入相应的资本和技术，不为自身利益而违背承诺进而给其他成员带来损失。积极履行承诺能加强伙伴之间的信任，减少合作中的冲突，促进创新活动的顺利开展。

伙伴关系在联盟运行中同样起着至关重要的作用。Anne 和 Gerard(2000)经研究认为，联盟失败的原因 30%是伙伴选择问题，70%是伙伴关系问题。伙伴关系包括沟通、信任、承诺等。Gill 和 Butler(2003)在对 2 家来自英国和马来西亚的联盟调研后发现，信任、冲突和依赖是联盟运行绩效的关键因素，高质量的关系管理可以提高联盟成员的信息共享和共同发展水平。联盟成员间的有效沟通能强化成员间的共同承诺，是联盟成功的关键(Werner 和 Bremer,1991)，如 Jao(1997)在研究美国企业的战略联盟后发现，沟通是建立彼此信任的重要途径。Molar 和 Spekman(1994)研究了战略联盟中关系属性、沟通行为和冲突解决方式对联盟绩效的影响，发现沟通和联盟绩效正相关。沟通频率越高，渠道越多，越有助于提升联盟伙伴间的信任感，知识交流的广度和深度越明显，从而为知识转移创造了良好的客观条件(Szulanski,

Cappetta,Jensen,2004)。具备较强沟通能力的企业可以实现有效的信息和资源共享,更易与对方达成共识,从而无惧联盟内的冲突,能够信心十足地解决各种矛盾,并促进文化的融合(陈菲琼、范良聪,2007)。

多数学者认为信任也是伙伴关系的重要因素(Inkpen 和 Currall,1997;刘学、王兴猛等,2008)。信任是战略联盟成员之间合作的基础,相互间达成的承诺是彼此合作关系建立的保障。信任容易使合作伙伴产生亲近、密切的社会互动关系(Uzzi,1997),使企业间的合作与互动模式更为开放,联盟内的知识和信息只有在相互信任的基础上才能实现共享和有效转移(Mcevily 和 Marcus,2005)。信任水平能在联盟运行中直接或间接地影响个体对于合作行为的选择,能够加强联盟的稳定性,提高对伙伴行为的宽容程度而避免内部冲突,便于及时发现并处理合作过程中出现的不协调矛盾。李良成(2003)认为公司需形成 3 种形式的信任,包括责任、平等和可靠,以及公平感、归属感、集体效能感等主要影响因素。

伙伴间关系强度也与联盟绩效有密切关系。在强联结下,核心企业与伙伴之间的知识交流、流动及共享得到加强,有助于彼此对诸如成本降低、市场占有率、创新结果等目标形成相同的理解,从而提高联盟效益。但是,过强过密的关系有可能导致彼此知识的同质化,进而导致认知僵化,不利于联盟产生新知识。在弱联结下,因为伙伴间的认知距离和新知识的组合产生知识碰撞,从而创造出新的联盟技术创新成果。但弱联结中信任与承诺的缺乏妨碍伙伴间的信息交流,外部知识的融入和吸收也相对困难。蒋国平(2001)认为急剧的创新更多来源于弱关系,但强关系可能更便于实质性知识转移。因此,在联盟中应注意维持适度的伙伴关系强度,发展良好的强与弱关系组合。

(4)联盟的治理机制

联盟治理机制关系到联盟的正常运行和联盟功效的发挥。联盟成员间的合作、竞争关系错综复杂,需要合理有效的治理机制来规范成员间的关系,以保障联盟的顺利运行。已有研究认为:联盟治理结构是决定联盟绩效最重要的因素之一,直接作用于技术创新的效率和收益,对联盟收益的分配、联盟知识的形成、流动与分享等产生深刻影响(吕明,2007;刘唐勇,2007)。

联盟的治理机制主要包括协商谈判机制、利益机制、沟通机制、信任机制、声誉机制、知识产权保护机制等,这些机制相互影响,共同实现联盟目标,创造联盟效益。从组织形式来看,联盟治理模式可以分为股权式联盟和非股权式联盟两种形式(Gulati,1995;郑胜华,2001)。股权式联盟各方以股权作为联系纽带,对各方的责、权、利要求更为规范,联盟运行的约束机制更强,因为一方违约可能造成联盟整体的失败。股权式联结以共有产权的方式来组建联盟,可以抑制“机会主义”行为的发生,有效规避资产专用性带来的风险。非股权式联盟基于各种协议、契约组建,关系较松散,简单而灵活。这类联盟对成员间的协调和默契要求更高,合作伙伴间的信任度可能较低,更易造成冲突和不稳定。当企业面对的技术环境经常发生变化时,宜采用相对柔性和短期的非正式治理模式,以更加灵活的合作方式和较为宽松的退出机制使联盟成员更好地应对变化。从组织关系来看,联盟治理结构分为信任关系和契约关系两种形式。研究表明,契约和信任都对联盟运行绩效具有重要影响(Maurer,2010;江旭,2008;刘芳,2012)。对于两者的关系,已有研究存在两种不同观点。一是认为契约与信任之间存在替代关系。高度的信任意味着预期的机会主义风险较小,从而减少了对正式契约的依赖,而过严的契约治理则可能损害组织间的信任关系(Mellewigt,Madhok,Weibel,2007;Li,Poppo,2010);二是认为契约与信任之间存在互补关系。契约和信任在一定条件下相互促进。正式契约明确了双方的责任和义务,有利于增加双方合作的透明度,从而更好地发展信任关系(Ryall,Sampson,2009;Fischer,Huber,Dibbern,2011)。在实际应用中应根据投入资源的特点,灵活采取不同的控制方式。要特别注意基于信任关系的非正式控制的作用,关系资本可以帮助建立联盟组织间的信任,促进联盟伙伴间的相互依赖(Kale,2000)。

## 4.2 产业技术创新战略联盟运行绩效影响因素

对产业技术创新战略联盟来说,除联盟结构特征、合作伙伴选择、伙伴关系、联盟治理机制外,恰当的权责利协调、组织学习机制、政府行为、道德风险倾向等也是影响其运行绩效的重要因素。

科学合理的利益分配机制对于协调个人利益和集体利益,维护联盟关系至关重要,是决定合作创新能否成功的关键。成员间的利益争夺是联盟利益冲突最多的地方,产业技术创新战略联盟的利益主要包括联盟整体利益和联盟个体利益。产业技术创新战略联盟的利益分配指的是联盟整体利益的分配,联盟整体利益包括专利许可、成果转让等联盟技术成果本身的价值和联盟主体利用技术创新成果进行生产而取得的联盟技术成果使用价值。联盟个体利益主要指联盟成员在资源共享、信息共享、知识共享的条件下通过学习和自主创新而取得的收益。在讨论联盟利益时,可以考虑 Khanna(1998)提出的“相对范围”。“相对范围”指的是企业在联盟中的商业活动范围在其总的商业活动范围中所占的比重。如果企业的市场或产品结构与联盟的市场或产品结构重合度越高，相对范围就越广，共有利益就越大，企业合作积极性就越高。

利益分配机制包括分配原则和分配方法。利益分配应按照投入贡献原则、风险承担原则、依赖程度原则决定。分配方法应兼顾效率与公平。公平地分配利益是联盟稳定运作的重要保证，但过度的公平会降低联盟成员的投入意愿。现有的产业技术创新战略联盟利益分配机制一般以均分为主，难以协调各成员的权、责、利，从而影响联盟成员的积极性（胡耀辉，2008）。在进行联盟利益分配时，应遵循多劳多得的前提，同时，充分考虑各个联盟成员所承担的风险，依据之前签订的联盟契约按照联盟各方投入的资源比例进行合理分配。联合研发和技术创新过程中发生的技术创造和转移应明确主体的所有权，创新过程前后的知识产权归属和效益分配应界定清晰。

除利益分配机制以外，联盟成员之间权、责、利的协调也是影响联盟绩效的重要因素。由于产业技术创新战略联盟是一个多元、动态的组织，在很多问题上难以达成共识，在权利和职责约束方面也缺乏完善的监督机制，导致成员之间的权利、责任和利益难以协调。联盟成员较少时，彼此之间的利益协调相对容易实现，随着联盟成员数量的增多，成员之间的利益协调将会越来越困难。成员为了维护自身的竞争优势和核心利益，在履行职责时可能会有所防范和保留，在享受权利和分配利益时又一味索取，而联盟对于其职责履行和责任分担的标准又很难界定，约束机制尚待完善，导致部分成员无法真正承担联盟责任。对此，联盟需要事先明确伙伴的责任分工，确定行之有效的协调程序和问题解决方式，克服成员协作障碍，提高联盟合作效率，包括以契约形式明确预期目标、成员职责、资源投入，制定项目汇报制度等，以减少成员之间的冲突（Ryall，Sampson，2009；Lumineau，Henderso，2012）。此外，当联盟产生权责利的冲突时，联盟运行机制的柔性影响着冲突的解决，通过调整和沟通，可以有效地化解成员间的纠纷与冲突。

同样，完善的组织学习机制是提升研发联盟绩效的关键因素（薛卫等，2010）。产业技术创新战略联盟的知识共享主要依靠学习机制实现。根据组织学习理论，企业的知识以及与知识密切相关的学习是影响企业绩效的重要因素。相互学习有利于促进联盟成功，而较少学习导致联盟失败（Doz，1996）。企业的知识获取和吸收能力、关系嵌入程度以及文化协同性显著影响知识转移过程中所获得价值的大小以及伙伴间的组织学习绩效（蒋樟生，胡珑瑛，田也壮，2009；邓雪，高寒，2013）。知识获取能力对联盟成员选择或者解散具有重要影响，包括对外部知识的识别能力、转移能力。知识吸收能力决定企业能否将大学、科研机构所获取的知识整合成为自身的知识。关系嵌入性是企业与大学、科研机构等主体在联盟中建立关系的程度。

联盟作为组织间网络的一种类型，是联盟各方知识流通的重要通道，由于技术知识具有隐性、黏滞性特征（Nonaka，1995；Dozetal，2001），企业想要获得这些知识，需要与知识持有方深层次地接触与交流。联盟各方的关系嵌入程度决定着彼此间交流的深度与频率。同时，各方的文化协同程度也影响着交流的顺畅程度，企业对知识的理解与接纳等。学习型与创新型文化有利于产生良好的组织学习绩效（Dougherty 和 Hardy，1996），具体表现在成员与成员之间是否通过创建学习愿景、进行深度会谈而达成相互间的充分沟通与交流，是否全方位地调动与激励各级管理者和员工参与冒险、进行探索性学习以追求创新。组织学习理论实际上是对资源基础理论的扩展，在知识经济时代，知识作为企业价值创造的关键资源，其重要性日益凸显。相应地，企业间的竞争由以资源为基础的竞争转向以知识为基础的竞争。若要在竞争中取胜，企业需要用比竞争对手更快的速度去学习，获得或内化那些企业所不具备的急需的知识，从而提升自身的能力（Teece 和 Pisano，1994）。产业技术创新战略联盟为联盟成员提供了内部化别人知识的机会，是企业获取外部知识与技术的重要手段（徐礼伯，2011）。

联盟持续的动力来源于不断提高各方的知识基础和技术创新收益，学习机制影响着知识转移和技术溢出过程。良好的学习机制需要有效实现知识的共享、流通和融合，促进联盟伙伴知识在企业中的复制与模仿，使开放的联盟知识得到普遍运用与推广，并在企业应用过程中结合自身实际情况进行知识的改进与创新。目前的学习机制一般存在两大障碍：知识本身的学习障碍以及知识流通的障碍。产业技术创新战略联盟大多处于同一产业领域，知识本身的学习障碍较少，因此，联盟中主要存在的是成员竞争带来的知识流通障碍。由于联盟的学习行为是一种竞争性学习行为，联盟成员会尽可能地利用自身的权利和地位创造有利于自己的不对称学习环境，造成知识流通障碍，这会加深成员之间的不平等，甚至造成联盟失败。从知识管理的角度看，产业技术创新战略联盟就是各个知识资源主体共同参与的知识流动过程。在这一过程中的知识流通、知识获取和知识应用，成为成员之间协同创新的关键。为此，联盟可以通过制定契约、加深成员信任和培养联盟文化等形成良好的学习环境，以提高联盟成员的知识转移意愿和主动学习能力，实现知识的流动、共享、吸收和应用，促使知识从科学领域向经济领域转化（Hansen，1999；王毅、吴贵生，2001；周竺、黄瑞华，2004）。从不同知识类型看，显性知识的可编码化特征使其转移具有可衡量性；而隐性知识往往以口授、观察、隐喻、领悟等方式进行转移，难以界定转移知识的数量和价值。契约约束和信任机制对显性知识转移都具有积极作用，但对隐性知识转移，契约作用不显著甚至对其起抑制作用，信任对隐性知识转移的作用则更强。

当然，联盟学习需要处理好竞争与合作的关系。联盟竞争是合作性竞争，表现为合作力量与竞争力量的博弈。合作可定义为对联盟共有利益和共同利润的追求（Das 和 Teng，2000），企业通过战略合作加强绩效，但过分合作可能导致竞争优势的丧失，培养潜在的竞争对手，还可能对其他成员形成路径依赖。而过分竞争则会降低联盟的凝聚力，分散联盟资源，导致整体利益受损。合作保证了实行项目所必需的流畅的工作关系，强调美好的意愿、共同利益。竞争则支持机会主义、零和博弈、私有利益。合作式竞争行为强调的是企业创造并抓住机会的能力以及前瞻性地压制威胁到企业自身竞争战略的能力（Lado，1992）。联盟总是存在着“学习竞赛”：一方面，联盟成员千方百计地维护自己的利益，另一方面利用联盟的优势创造新的利益，学习对方知识的同时保护自己的缄默知识。一般来说，具备较强学习能力和创新能力的企业通常会把联盟看成学习的大好机会并投入关键资源（Pucik，1988），与伙伴企业进行“学习竞赛”。

政府对产业技术创新战略联盟的运行绩效也具有十分重要的影响。政府是否合理干预和引导控制关系着联盟的存亡和发展，政府在产业技术创新战略联盟中的行为涵盖联盟组建到联盟解散的全过程，包括平台建设、主体凝聚、政策制定、协调引导、推动扶植、监督管理等。产业技术创新战略联盟的高投入性和高风险性使得政府的地位举足轻重，政府是产业技术创新战略联盟组建和发展的引导者、支持者和监管者，也是联盟外部环境的完善者，对联盟产生激励、约束、控制、引导、服务和支撑的作用，政府通过颁布法律法规、建立激励扶持制度、构建信息资源平台和科技服务体系、制定联盟政策、实施第三方监管和考核等，利用其特有的行政权力为联盟创造良好的运行环境，制约联盟主体的行为，评估联盟运行绩效，在关键时刻推动联盟朝着正确的方向发展。

产业技术创新战略联盟的有效运行还需要防范道德风险的产生。联盟具有公共物品的性质，由于联盟成员可以通过欺骗取得与对方合作所带来的收益，个人理性和集体理性容易发生背离。同时，联盟成员因为担心联盟会增加潜在的竞争对手，而不愿进行有效的知识与信息的共享与交流，从而产生“机会主义”等道德风险和中途叛离倾向，导致联盟的合作基础和运行绩效受到影响。从博弈的视角来看，短期联盟合约更容易导致“机会主义”行为的产生（蔡继荣等，2006）。进行合作的公司往往有着各自隐藏的目的，在短期博弈中，因联盟的长期稳定性带来的效益被忽略，联盟各方受利己主义影响，担心自身机密外泄而不愿意过多地投入自身的专有性资产而倾向于保护自身的隐性知识和核心能力，继而采取掠夺联盟资产的行为，从而对联盟成员之间的合作行为产生阻碍。在长期重复博弈中，受局中人对参与各方合作意愿的预期影响，合作行为更容易作为均衡结果出现，更能带来长期互补效应和协同效应。

除“搭便车”、“机会主义”等行为之外，成员之间还可能产生私自许可、信息泄露、知识窃取等道德风险倾向。通过私自许可，联盟成员在损害联盟整体利益的同时，可以获得超额收益。通过向联盟外主体泄露联盟技术创新成果，或利用联盟共享机制泄露联盟内其他成员的知识信息，或学习窃取联盟非共享知识，联盟成员可以从中谋取利益。这些行为严重损害了其他联盟成员的知识产权和联盟整体利益，对联盟绩效带来诸多负面影响，需要在联盟运行过程中极力避免。防范这些道德风险的关键在于合理的监督机制、约束机制和惩罚机制。联盟需要在事前以法律法规、联盟章程、联盟合同等形式对各种可能发生的道德风险行为制定有效的控制和惩罚措施，包括明确成员的专有资产投资、检查监督权利、制定知识产权保护和合约单方面终止协议、制定争议仲裁、违约处罚和法律诉讼等条款（Williamson，1985；Woolthuis，Hillebrand，2005；Lumineau，Henderson，2012）。除各种联盟契约外，信任也是防范联盟风险的重要途径。与契约控制不同，信任是通过合作双方对彼此合作行为和未来结果的积极预期以及互惠互利原则等柔性手段，使联盟成员产生自我行为约束的主动性，从而有效防止合作中的道德风险。此外，要努力做到联盟主体之间、联盟主体与联盟整体利益目标最大限度的统一，尽力降低成员之间的利益冲突，提高联盟运作的效率。另外，要向联盟伙伴传达明白无误的信号，如果对方采取投机行为，你将会以牙还牙。Jarillo 和 Ricart 提出了针锋相对的原则，即如果每个成员都遵循以牙还牙的规则，发生投机行为的风险就会降低很多。

联盟外生环境也是联盟绩效变化的影响因素。外生环境为非可控变量，包括政治因素、经济因素、科技因素、社会文化因素等。通过对外部因素的分析，可以帮助联盟辨别环境中的机会和威胁。张玉臣和吕宪鹏（2013）提出国家的政策环境对联盟发展和创新影响显著。近年来，国家大力发展科学文化技术 ，加速科技成果转化，鼓励创新，并通过金融、税收以及资源调配等手段干预和影响产业技术创新战略联盟的创新绩效。突发事件对联盟具有较大影响，往往造成联盟的“猝死”。一旦出现突发事件或重大事故，企业通常会本能地逃避和推卸责任，做出优先保护自己的反应，导致联盟动荡，影响联盟正常运行。此外，联盟所属产业性质、产业基础、产业链的完善度、产品的更新速度、生命周期等也会对联盟提出要求。

通过以上文献综述发现，尽管学者们的研究细节不同，但大都从结构组建（包括联盟制度、声誉、资源互补性、成员能力等角度）、要素投入（包括资金投入、人才投入、要素投入等角度）、行为运营（包括伙伴关系、信任、沟通、机会主义等角度）三个层次进行研究。如表4-1。

**表4-1 产业技术创新战略联盟运行绩效影响因素研究综述**

| 代表性作者 | 主要观点 | 研究角度 | 研究层次 |
|---|---|---|---|
| Aulakh(1996) | 成员间的规章制度及外部控制机制对联盟绩效有正向影响 | 联盟制度 | 结构组建 |
| 华金秋(2006) | 没有一个科学稳定的绩效评估制度，将会导致成员利益分配不公平，影响联盟运行的稳定性 | | |
| 漆东(2004) | 良好的联盟声誉有利于增强联盟运行的稳定性、提升联盟本身的凝聚力 | 声誉 | |
| Cooke(2000) | 企业在选择联盟伙伴时，声誉是一个左右决策的关键因素 | | |
| 常荔(2002) | 联盟成员所拥有资源的互补性越高，越易产生卓越的绩效 | 资源互补性 | |
| 郝生宾、于渤(2009) | 单个企业拥有的资源不足以满足企业发展的需要，通过联盟合作，可以获取更多所需资源 | | |
| Teece(1997) | 通过技术联盟合作，有利于企业学习新知识、新技术，进而有助于发现新市场 | 成员能力 | |
| 郑胜华(2007) | 成员所具有的联盟能力、动态整合能力对联盟绩效产生重要影响 | | |
| 王静(2011) | 资金投入是联盟技术创新是否成功的关键影响因素 | 资金投入 | 要素投入 |
| Kaplan&Norton(1992) | 人力资本有利于提升知识、技能和能力的可用性 | 人才投入 | |
| 柴珺芳(2013) | 仪器设备的投入程度是影响联盟绩效质量评价指标之一 | 设备投入 | |
| 周青等(2011) | 关系承诺对联盟绩效有显著促进作用 | 伙伴关系 | 行为运营 |

续表

| 代表性作者 | 主要观点 | 研究角度 | 研究层次 |
|---|---|---|---|
| Rahman(2010) | 联盟成员企业文化难以融合是导致产业技术创新战略联盟发展不稳定的原因 | | |
| 许安(2008) | 以信任为基础建立并形成的战略合作、学习互动极大地促进了联盟整体竞争实力的提升 | 信任 | |
| 刘学(2008) | 信任的正向促进作用在不确定的联盟环境中越明显 | | |
| Das&Teng(1997) | 从交易经济学、资源基础学、社会学及组织行为学的角度证明了信任对联盟绩效的正向影响 | | |
| Ernst&Bleeke(1993) | 信任问题是产业技术联盟失败的主要原因 | | |
| Jao(1997) | 沟通是建立成员彼此信任的重要因素，沟通的缺乏会导致信任程度的降低 | 沟通 | |
| 贾生华(2007) | 企业间的沟通有利于信息共享，减少不对称信息的影响，对联盟绩效起正向作用 | | 行为运营 |
| Parkhe(1993) | 囚徒困境存在于伙伴之间，成员会通过欺骗对方取得超额收益 | 机会主义 | |
| Gulati(1995) | 机会主义行为会提升联盟成员的交易成本，成员会担心关键技术和资源的流失而减少对联盟投入 | | |
| 徐二明(2012) | 机会主义行为会对创新及财务绩效产生负向影响 | | |

## 4.3 国内外产业技术创新战略联盟运行绩效评价相关研究

### 4.3.1 联盟绩效评价概览

为了了解国外学者在联盟绩效评价领域的研究现状，我们在“Web of Science”数据库中，以“alliance performance”为标题搜索，并剔除一些相关度低的论文，共检索到论文 221 篇(此 221 篇文献是在特定限定词下得到的，不排除其他相关文献没有包含在内，只供线性描述用途)。文章发表数量的走势如图 4-1 所示。从 1995 年至 2015 年，总体发表数量呈上升趋势。在数据库中最早的一篇文献是 Kashiwagi 于 1995 年发表的名为“application of backward chaining, fuzzy-logic, and the management of information to procurement of facility systems/services”的文章，其利用“模糊逻辑”对以供应商、核心企业、承包商为主的“卓越联盟”进行了绩效评价。

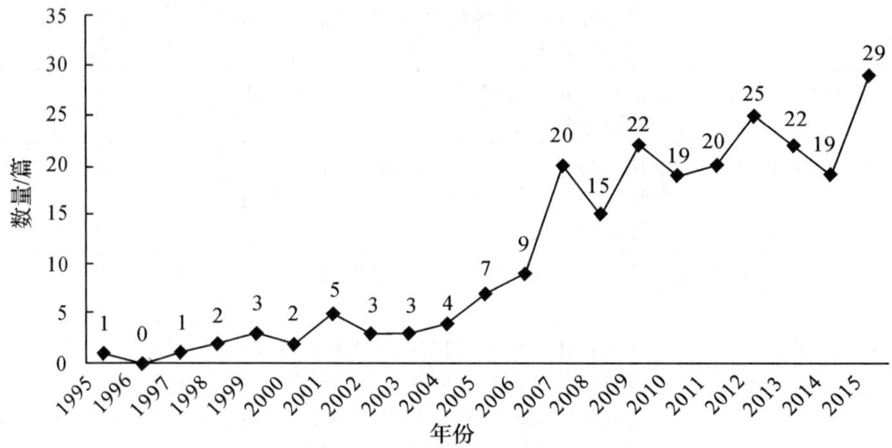


图 4-1　联盟绩效英文文献发表数量及走势

通过检索外文文献的引用率，可以发现引用率最高的是 Jasbinsek 和 Dueker 于 2007 年发表于 *Journal of Operations Management* 上的一篇名为“The relationships between supplier development, commitment, social capital accumulation and performance improvement”的文章，文章以美国的汽车和电子供应链联盟为例，从认知资本、结构资本、关系资本等视角对联盟绩效进行测定，并对结果进行了系统的分析。

同样，为了解国内学者在技术联盟绩效评价领域的研究现状，我们在“中国知网”数据库中，以“联盟绩效评价”、“企业网络绩效评价”为篇名，选择学科领域为“经济与管理科学”，并剔除一些相关度低的论文，共检索到论文 115 篇（此 115 篇文献是在特定限定词下得到的，不排除其他相关文献没有包含在内，只供线性描述用途）。文章发表数量的走势如图 4-2 所示。从 2000 年至 2015 年总体发表数量呈上升趋势。

中文文献中最早研究联盟绩效评价及被引用率最高的是叶飞、徐学军于 2000 年发表在《中国软科学》中的一篇名为“动态联盟的绩效评价指标体系及其评价方法”的文章，文章对动态联盟绩效进行了系统的分析，设计了一套动

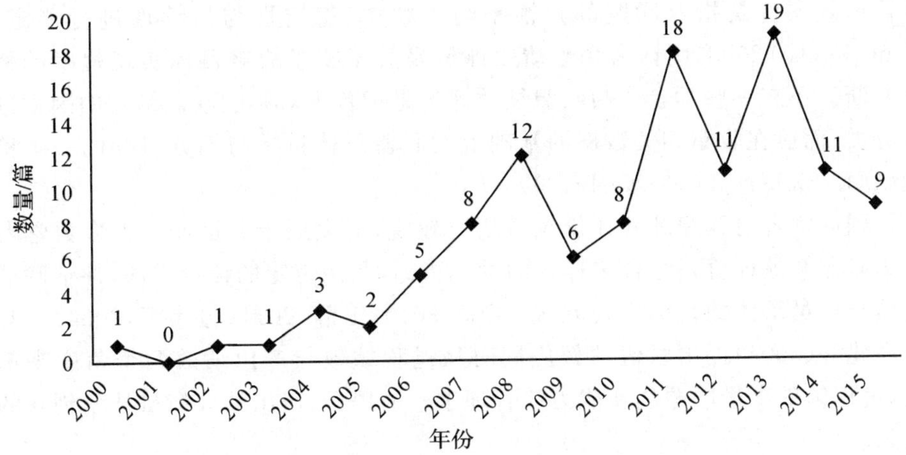


图 4-2　联盟绩效中文文献发表数量及走势

态联盟绩效评价指标体系，并提出把模糊数学法作为绩效评价工具，填补了动态联盟绩效评价领域的空白。

综上所述，可以发现，在联盟迅猛发展、组织模式逐渐成熟的背景下，国内外学者对联盟绩效评价的研究正在成为技术创新联盟的热点，评价体系也不断的完善，研究的对象主要包括绩效评价内涵、联盟绩效影响因素、联盟绩效评价指标体系、联盟绩效评价主体及联盟绩效评价方法等领域（见图 4-3）。

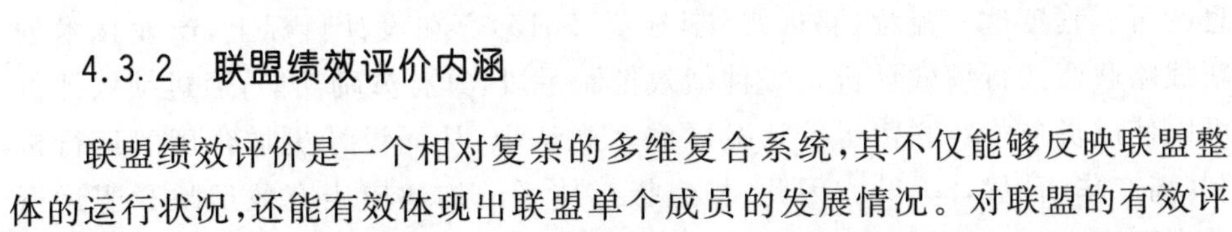


图 4-3　联盟绩效评价研究综述

### 4.3.2　联盟绩效评价内涵

联盟绩效评价是一个相对复杂的多维复合系统，其不仅能够反映联盟整体的运行状况，还能有效体现出联盟单个成员的发展情况。对联盟的有效评价，有利于发现联盟运行过程中存在的问题，并为联盟的发展规划提供有益借鉴，帮助联盟在正确的轨道上持续稳定发展。本书从国外、国内两个角度来分析绩效评价内涵。

国外学者对联盟绩效评价领域研究较早，Delios 和 Beamish（1997）认为联盟绩效评价是指对联盟的存活率与失败率、稳定性与持续性进行测定。Teng 和 Das(2003)则认为联盟绩效评价是关于联盟战略目标实现程度的科学判断。还有一些学者认为联盟绩效评价是指首先对影响联盟绩效的因素进行分类,而后在收集相关数据的基础上对联盟总体目标与细分目标的一个检验(Ulf. Sjoberg,2003;Neely,2005)。

国内学者对联盟绩效评价领域研究较晚,但发展十分迅速。大多数学者认为联盟绩效评价是综合多样化的量化指标,利用特定的评价方法,评估联盟整体与成员个体的目标实现状况(王菲,2010;王静,2011;边伟军,2004)。其中高建等(2004)提出联盟绩效应同时从过程绩效与产出绩效两个角度来衡量,过程绩效衡量联盟创新能力和管理水平的提升,产出绩效衡量技术创新的贡献。

### 4.3.3 国内外产业技术创新战略联盟运行绩效评价指标体系研究

产业技术创新战略联盟的发展使学者对联盟评价的研究视角开始转向宏观产业层面。由于解决的是产业共性技术和基础技术创新的问题,与单个企业的技术需求不同,产业技术创新战略联盟在评价指标的选择上应有所递进。在指标体系设计标准上,指标多寡并不构成最重要的因素,重点应体现在指标能否反映设计目标,逻辑结构是否合理,各项指标的联系性和区分度是否明显。在设计原则上,应遵循科学性、层次性、可操作性和动态性的原则,理论与实践相结合,抓住最本质和最具有代表性的影响因素;各指标之间要求具有层次性,具备较高的效度和信度;可操作性要强,数据要易于获取,具有较强的可测性和可比性;联盟是动态发展的,指标的构建也要体现动态性和协调性,以便更好地实现评价目的。在设计思路上,遵循构建产业技术创新战略联盟绩效评价的一般指标、构建产业技术创新战略联盟绩效评价的特殊指标、考虑信息的可靠程度这一流程(骆远婷、李延罡,2015)。在设计目标上,产业技术创新战略联盟运行绩效评价是一种绩效控制手段,具有激励功能,通过绩效评价可以使成员单位对联盟运行状况形成客观认识,从而设计更加合理的运行机制(潘东华、孙晨,2013)。因此,相应指标体系的构建应当有效反映联盟运行的全面真实状况,以此作为成员调整运行活动以及国家地区择优支持的依据。

产业技术创新战略联盟运行绩效评价融合了联盟评价的一般指标特征,与战略联盟、技术联盟、产学研联盟评价一样,存在着投入和产出无形化、评价指标非财务化、评价过程全面化、评价主体多样化的趋势,但它也有自身的特殊性。产业技术创新战略联盟的成效很大程度上依赖于知识共享和知识转移过程，在进行绩效评价时应突出知识学习过程和成效；其次，联盟成员的多元化使得评价指标更复杂，成员目标的不一致也表现得更加明显，绩效评价应更加注重伙伴关系的考量；第三，产业技术创新战略联盟主要解决的是所在产业共性技术和基础技术问题，绩效评价体系需要增加联盟对产业推动作用的指标；第四，由于产业技术创新战略联盟很大程度上由政府主导推动，在指标设计时还应考虑对地区效益的影响。梳理现有研究可以发现，学者在进行相关绩效评价时，基于的角度和目标不同，构建的指标就有所差异，但大多都体现了产业技术创新战略联盟评价的趋势和特殊性：赫连志巍和巴特尔（2006）提出了一套基于战略意图的联盟绩效评价指标体系，并给出了一种定量评价方法；任慧（2011）从共有知识基础、私有知识基础、满意度、延续性、地位变迁五个一级指标构建评价体系；孙东林和孙继跃（2012）从成果水平、经济效益、社会效益、产业竞争力、集成效应、协作水平六个一级指标构建评价体系；李海燕等（2013）通过专家访谈法和德尔菲法，从创新能力、发展能力、效益能力、共赢能力、服务能力五个方面构建评价体系。

国内外学者对产业技术创新战略联盟绩效的评价指标体系可以概括为定量和定性指标两类，定量指标包括投资收益率、偿债能力、市场占有率、利润率、联盟持续时间、股价变化、新专利数量、人才培养数量等，定性指标包括对联盟目标的实现程度、对联盟科技成果产业化的促进作用、对联盟企业成员能力的提高程度、对行业技术进步的推动程度、对地区的社会贡献、成员对联盟的满意程度、关系协调程度、企业风险的降低程度等。事实上，定量指标往往并不总是战略联盟最重要的评价因素。对于企业来说，其目标可能并不局限于财务上的短期盈利性，而是想借助联盟形式达成其他的长期战略目的，如改进公司的战略地位、提高公司的学识、获得合法性等隐性目标。因此，联盟绩效评价可能无法通过简单的财务绩效等定量指标来充分反映。虽然定性指标在评价过程中存在一定的主观性，但研究表明定性指标同样具有相当大的可靠性。目前的联盟绩效评价越来越呈现出定量指标与定性指标相融合的特征，并且基本都包含财务绩效、运营绩效以及组织有效性三个方面。

### 4.3.4 国内外产业技术创新战略联盟运行绩效评价主体相关研究

针对联盟绩效评价主体，国内外学者基本上分为从联盟整体评价和从成员个体评价以及综合评价三种研究视角，如表 4-2。

采用联盟整体评价的学者认为联盟作为一种新型的合作组织，可以视为一个独立实体，比照一个合资公司的评价体系，可以采取联盟整体利润率、联盟控制能力、年度成长率以及联盟稳定性等指标来衡量联盟绩效(Tallman,2002)。

表 4-2 国内外学者从不同主体对联盟绩效评价的研究

| 代表性作者 | 度量指标 | 评价主体 |
|---|---|---|
| Zaheer(1998) | 成员战略目标实现度 | 成员个体 |
| Dooley(2002) | 成员相互信任度 | 成员个体 |
| 李伟(2009) | 企业能力提升 | 成员个体 |
| Boateng 等(2002) | 成员对联盟的满意度 | 成员个体 |
| Mjoen 和 Tallman(1997) | 联盟的控制能力 | 联盟 |
| 李健等(2007) | 成员竞合状态、治理结构 | 联盟 |
| 潘东华等(2013) | 联盟建设、科技水平、产业竞争力 | 联盟 |
| 石书玲(2011) | 成员个体与联盟整体的显性与隐性利益 | 综合 |
| 杨东奇(2012) | 成员个体因素、伙伴关系因素、联盟合作效应 | 综合 |

采用成员个体评价的学者认为,联盟是一个松散的、扁平化的合伙组织,联盟成立的重要目的就是实现各成员企业的目标,因此,联盟绩效应该用各成员的战略目标实现程度(Zaheer,1998)及成员对联盟促进自身发展的满意度来衡量(Boateng et al.,2002)。

采用综合评价的学者则认为成员个体目标的实现有助于联盟整体创新能力的提升,也有助于实现联盟的稳定发展,而联盟整体技术创新能力及稳定性的提高也正向促进各成员自身目标的实现。因此,联盟整体绩效及成员个体绩效是相辅相成,相互促进的,需要综合考虑整体与个体指标来对联盟进行评价(石书玲,2011;杨东奇,2012)。

### 4.3.5 国内外产业技术创新战略联盟运行绩效评价方法相关研究

结合国内外学者关于技术联盟绩效评价方法的研究文献,综合归纳后,主要分为以下三种:客观评价法、主观评价法和主客观结合评价法(见图 4-4)。

(1)客观评价法:客观评价法本质是用定量的方法来测定,主要分为两类。一是一致性指标法。关键考核联盟事先拟定的目标(财务目标)是否实现。二是市场价值增值法。根据联盟成立时非正常收益的基础上扣除普通收益的利润来对绩效进行评价。

(2)主观评价法:主要有德尔菲法、层次分析法等。德尔菲法(Delphi Method)是由兰德公司于 1946 年首次提出,而后广泛地应用于各个领域。核

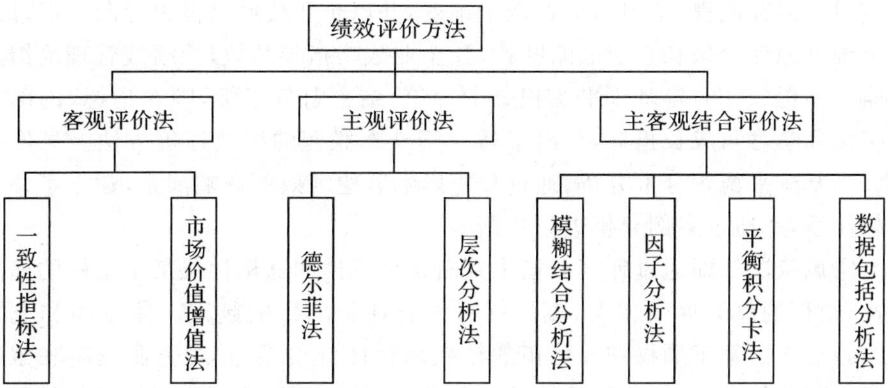


图 4-4　绩效评价方法分类

心思想是将各位专家独立的意见收集，并经过反复多次的整合，最终得出一个较好的方案。层次分析法（Analytic Hierarchy Process，简称 AHP），是将与决策相关的要素依次分解为目标层、准则层与方案层，并在此基础上进行定性定量分析。该方法是于 20 世纪 70 年代初由美国运筹学家萨蒂教授提出。柴珺芳（2013）运用层次分析法对某医药联盟进行了绩效评价体系设计，并在此基础上提出了系统的联盟激励机制体系。

（3）主客观结合评价法：主要包括模糊数学综合评价法、因子分析法、平衡积分卡法、数据包络分析法等。

①模糊数学综合评价法。其核心要点是将定性评价转换为定量评价，即通过模糊数学原理对一个复杂的对象做出一个相对整体的评价，具有系统性强、结果清晰的特点，在一些较难量化、较为模糊的问题解决中能够呈现很好的效果。王静（2012）在分析产业技术联盟绩效影响因素的基础上，结合模糊数学综合评价法对联盟绩效进行了综合评价。

②因子分析法。这是最常用的一种评价方法，其核心要点就是运用数学工具，测量少数相关的变量（因子）来描述指标间的关系（相关性高的因子归为一种变量），即以较少的几个因子来反映本体的信息。因子分析法就是寻找变量公共因子的评价分析法，在主成分分析的基础上构建一些意义较为明确的公因子，以公因子为原变量，进而考察原变量的区别与联系。陶力波（2010）在分析房地产企业联盟形成动因、存在问题的基础上，将因子分析法与神经网络模型相结合，构建了完善的联盟绩效评价体系。

③平衡积分卡法。这是由 Robert Kaplan 和 David Norton 在 1992 年首次提出的。其主要特点是将对企业的绩效评价从单纯的财务分析，拓展为财

务、客户、内部流程、学习与成长四个维度，并以企业战略目标为导向。通过这四个维度的评价来和企业战略挂钩，让企业战略指导绩效，让绩效管理反馈给战略。周勇(2005)等基于平衡积分卡理论，结合财务指标，顾客指标，内部流程指标和学习与成长指标，提出了适合于动态联盟的绩效评价方法。吴焕香(2006)基于平衡积分卡方法，通过分析影响联盟绩效的影响因素，建立了评价指标体系，并通过案例分析进行数据验证。

④熵值法。即通过计算熵值来判断某个事件的随机性或某个指标的离散程度，指标的离散程度越大，该指标对综合评价的影响越大。郑景丽和龙勇(2014)提出了基于熵权物元可拓的绩效综合评价模型，并对企业战略联盟进行了实证分析，通过熵值的计算赋予各指标权重，最终验证了评价模型的科学性和实用性。

⑤数据包络分析法。数据包络分析方法是在 1978 年由 Charnes、Cooper 和 Rhodes 创造出的评估方法，该方法的核心要点是保持决策变量不变，运用统计数据与数学规划保持变量的有效生产前沿面，并将各决策变量投影到生产前沿面，然后通过比较决策变量的偏离值来确定变量的相对有效性。数据包络分析法目前主要应用于独立的企业中，学者后续可以尝试在联盟中应用。何平林等(2007)以我国九家军工系上市公司为决策单元，利用 C2R 模型构建了基于数据包络分析法的绩效评估框架。杨茂盛等(2005)结合供应链企业的相关指标及数据，建立了供应链绩效评价体系的数据包络分析模型，并提出了指标界定及判断标准。

在具体的评价过程中，应根据实际评价目标和相关要求以及研究对象的基本特征，组合运用各种方法进行绩效评价。比如先用文献分析法和专家访谈法拟定评价指标，再运用层次分析法为各层次指标设定权重，最后用模糊数学的原理确定评价模型，从而对产业技术创新战略联盟进行综合评价。

## 4.4 启　示

作为一种适应时代发展的新型组织模式，由于其“联合开发、优势互补、利益共享、风险共担”的特征，产业技术创新战略联盟在管理学、经济学、社会学、组织行为学等领域受到专家学者的极大关注，联盟发展模式、运行机制、运行绩效、绩效评价等必将作为学术研究关键词。本章通过对国内外相关学者的文献梳理，做出以下研究述评。

(1)产业技术创新战略联盟研究述评

通过对联盟概念内涵、发展模式、运行机制的文献回顾,可以发现学者们对联盟的研究角度更为广泛,研究内容也更为深入具体。不过随着联盟的持续动态演进,相关研究还存在以下不足:

产业技术创新战略联盟的理论研究对其概念缺少综合性的统一界定。现有理论过于强调某一角度,没有把联盟作为一个有机整体看待,在联盟发展模式和运行机制对保证联盟正常运行、实现最终绩效的重要意义方面认识有限。

产业技术创新战略联盟的研究过于理论化,针对具体的案例实证研究过少。由于我国联盟的发展处于初级阶段,因此加强对我国产业技术创新战略联盟的实证与案例研究是学者们今后研究的重要方向之一。

(2)联盟绩效评价研究述评

尽管目前学术界有关产业技术创新战略联盟绩效评价的研究数量不断增多,但还缺乏系统性和全面性的成果。第一,很多学者没有考虑联盟的动态性,对联盟的运行进程评价与终止决策缺乏考虑,仅仅使用一些静态指标来衡量联盟绩效,如研发投入、研发产出、合作成果、主观满意度等。第二,忽视联盟不同主体作用的差异性,已有的研究大多针对联盟整体来设计,而对企业、政府、大学、科研院所等个体指标的研究相对较少。鉴于联盟是所有成员的共同选择,个体联盟目标的差异性客观存在,如大学、科研机构注重学术水平及技术的创新性;企业更加关注技术创新所带来的经济利益,以及能否为它带来超额利润;不同规模企业间的战略目标也不尽相同。事实上,联盟运行绩效应该是联盟本体和联盟个体绩效的加总,把联盟的成功定义为其多数成员的成功,较为合适。同时,现有的评价对象过于关注联盟内部而忽视联盟外部的反馈,如利益相关者、社会公众和客户等。第三,较少从地区社会效益角度评价联盟绩效,忽视了联盟对区域经济和社会的推动作用。第四,缺乏比较完善的绩效评价标准,即评价参照系的选择。第五,评价方法多从单一方法介入,忽视了产业技术创新战略联盟是一个复杂的运行系统,其评价需要多种方法的组合。

通过国内外产业技术创新战略联盟相关研究文献的回顾和理论的梳理,厘清国内外研究的最新成果,通过理论依据的比较整合,初步得出优化和完善产业技术创新战略联盟运行绩效评价体系的总体框架及其评价指标和评价方法。

# 5　产业技术创新战略联盟运行绩效评价指标体系建构及实证

在理论研究和案例研究结合的基础上，构建产业技术创新战略联盟运行绩效评价体系，利用多元组合的评价方法和 SPSS19.0、Eviews7.0 统计工具，结合浙江省 30 个联盟的专题访谈和问卷调查，实证评价体系的有效性，并根据结果，优化和完善评价体系及其相应指标。

## 5.1　影响因素识别

联盟效应作为联盟绩效的结果层面，是联盟绩效的直接体现（朱晓彤，2010；杨旺军，2013；柴珺芳，2013），并对联盟运行过程起着反馈作用（王静，2011）。受制于统计分析变量数据的收集与相关关系的测定，本书在做变量关系的假设与统计分析时，以联盟效应为因变量，来探寻联盟绩效的关键影响因素。首先对联盟效应的构成进行说明：联盟效应是联盟绩效最直接的体现，本书将效应按照从局部到整体的方式分为三个要素，即内部效应、产业效应与区域效应。另外，联盟形象也是联盟效应的重要组成部分。（见表 5-1）

**表 5-1　联盟效应维度的细分变量构成及来源**

| 细分变量 | 变量说明 | 相关研究学者 |
|---|---|---|
| 联盟形象 | 联盟知名度、联盟忠诚度、联盟美誉度 | 孙作林（2004） |
| 内部效应 | 专利发明数量、重要论文发表数量、合作产生新产品数量、新产品市场占有率及新产品研发周期等 | 柴珺芳（2013）<br>王静（2011） |
| 产业效应 | 共性技术突破、产业链完善程度及参与制定行业标准的数量 | 宋东林（2012） |
| 区域效应 | 区域税收贡献率、重大展览与会议举办次数及联盟内知名企业（上市企业）的培育数量 | 孙继跃（2012） |

联盟形象，良好的联盟形象有利于联盟软实力的提升，也有利于形成较强的联盟忠诚度与向心力（孙作林，2004），是联盟效应中浅层次的体现，主要包

括联盟知名度、联盟忠诚度、联盟美誉度等方面。

内部效应，是指联盟成员内部得到的收益，多为定量指标，是衡量绩效产出的重要组成部分，主要包括专利发明数量、重要论文发表数量、合作产生的新产品数量、新产品的市场占有率及新产品研发周期等方面。

产业效应，是指对联盟所属产业产生的有益影响，产业技术创新战略联盟的运行发展不仅仅为联盟成员带来竞争力的提升，同时，也有力地促进了联盟所在产业的发展，起到引领产业发展的作用(宋东林，2012)。产业效应主要包括共性技术突破、产业链完善程度及参与制定行业标准的数量等方面(潘东华，2013)。

区域效应，是指产业技术创新战略联盟给所在区域带来的经济效益和社会效益提升，主要分为区域税收贡献率、重大展览与会议举办次数及联盟内知名企业(上市企业)的培育数量等方面。

### 5.1.1 变量及假设

(1)社会支持

产业技术创新战略联盟的核心成员是“产学研”，即企业、高等院校与科研机构，但是除此之外的政府、金融及中介机构也在政策引导、融资、一体化管理咨询方面给予联盟极大的支持。(见表5-2)

**表5-2 社会支持维度的细分变量构成及来源**

| 细分变量 | 变量说明 | 相关研究学者 |
|---|---|---|
| 政府支持 | 规划制定、采购联盟产品、联盟立项支持、税收优惠、公共平台建设等 | 曹静(2010)<br>邸晓燕(2014) |
| 金融机构支持 | 金融机构数量及对联盟的支持力度 | Dries(2010) |
| 中介机构支持 | 规模数量，提供的专业化、一体化服务 | 田善武等(2015) |

政府支持。首先在联盟组建时期，政府会根据经济社会的发展现状，结合其他社会组织的运行经验，帮助制定联盟发展规划(伍建民等，2011)。其次，在技术密集型行业，共性技术突破尤为重要，但联盟成员(企业为主)可能会顾忌短期利益不明显，研发投入不积极，这时就需要政府向联盟提供相关研发政策和资金支持，并以契约的形式在新技术、新产品成果出现后给予税收优惠和优先采购(邸晓燕，2014)。最后，在一些较大的公共平台建设方面，也需要政府给予牵头支持。基于此，本书从规划制定、采购联盟产品、联盟立项支持、税收优惠、公共平台建设等方面来构建政府支持指标。(为了联盟指标的相对独立性，本书将政府部门对联盟的经费支持统一纳入要素投入指标)

金融机构支持。产业技术创新战略联盟除了一些行业龙头企业外，还包含大量的中小企业或创业型企业，这些中小企业特别是科技型创业企业需要大量资金的支持，金融机构可以通过联盟合作来满足这些企业的融资需求，拓展它们的生存空间(Dries,2010)，提升它们对联盟的忠诚度。因此，本书将金融机构支持的指标分为联盟连接的金融机构数量及金融机构对联盟的融资倾斜度等方面。

中介机构支持。中介机构一般包括咨询公司、行业协会、会计师事务所、律师事务所、资产评估事务所等。中介机构作为联盟整个生态的辅助者，在提升联盟运营的专业化方面发挥着非常重要的作用(田善武等，2015)。在描述中介机构支持时，主要从规模数量，为联盟提供的专业化、一体化服务等角度进行测度。

综上所述，提出如下假设：

假设 1a：政府支持与联盟形象正相关。

假设 1b：政府支持与内部效应正相关。

假设 1c：政府支持与产业效应正相关。

假设 1d：政府支持与区域效应正相关。

假设 2a：金融机构支持与联盟形象正相关。

假设 2b：金融机构支持与内部效应正相关。

假设 2c：金融机构支持与产业效应正相关。

假设 2d：金融机构支持与区域效应正相关。

假设 3a：中介机构支持与联盟形象正相关。

假设 3b：中介机构支持与产业效应正相关。

假设 3c：中介机构支持与区域效应正相关。

基于上述假设，得出以下概念模型(见图 5-1)：

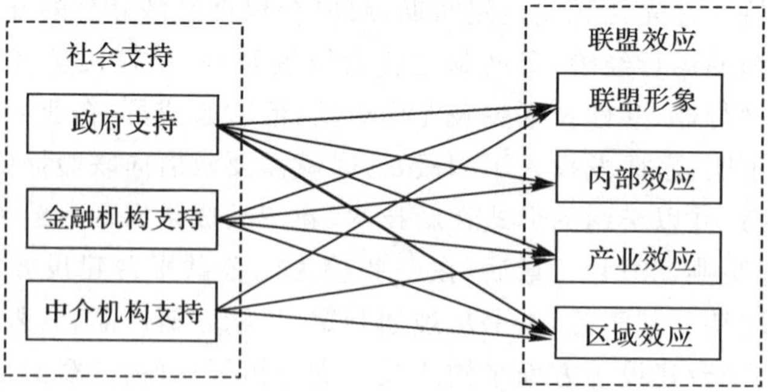


图 5-1 社会支持对联盟效应的概念模型

(2)联盟组建

从浙江省产业技术创新战略联盟的调研结果可以看出,联盟成员的产业链分布对联盟有效运行有重要的影响,一般来说成员呈纵向产业链分布的联盟在合作过程中更加易于激发成员的积极性,而拥有行业龙头企业的联盟往往更有号召力与凝聚力,基于上述分析,本书将联盟组建要素分为联盟结构与伙伴匹配两个指标来描述。(见表 5-3)

**表 5-3 联盟组建维度的细分变量构成及来源**

| 细分变量 | 变量说明 | 相关研究学者 |
|---|---|---|
| 联盟结构 | 是否形成了完整的产业链,成员间的历史合作经验以及联盟中是否存在行业龙头企业 | 杨东奇(2012)<br>付苗等(2012) |
| 伙伴匹配 | 知识互补性,能力互补性,资源互补性 | Hagedoorn(2003) |

联盟结构。主要描述联盟成员之间的产业链关系,分为纵向、横向等,纵向产业链结构能够促使联盟成员更为紧密的合作,处于横向产业链中的企业由于存在较强的竞争关系,可能在合作过程中有所保留。成员间的历史合作经验对联盟结构的合理性也有重要影响(杨东奇,2012)。此外,在调研中发现,存在行业龙头企业的联盟,联盟凝聚力更强。因此,本书在描述联盟结构指标时从联盟是否形成了完整的产业链,成员间的历史合作经验以及联盟中是否存在行业龙头企业等方面着手。

伙伴匹配。单个企业所拥有的资源毕竟有限,但组建联盟为企业提供了获取所需资源的便捷途径(郝生宾和于渤,2009)。企业联盟正是以个体企业所能提供或缺乏的资源作为他们加入联盟的动力和补偿(Hagedoorn,2003),但实现资源匹配的前提是联盟成员具有资源异质性。因此,本书对伙伴匹配从合作伙伴的知识互补性、能力互补性、资源互补性三个方面来描述。合作伙伴的匹配度越高,越有利于提高联盟成员的忠诚度,有利于提高项目合作的效率,有利于有效整合资源,促进行业共性技术研发,提高联盟整体实力。

综上所述,本书提出以下假设:

假设 4a:联盟结构与联盟形象正相关。

假设 4b:联盟结构与内部效应正相关。

假设 4c:联盟结构与产业效应正相关。

假设 4d:联盟结构与区域效应正相关。

假设 5a:伙伴匹配与联盟形象正相关。

假设 5b:伙伴匹配与内部效应正相关。

假设 5c:伙伴匹配与产业效应正相关。

假设 5d:伙伴匹配与区域效应正相关。

基于上述假设,得出以下概念模型(见图 5-2):

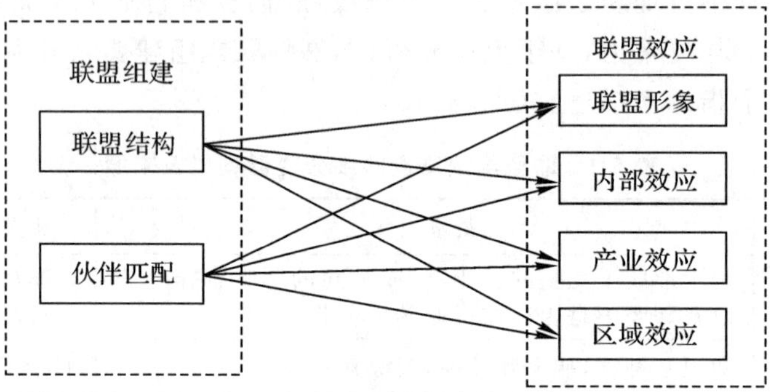


图 5-2 联盟组建对联盟效应影响的概念模型

(3)要素投入

要素投入的多少对产业技术创新战略联盟运行绩效有着最为基础的影响,本书将联盟投入的类型主要分为资金投入、人才投入与设备投入三大类。(见表 5-4)

**表 5-4 要素投入维度的细分变量构成及来源**

| 细分变量 | 变量说明 | 相关研究学者 |
|---|---|---|
| 资金投入 | 研发资金的投入数量及其占总投入的比例 | 池仁勇(2004) |
| 人才投入 | 集聚的联盟成员内部人才,引进联盟外部人才,及研发人才整体素质水平等 | 张坚(2006) |
| 设备投入 | 联盟投入的生产与研发设备的数量 | 周勇(2009) |

资金投入。是指产业技术创新战略联盟成立后,支撑联盟发展的所有资金投入,主要指研发资金的投入。资金投入数量的多少对联盟最终的内部效应、产业效应与区域效应有着直接的影响,也是影响成员忠诚度的重要因素。因此,本书从研发资金的投入数量及其占总投入的比例两个角度来描述资金投入指标。

人才投入。在知识经济时代,人才是技术创新的保障,人才投入指在产业技术创新战略联盟成立后,投入到联盟运行和相关项目技术研发的所有人员的数量,包括博士、硕士、高工等。因此,本书从联盟集聚的成员内部人才,引进的外部人才,及研发人才整体素质水平等方面来描述人才投入指标。大量优秀人才的投入，有利于提高联盟的知名度、忠诚度与美誉度，有利于缩短技术研发周期，有利于行业相关的人才储备。

设备投入。是指产业技术创新战略联盟成立后，投入到联盟运行及相关合作项目技术研发的所有设备的价值。设备的质量好坏与数量的多少直接影响最后产品的价值。因此，本书从联盟投入的生产与研发设备的数量来描述设备投入的指标。

综上所述，本书提出如下假设：

假设 6a：资金投入与联盟形象正相关。

假设 6b：资金投入与内部效应正相关。

假设 6c：资金投入与产业效应正相关。

假设 6d：资金投入与区域效应正相关。

假设 7a：人才投入与联盟形象正相关。

假设 7b：人才投入与内部效应正相关。

假设 7c：人才投入与产业效应正相关。

假设 7d：人才投入与区域效应正相关。

假设 8a：设备投入与联盟形象正相关。

假设 8b：设备投入与内部效应正相关。

假设 8c：设备投入与产业效应正相关。

假设 8d：设备投入与区域效应正相关。

基于上述假设，得出以下概念模型（见图 5-3）：

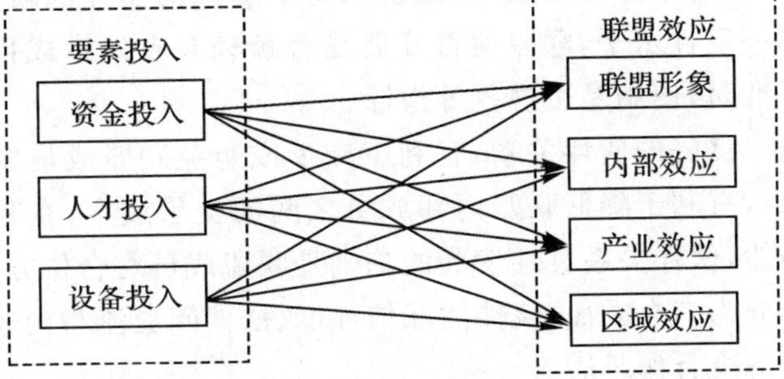


图 5-3　要素投入对联盟效应影响的概念模型

（4）联盟运行

运行过程是承接联盟投入与最终效益产出的中间环节，联盟运行的好坏直接关系到最终效益产出的质量，我们把联盟运行分为联盟治理、运营管理、

关系管理、知识获取、知识吸收和知识共享6大类。(见表5-5)

**表5-5 联盟运行维度的细分变量构成及来源**

| 细分变量 | 变量说明 | 相关研究学者 |
|---|---|---|
| 联盟治理 | 效益分配机制,风险共担机制构建状况,联盟秘书处职能履行状况 | 吴笛(2013) |
| 运营管理 | 总体战略规划的制定,成员战略目标一致性水平,联盟项目开展是否顺利并有效达成目标等 | 戴淑芬(2008) |
| 关系管理 | 伙伴间互信程度,伙伴间交流与沟通频率,能否合理及时地解决合作矛盾 | Keith(1998)<br>邓剑平(2007) |
| 知识获取 | 公司互访与培训,定期举办会议与论坛,联盟技术手册制定等活动与措施的制定状况 | 王飞绒(2008) |
| 知识吸收 | 获取合作伙伴的先进经验,新知识与原有知识的整合 | 陈劲(2006) |
| 知识共享 | 知识共享平台的搭建状况,联盟成果的传播效率 | 简兆权(2010) |

联盟治理。产业技术创新战略联盟的治理机制本质上是成员之间互动交流规范,是联盟的一种制度性安排,目的是解决有关防卫、合作以及协调等的组织间治理问题,是企业联盟管理与控制活动的基础(吉迎东,2014)。因此,本书将联盟治理描述为:是否制定了公平的效益分配机制、是否形成了合理的风险共担机制以及联盟秘书处是否有效地履行了自身职能。

运营管理。运营管理能够有效地指导联盟动态发展,在产业技术创新战略联盟发展初期,项目经费的准时到达与有效使用对项目的成功至关重要。因此,本书将运营管理指标描述为:是否制定了明确的总体战略规划,联盟成员的战略目标一致性水平,联盟项目开展是否顺利并有效达成目标及联盟经费的到达是否准时,使用是否规范等指标。

关系管理。良好的伙伴关系,有利于减少或避免联盟成员发生矛盾和冲突(郭焱,2014),有利于降低联盟内部成员之间的交易成本,有利于增强联盟的稳定性。当然,伙伴关系良性发展的基础是联盟成员对合作方的了解程度。伙伴关系指标分为三个方面:伙伴间互信程度、伙伴间交流与沟通频率以及能否合理及时地解决合作矛盾。

知识获取。产业技术创新战略联盟本质上是一个知识联盟,能否有效地提供知识获取的渠道及获取渠道的多样性(王飞绒,2008),能否定期进行公司互访与培训活动,能否定期举办会议与论坛,能否有联盟技术手册(联盟数据库)供成员学习以及联盟中是否存在技术社区是衡量知识获取的重要因素。

知识吸收。如何更加有效地将不同联盟成员所具备的知识以及联盟内外部环境所隐含的知识吸收并加以创造，是联盟的主要任务之一。联盟成员可以在项目合作的过程中吸收合作方的有益经验，还可以在自己原有知识的基础上整合其他联盟成员的知识，并且不断重复这一过程，实现知识的不断革新（江澄，2014）。因此，知识吸收指标包括获取合作伙伴的先进经验、新知识与原有知识的整合两部分。

知识共享。知识共享是联盟的一大优点，联盟成员所拥有的知识不同，多数知识具有异质性与互补性，知识的共享程度对成员的发展至关重要，联盟要积极创造更多的共享途径来提高知识传播效率（简兆权，2010）。因此，本书从是否搭建了完善的知识共享平台以及联盟成果的传播效率两个角度来描述知识共享指标。

综上所述，本书提出如下假设：

假设 9a：联盟治理与联盟形象正相关。

假设 9b：联盟治理与内部效应正相关。

假设 9c：联盟治理与产业效应正相关。

假设 9a：联盟治理与区域效应正相关。

假设 10a：运营管理与联盟形象正相关。

假设 10b：运营管理与内部效应正相关。

假设 10c：运营管理与产业效应正相关。

假设 10d：运营管理与区域效应正相关。

假设 11a：关系管理与联盟形象正相关。

假设 11b：关系管理与内部效应正相关。

假设 11c：关系管理与产业效应正相关。

假设 11d：关系管理与区域效应正相关。

假设 12a：知识获取与联盟形象正相关。

假设 12b：知识获取与内部效应正相关。

假设 12c：知识获取与产业效应正相关。

假设 12d：知识获取与区域效应正相关。

假设 13a：知识吸收与内部效应正相关。

假设 13b：知识吸收与产业效应正相关。

假设 13c：知识吸收与区域效应正相关。

假设 14a：知识共享与联盟形象正相关。

假设 14b：知识共享与内部效应正相关。

假设 14c：知识共享与产业效应正相关。

假设 14d:知识共享与区域效应正相关。

基于上述假设,得出以下概念模型(见图 5-4):

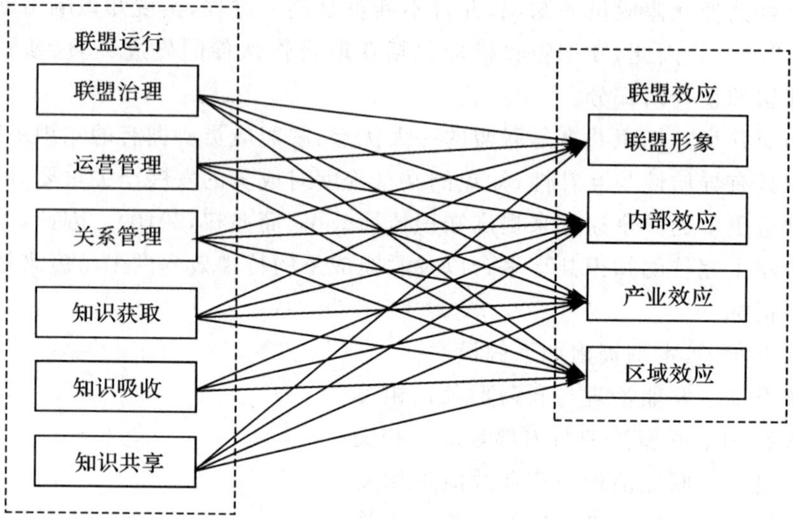


图 5-4 联盟运行对联盟效应影响的概念模型

### 5.1.2 研究方法

针对上述提出的变量及假设,本书采用问卷调查法对浙江省 30 家产业技术创新战略联盟发放问卷,共发放问卷 150 份,回收问卷 138 份,其中有效问卷 124 份。使用 SPSS19.0 软件对问卷调研数据进行信度、效度测度,以验证问卷数据及变量设计的有效性。使用 Eviews7.0 软件对变量间的相关性进行分析,验证假设。

## 5.2 统计分析

### 5.2.1 描述性统计分析

根据被调查联盟主营业务所处行业、联盟成立时间以及问卷填写人员所处职位对研究样本进行描述性统计分析。

(1)联盟主营业务所处行业

表 5-6 对调查问卷中样本联盟主营业务的所属行业进行了归类,本书样本覆盖联盟占浙江省全部产业技术创新战略联盟数量的 65.22%,具有较好

的代表意义。

表 5-6 样本所属联盟主营业务所属行业分布

| 行业分布 | 样本数量 | 百分比(%) |
|---|---|---|
| 新能源与环保 | 14 | 11.29 |
| 新材料 | 13 | 10.48 |
| 农业 | 18 | 14.52 |
| 轻工业 | 17 | 13.71 |
| 高端装备 | 21 | 16.94 |
| 生物医药 | 12 | 9.68 |
| 信息科技 | 13 | 10.48 |
| 电器设备 | 8 | 6.45 |
| 其他 | 8 | 6.45 |

(2)联盟成立年限分布

在被问卷调查的联盟中,大多数成立时间在 4～6 年,合计约占总样本量的 71.77%,成立 4 年以下的企业数量较少,约占总量的 28.23%,具体分布情况如表 5-7 所示。

表 5-7 样本所属联盟成立年限分布

| 成立年限 | 样本数量 | 百分比(%) |
|---|---|---|
| 4～6 年 | 89 | 71.77 |
| 4 年以下 | 35 | 28.23 |

(3)问卷填写人员职位分布

从问卷填写情况分析,填写人员较为均匀地分布在联盟的高层、中层、基层中。这也符合联盟相对扁平化的组织结构,中高层管理人员对联盟宏观发展较为了解,基层科研人员对具体合作细节更为清楚,因此,这一人员结构能够在一定程度上保证问卷数据的质量。具体分布情况见表 5-8。

表 5-8　问卷填写人员联盟职位分布

| 所处职位 | 样本数量 | 百分比(%) |
|---|---|---|
| 高层管理人员 | 42 | 33.87 |
| 中层管理人员 | 44 | 35.48 |
| 基层科研人员 | 38 | 30.65 |

### 5.2.2　信度与效度检验

(1)信度分析

信度分析,又称为可靠性分析,是一种度量问卷体系是否具有一定的稳定性和可靠性的有效分析方法(时立文,2012)。最常使用的信度检验方法为克朗巴赫(Cronbach)α 系数法,且一般主要考虑量表的内在信度。Cronbach α 系数应为 0～1,具体评判标准如表 5-9。

表 5-9　Cronbach α 系数评判标准

| Cronbach α 值 | 评判标准 |
|---|---|
| 0.9～1 | 信度非常好 |
| 0.7～0.9 | 高信度 |
| 0.35～0.7 | 中等信度 |
| 0～0.35 | 低信度(不可接受) |

一般来讲,Cronbach α 值大于 0.7 便可接受(李怀祖,2004)。因此,本书将采用 Cronbach α 系数对产业技术创新战略联盟绩效影响变量进行信度检验,以 0.7 为检验标准。

表 5-10 对社会支持的 Cronbach a 系数检验结果显示,社会支持维度向量 Cronbach α 系数为 0.809,各变量 α 值均大于 0.7,符合研究要求。且各问卷题目的项已删除的 Cronbach α 值均小于整体的 Cronbach α,表明各问卷题目设计均有效。

表 5-10 社会支持指标的信度分析

| 项总计统计量 | | | | | |
|---|---|---|---|---|---|
| 变量名称 | | 项已删除的刻度均值 | 项已删除的刻度方差 | 校正的项总计相关性 | 项已删除的 Cronbach α 值 |
| 社会支持 | A11 | 47.16 | 9.323 | 0.334 | 0.808 |
| | A12 | 47.35 | 9.190 | 0.401 | 0.801 |
| | A13 | 47.31 | 8.721 | 0.576 | 0.784 |
| | A14 | 47.19 | 9.291 | 0.393 | 0.802 |
| | A15 | 47.28 | 9.310 | 0.354 | 0.806 |
| | A16 | 47.19 | 8.710 | 0.487 | 0.793 |
| | A21 | 47.20 | 8.536 | 0.531 | 0.787 |
| | A22 | 47.12 | 8.367 | 0.608 | 0.778 |
| | A31 | 47.11 | 7.938 | 0.601 | 0.778 |
| | A32 | 47.21 | 8.492 | 0.570 | 0.783 |
| | 10 项 | | | | 0.809 |

表 5-11 联盟组建指标的信度分析

| 项总计统计量 | | | | | |
|---|---|---|---|---|---|
| 变量名称 | | 项已删除的刻度均值 | 项已删除的刻度方差 | 校正的项总计相关性 | 项已删除的 Cronbach α 值 |
| 联盟组建 | B11 | 26.97 | 7.040 | 0.632 | 0.868 |
| | B12 | 26.98 | 6.992 | 0.671 | 0.862 |
| | B13 | 26.94 | 6.402 | 0.742 | 0.849 |
| | B21 | 27.05 | 6.778 | 0.652 | 0.865 |
| | B22 | 27.03 | 6.422 | 0.702 | 0.857 |
| | B23 | 27.05 | 6.811 | 0.736 | 0.852 |
| | 6 项 | | | | 0.880 |

表 5-11 对联盟组建的 Cronbach α 系数检验结果显示，联盟组建维度向量 Cronbach α 系数为 0.880，各变量 α 值均大于 0.7，符合研究要求。且各问卷题目的项已删除的 Cronbach α 值均小于整体的 Cronbach α，表明各问卷题目设计均有效。

**表 5-12　要素投入指标的信度分析**

| 变量名称 | | 项已删除的刻度均值 | 项已删除的刻度方差 | 校正的项总计相关性 | 项已删除的 Cronbach α 值 |
|---|---|---|---|---|---|
| 项总计统计量 | | | | | |
| 要素投入 | C11 | 31.40 | 8.243 | 0.602 | 0.854 |
| | C12 | 31.40 | 8.096 | 0.669 | 0.845 |
| | C21 | 31.56 | 8.444 | 0.515 | 0.865 |
| | C22 | 31.27 | 7.615 | 0.728 | 0.836 |
| | C23 | 31.24 | 7.534 | 0.711 | 0.839 |
| | C31 | 31.35 | 8.345 | 0.659 | 0.847 |
| | C32 | 31.59 | 8.163 | 0.614 | 0.852 |
| | 7 项 | | | | 0.867 |

表 5-12 对要素投入的 Cronbach α 系数检验结果显示，要素投入维度向量 Cronbach α 系数为 0.867，各变量 α 值均大于 0.7，符合研究要求。且各问卷题目的项已删除的 Cronbach α 值均小于整体的 Cronbach α，表明各问卷题目设计均有效。

**表 5-13　联盟运行指标的信度分析**

| 变量名称 | | 项已删除的刻度均值 | 项已删除的刻度方差 | 校正的项总计相关性 | 项已删除的 Cronbach α 值 |
|---|---|---|---|---|---|
| 项总计统计量 | | | | | |
| 联盟运行 | D11 | 92.61 | 98.288 | 0.616 | 0.949 |
| | D12 | 92.63 | 97.438 | 0.678 | 0.948 |
| | D13 | 92.65 | 98.115 | 0.646 | 0.949 |
| | D14 | 92.76 | 97.697 | 0.685 | 0.948 |
| | D21 | 92.70 | 97.170 | 0.735 | 0.947 |
| | D22 | 92.76 | 96.835 | 0.725 | 0.947 |
| | D23 | 92.60 | 98.940 | 0.555 | 0.950 |
| | D24 | 92.61 | 98.028 | 0.658 | 0.948 |
| | D31 | 92.80 | 98.130 | 0.725 | 0.948 |
| | D32 | 92.59 | 98.667 | 0.714 | 0.948 |

续表

| 项总计统计量 | | | | | |
|---|---|---|---|---|---|
| 变量名称 | | 项已删除的刻度均值 | 项已删除的刻度方差 | 校正的项总计相关性 | 项已删除的Cronbach α值 |
| 联盟运行 | D33 | 92.80 | 96.569 | 0.748 | 0.947 |
| | D41 | 92.87 | 96.178 | 0.663 | 0.949 |
| | D42 | 92.76 | 98.982 | 0.680 | 0.948 |
| | D43 | 92.93 | 96.068 | 0.703 | 0.948 |
| | D44 | 92.59 | 98.309 | 0.728 | 0.948 |
| | D51 | 92.61 | 98.743 | 0.668 | 0.948 |
| | D52 | 92.87 | 97.056 | 0.705 | 0.948 |
| | D53 | 92.94 | 94.923 | 0.702 | 0.948 |
| | D61 | 92.92 | 94.937 | 0.750 | 0.947 |
| | D62 | 92.80 | 97.983 | 0.633 | 0.949 |
| | 20 项 | | | | 0.951 |

表 5-13 对联盟运行的 Cronbach α 系数检验结果显示，联盟运行维度向量 Cronbach α 系数为 0.951，各变量 α 值均大于 0.7，符合研究要求。且各问卷题目的项已删除的 Cronbach α 值均小于整体的 Cronbach α，表明各问卷题目设计均有效。

表 5-14 对联盟效应的 Cronbach α 系数检验结果显示，联盟效应维度向量 Cronbach α 系数为 0.866，且各变量 α 值均大于 0.7，符合研究要求。且各问卷题目的项已删除的 Cronbach α 值均小于整体的 Cronbach α，表明各问卷题目设计均有效。

(2)效度分析

效度(validity)是指能够测到该问卷所欲测的心理或行为特质到何种程度，反映问卷的正确性与有效性。效度越高表示该问卷所获得的结果所代表的测试行为真实度越高，该问卷的有效性就越高。

研究的效度包括内容效度(content validity)和结构效度(construct validity)。其中，内容效度指相关领域专家对问卷能够有效测量所测事物的认可程度。本书通过文献研究和实地调研相结合的方法，编制初始问卷，并在对高校、政府、科研机构、行业协会相关专家进行充分的沟通交流的基础上，形

**表 5-14 联盟效应的信度分析**

| 项总计统计量 | | | | | |
|---|---|---|---|---|---|
| 变量名称 | | 项已删除的刻度均值 | 项已删除的刻度方差 | 校正的项总计相关性 | 项已删除的 Cronbach α 值 |
| 联盟效应 | E11 | 79.34 | 27.169 | 0.512 | 0.858 |
| | E12 | 79.32 | 26.936 | 0.565 | 0.855 |
| | E13 | 79.35 | 26.423 | 0.622 | 0.852 |
| | E21 | 79.28 | 28.351 | 0.398 | 0.863 |
| | E22 | 79.20 | 27.609 | 0.499 | 0.858 |
| | E23 | 78.99 | 26.642 | 0.528 | 0.857 |
| | E24 | 79.15 | 27.545 | 0.569 | 0.856 |
| | E31 | 79.14 | 27.648 | 0.526 | 0.857 |
| | E32 | 79.26 | 26.941 | 0.554 | 0.856 |
| | E33 | 79.00 | 26.813 | 0.605 | 0.853 |
| | E34 | 78.94 | 27.849 | 0.420 | 0.862 |
| | E35 | 79.04 | 27.925 | 0.451 | 0.860 |
| | E41 | 78.97 | 27.739 | 0.462 | 0.860 |
| | E42 | 79.22 | 27.391 | 0.489 | 0.859 |
| | E43 | 79.23 | 28.859 | 0.358 | 0.864 |
| | E44 | 79.23 | 28.636 | 0.390 | 0.863 |
| | 16 项 | | | | 0.866 |

成最终的调查问卷，因此，可以视为具有较高的内容效度。结构效度指问卷题目设计与研究理论之间的一致性程度。本书采用因子分析法进行结构效度检验，即 KMO 样本充分性检验，判断相关数据是否可以做因子分析。一般认为，KMO 值越大越适合做因子分析，以 0.6 为标准来判断。

本书通过 SPSS19.0 对各变量问卷数据进行 KMO 值检验，如表 5-15。可以看出，各变量的 KMO 值均大于 0.6，同时 Bartlett 球体检验的显著性概率为 0.000，小于 1%，表明各变量的数据相关阵不是单位阵，适合做因子分析，即问卷的结构效度符合要求。

**表 5-15　各变量的 KMO 值和 Bartlett 球体检验结果**

| KMO 和 Bartlett 的检验 | | | | | | |
|---|---|---|---|---|---|---|
| | | $U_1$ | $U_2$ | $U_3$ | $U_4$ | $U_5$ |
| KMO 取样适当性度量 | | 0.773 | 0.883 | 0.820 | 0.892 | 0.767 |
| Bartlett 的球形度检验 | 近似卡方 | 469.925 | 343.341 | 413.794 | 2054.993 | 850.750 |
| | df | 5 | 15 | 21 | 3 | 0 |
| | Sig. | 45 | 0.000 | 0.000 | 190 | 120 |
| | | 0.000 | | | 0.000 | 0.000 |

注：$U_1$ 代表社会支持，$U_2$ 代表联盟组建，$U_3$ 代表要素投入，$U_4$ 代表联盟运行，$U_5$ 代表联盟效应。

### 5.2.3　相关分析

由于调查问卷是针对产业技术创新战略联盟的影响因素所设置，共包括了 5 个二级变量：社会支持、联盟组建、要素投入、联盟运行和联盟效应。联盟效应作为联盟运行绩效的结果层面，是联盟运行绩效的直接体现（杨旺军，2013；柴珺芳，2013），受制于统计分析变量数据的收集与相关关系的测定，本书在做变量关系的假设与统计分析时，以联盟效应为因变量，来反映对联盟运行绩效的相关关系。

Eviews 软件在进行多元线性回归分析时较为方便直观，其中回归结果中的 $F$ 值可以看出各个自变量对于因变量的联合显著性，从单个自变量对应的 $P$ 值可以看出在其他变量不变的情况下，此自变量对因变量是否有影响，此外，在系数显著的情况下，还能通过系数的正负及大小来判断是正影响还是负影响及影响大小。因此，在对问卷设置内部一致性认可基础上，本书运用 Eviews7.0 对变量进行相关分析。

根据表 5-16 显示结果，具体分析如下：各变量的系数均为正，说明其与联盟形象存在正相关关系，与原假设一致，各变量均通过了 $T$ 检验，整体结果通过了 $F$ 检验。其中政府支持、关系管理、知识共享与联盟形象的相关性较强，知识获取、运营管理与联盟形象的相关性较弱。

表 5-16 细分变量与联盟形象的相关分析结果

| 样本数:124 | | | |
|---|---|---|---|
| 变量 | 系数 | $T$ | $P$ |
| 政府支持 | 0.491887 | 4.564184 | 0.0000 |
| 金融机构支持 | 0.253213 | 4.386869 | 0.0000 |
| 中介机构支持 | 0.218454 | 4.081833 | 0.0001 |
| 联盟结构 | 0.164884 | 3.530284 | 0.0006 |
| 伙伴匹配 | 0.168277 | 2.765505 | 0.0067 |
| 资金投入 | 0.295592 | 3.369018 | 0.0013 |
| 人才投入 | 0.158331 | 2.844662 | 0.0053 |
| 设备投入 | 0.157129 | 3.554205 | 0.0006 |
| 联盟治理 | 0.229935 | 5.273847 | 0.0000 |
| 运营管理 | 0.156767 | 3.588974 | 0.0005 |
| 关系管理 | 0.462613 | 2.946704 | 0.0039 |
| 知识获取 | 0.148231 | 2.864522 | 0.0050 |
| 知识吸收 | 0.243756 | 4.084202 | 0.0001 |
| 知识共享 | 0.295698 | 5.665251 | 0.0000 |
| $C$ | −0.498017 | −3.727569 | 0.0003 |
| $R^2$ | 0.966181 | Adjusted R-squared | 0.961837 |
| $F$ | 222.4290 | Durbin-Waston stat | 1.984620 |
| $P$ | 0.0000 | | |

根据表 5-17 显示结果,具体分析如下:各变量的系数均为正,说明其与内部效应存在正相关关系,与原假设一致,各变量均通过了 $T$ 检验,整体结果通过了 $F$ 检验。其中资金投入、关系管理、知识共享与内部效应的相关性较强,中介机构支持、知识获取与内部效应的相关性较弱。

表 5-17　细分变量与内部效应的相关分析结果

| 样本数:124 | | | |
|---|---|---|---|
| 变量 | 系数 | $T$ | $P$ |
| 政府支持 | 0.260481 | 4.406089 | 0.0000 |
| 金融机构支持 | 0.238556 | 4.136951 | 0.0001 |
| 中介机构支持 | 0.115375 | 2.685072 | 0.0084 |
| 联盟结构 | 0.175526 | 3.470634 | 0.0007 |
| 伙伴匹配 | 0.238556 | 3.225496 | 0.0017 |
| 资金投入 | 0.321033 | 7.536208 | 0.0000 |
| 人才投入 | 0.224805 | 5.231310 | 0.0000 |
| 设备投入 | 0.181808 | 3.312457 | 0.0013 |
| 联盟治理 | 0.193311 | 4.532628 | 0.0000 |
| 运营管理 | 0.256962 | 3.091666 | 0.0025 |
| 关系管理 | 0.311743 | 4.269304 | 0.0000 |
| 知识获取 | 0.085515 | 3.463029 | 0.0008 |
| 知识吸收 | 0.204385 | 3.143420 | 0.0022 |
| 知识共享 | 0.260991 | 5.866612 | 0.0000 |
| $C$ | −1.272400 | −5.339597 | 0.0000 |
| $R^2$ | 0.970381 | Adjusted R-squared | 0.966576 |
| $F$ | 255.0724 | Durbin-Waston stat | 1.973392 |
| $P$ | 0.000000 | | |

根据表 5-18 显示结果，具体分析如下：各变量的系数均为正，说明其与产业效应存在正相关关系，与原假设一致，各变量均通过了 $T$ 检验，整体结果通过了 $F$ 检验。其中政府支持、金融机构支持、资金投入与产业效应的相关性较强，联盟结构、设备投入与产业效应的相关性较弱。

表 5-18 细分变量与产业效应的相关分析结果

样本数:124

| 变量 | 系数 | $T$ | $P$ |
|---|---|---|---|
| 政府支持 | 0.556832 | 5.025977 | 0.0000 |
| 金融机构支持 | 0.314255 | 4.270760 | 0.0000 |
| 中介机构支持 | 0.199874 | 3.050780 | 0.0029 |
| 联盟结构 | 0.115863 | 3.804367 | 0.0002 |
| 伙伴匹配 | 0.256654 | 4.047930 | 0.0001 |
| 资金投入 | 0.292238 | 3.328187 | 0.0012 |
| 人才投入 | 0.261147 | 4.228805 | 0.0000 |
| 设备投入 | 0.103684 | 4.030841 | 0.0001 |
| 联盟治理 | 0.185682 | 5.648718 | 0.0000 |
| 运营管理 | 0.213354 | 3.651924 | 0.0004 |
| 关系管理 | 0.248266 | 5.948535 | 0.0000 |
| 知识获取 | 0.148547 | 2.628300 | 0.0098 |
| 知识吸收 | 0.225861 | 2.976038 | 0.0036 |
| 知识共享 | 0.273564 | 6.011982 | 0.0000 |
| $C$ | −1.179860 | −3.937508 | 0.0001 |
| $R^2$ | 0.889912 | Adjusted R-squared | 0.875772 |
| $F$ | 196.9368 | Durbin-Waston stat | 1.983042 |
| $P$ | 0.000000 | | |

根据表 5-19 显示结果:各变量的系数均为正,说明其与区域效应存在正相关关系,与原假设一致,各变量均通过了 $T$ 检验,整体结果通过了 $F$ 检验。其中资金投入、人才投入、政府支持与区域效应的相关性较强,联盟结构、设备投入与区域效应的相关性较弱。

表 5-19　细分变量与区域效应的相关分析结果

| 样本数:124 | | | |
|---|---|---|---|
| 变量 | 系数 | $T$ | $P$ |
| 政府支持 | 0.262513 | 5.507735 | 0.0000 |
| 金融机构支持 | 0.243326 | 5.306773 | 0.0000 |
| 中介机构支持 | 0.182747 | 3.306741 | 0.0013 |
| 联盟结构 | 0.106712 | 2.800828 | 0.0060 |
| 伙伴匹配 | 0.213026 | 3.606688 | 0.0005 |
| 资金投入 | 0.316058 | 2.986056 | 0.0035 |
| 人才投入 | 0.263552 | 2.761148 | 0.0068 |
| 设备投入 | 0.096524 | 3.633186 | 0.0004 |
| 联盟治理 | 0.227431 | 5.112195 | 0.0000 |
| 运营管理 | 0.198896 | 3.957536 | 0.0001 |
| 关系管理 | 0.185447 | 5.688775 | 0.0000 |
| 知识获取 | 0.136843 | 3.694032 | 0.0003 |
| 知识吸收 | 0.214328 | 3.153919 | 0.0021 |
| 知识共享 | 0.223684 | 4.250447 | 0.0000 |
| $C$ | −1.247438 | −4.028018 | 0.0001 |
| $R^2$ | 0.941341 | Adjusted R-squared | 0.933806 |
| $F$ | 158.0857 | Durbin-Waston stat | 1.990824 |
| $P$ | 0.000000 | | |

## 5.3　构建指标体系

在确定了产业技术创新战略联盟绩效影响因素的基础上，运用层次分析法对产业技术创新战略联盟的绩效评价指标体系进行构建，并最终确定各个指标所占据的权重。

### 5.3.1　指标体系构建原则

产业技术创新战略联盟作为一种新型社会合作组织，具有“联合开发、优势互补、风险共担、利益共享”的特点，参与的主体包括企业、高等院校、科研机构、政府、金融机构及其他中介机构等。组织结构相对较为复杂，涉及的主体也相对较多，为使指标体系更为客观、全面、科学、具体，本书在对联盟运行绩效进行评价指标选择时，将遵循以下原则。

系统性原则：产业技术创新战略联盟作为一个完善的运行系统，包括社会支持、联盟组建、要素投入、联盟运行及联盟效应等方面，要系统地分析各个影响因素，从内到外、从显性到隐性、从局部到整体、定量与定性相结合地制定各个指标。

科学性原则：绩效指标体系的制定要客观地反映联盟运行状况，具体指标的选择要相互独立，避免重叠。产业技术创新战略联盟的运行绩效涉及方面过多，因此，在具体指标选择时，要以关键性指标、代表性指标为核心。

目的性原则：产业技术创新战略联盟是整合政、产、学、研及其他机构，集聚技术、人才、资金、信息、政策等创新要素，以突破产业共性技术瓶颈为关键，以提升行业整体竞争力为目标形成的新型组织联合体。要针对联盟的目的、宗旨来制定各个指标。

实用性原则：指标体系的制定要尽量简单易懂，所获得数据要容易操作，在不影响科学性的前提下，应当对所有指标尽可能地定量化，便于后期的直接整合计算。

### 5.3.2 指标选择

以上论述及检验过程帮助找到了产业技术创新战略联盟绩效的影响因素，结合专家学者的相关研究成果。我们以5个一级指标、18个二级指标为基础构建了产业技术创新战略联盟绩效评价体系，各指标间的逻辑关系如图5-5。

### 5.3.3 层次分析法

(1)定义及基本思路

层次分析法(Analytic Hierarchy Process，简称AHP)是美国运筹学家Saaty教授于20世纪70年代提出的一种实用的多方案或多目标决策方法。其主要特征是：合理地将定性决策与定量决策结合起来，按照思维、心理的规律把决策过程数量化、层次化，尤其适用于当决策的结果难以准确计算的场合。

层次分析法的基本思路是通过收集、整理、综合人们的主观判断，将定性分析数字化，最终实现统一的定量化决策，即首先界定所要讨论的问题，其次

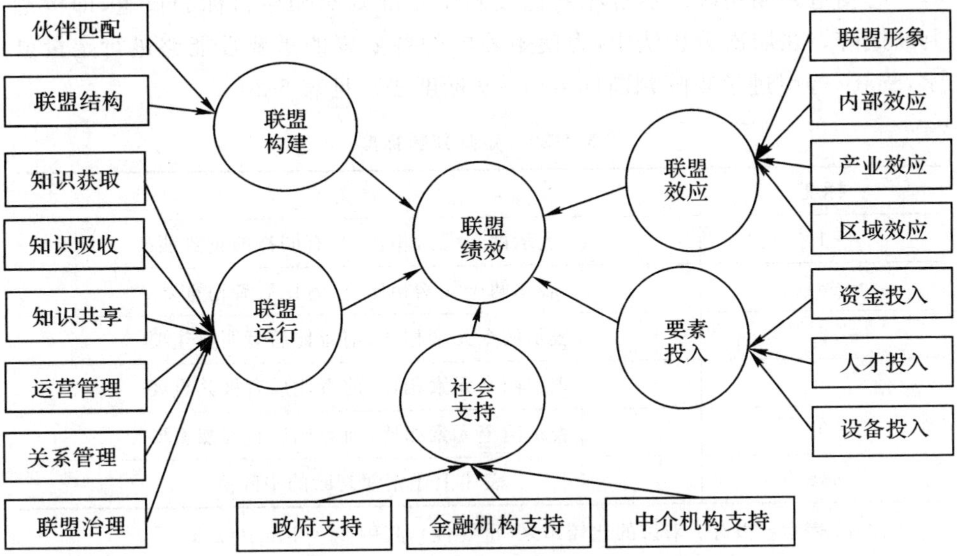


图 5-5　评价指标体系结构图

根据问题的性质和要实现的总目标把问题分解为不同的组成因素，并按因素间的隶属关系与相关关系分为不同的层次组合，形成一个层次结构模型，最终归结为最低层（方案、指标等）相对于最高层（总目标）的相对重要程度或相对优劣次序的问题。

（2）层次分析法步骤

①建立层次结构模型。将拟解决的问题（总目标）、需要考虑的因素（决策准则）和用于解决问题的备选方案按照相互之间的关系从上至下分为目标层、准则层、方案（指标）层，绘出层次结构图（见图 5-6）。

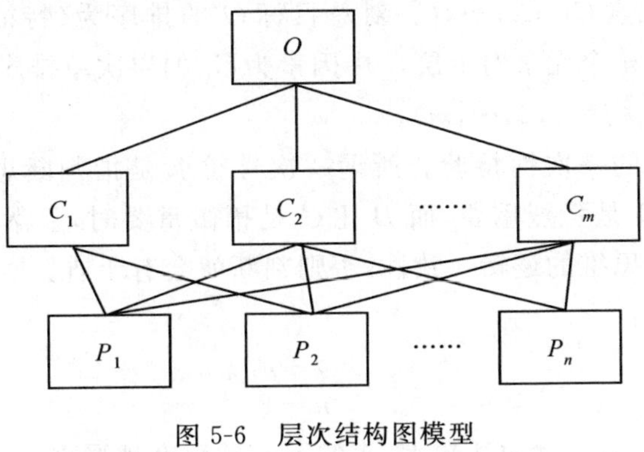


图 5-6　层次结构图模型

注：$O$ 代表目标层，$C$ 代表准则层，$P$ 代表方案层（指标层）。

②构造判断矩阵。通过相互比较确定各准则对相应目标的权重，即构造判断矩阵。在层次分析法中，为使矩阵中的各要素的重要性能够进行定量显示，Saaty 等引进了矩阵判断标度（1～9 标度法），见表 5-20。

**表 5-20 矩阵判断标度**

| 标度 | 含义 |
| --- | --- |
| 1 | 表示两个元素相比，具有同样的重要性 |
| 3 | 表示两个元素相比，前者比后者稍重要 |
| 5 | 表示两个元素相比，前者比后者明显重要 |
| 7 | 表示两个元素相比，前者比后者极其重要 |
| 9 | 表示两个元素相比，前者比后者强烈重要 |
| 2,4,6,8 | 表述上述相邻判断的中间值 |

注：$a_{ij}$ 表示 $i$ 相对 $j$ 来讲的比较结果（重要性），其中 $a_{ij}=1, a_{ji}=1/a_{ij}$

表 5-21 为假设的 $C_1-P$ 判断矩阵：

**表 5-21 $C_1-P$ 判断矩阵**

| $C_1$ | $P_1$ | $P_2$ | $P_3$ |
| --- | --- | --- | --- |
| $P_1$ | 1 | 3 | 5 |
| $P_2$ | 1/3 | 1 | 3 |
| $P_3$ | 1/5 | 1/3 | 1 |

③层次单排序。所谓层次单排序是指，对于上一层某因素而言，本层次各因素的重要性的排序。

$C$ 层 $m$ 个元素 $C_1$、$C_2$，…，$C_m$ 对总目标 $O$ 的排序为（特征向量）：$\omega=a_1, a_2, \cdots, a_m$。$P$ 层 $n$ 个元素对上层 $C$ 中因素为 $C_j$ 的层次单排序为（特征向量）：$\omega=b_{1j}, b_{2j}, \cdots, b_{nj}(j=1,2,\cdots,m)$。

④判断矩阵的一次性检验。所谓一次性检验是指判断思维的逻辑一致性。如当 $A$ 比 $B$ 是强烈重要，而 $B$ 比 $C$ 是稍微重要时，显然 $A$ 一定比 $C$ 重要。这就是判断思维的逻辑一致性，否则判断就会有矛盾。

一致性指标：

$$CI=\frac{\lambda-n}{n-1} \tag{5.1}$$

当 $CI=0$ 时，$A$ 一致；$CI$ 越大，$A$ 的不一致程度越严重。

表 5-22 随机一致性指标 RI

| $n$ | 1 | 2 | 3 | 4 | 5 | 6 | 7 | 8 | 9 | 10 | 11 |
|---|---|---|---|---|---|---|---|---|---|---|---|
| $RI$ | 0 | 0 | 0.58 | 0.90 | 1.12 | 1.24 | 1.32 | 1.41 | 1.45 | 1.49 | 1.51 |

一致性比率(对于确定 $A$ 的不一致性的容许范围):

$$CR=\frac{CI}{RI} \tag{5.2}$$

当 $CR<0.1$ 时,$A$ 不一致性程度在允许的范围内,此时可用 $A$ 的特征向量作为权向量。

⑤层次总排序。确定某层所有因素对于总目标相对重要性的排序权值过程,称为层次总排序。这一过程是从最高层到最底层依次进行的。对于最高层而言,其层次单排序的结果也就是总排序的结果。

$P$ 层的层次总排序为:$\begin{cases} P_1=a_1b_{11}+a_1b_{12}+\cdots+a_mb_{1m} \\ P_2=a_1b_{21}+a_2b_{22}+\cdots+a_mb_{2m} \\ \cdots \\ P_n=a_1b_{n1}+a_2b_{n2}+\cdots+a_mb_{nm} \end{cases}$

即 $P$ 层第 $i$ 个因素对总目标的权值为:$\sum_{j=1}^{m}a_jb_{ij}$,见表 5-23。

表 5-23 B 层的层次总排序

| C / P | $c_1,c_2,\cdots,c_m$<br>$a_1,a_2,\cdots,a_m$ | B 层的层次<br>总排序 $P*C$ |
|---|---|---|
| $P_1$ | $b_{11}$, $b_{12}$ $b_{11}$ | $\sum_{j=1}^{m}a_jb_{1j}=b_1$ |
| $P_2$ | $b_{21}$, $b_{22}$ $b_{11}$ | $\sum_{j=1}^{m}a_jb_{2j}=b_2$ |
| … | … | … |
| $P_n$ | $B_{n1}$, $b_{n2}$ $b_{nm}$ | $\sum_{j=1}^{m}a_jb_{nj}=b_n$ |

### 5.3.4 指标权重确定

(1)指标层次结构模型

依据前述指标的选择以及层次分析框架,结合德尔菲法,经过行业专家的评审后,本书制定了层次结构模型,见图 5-7。

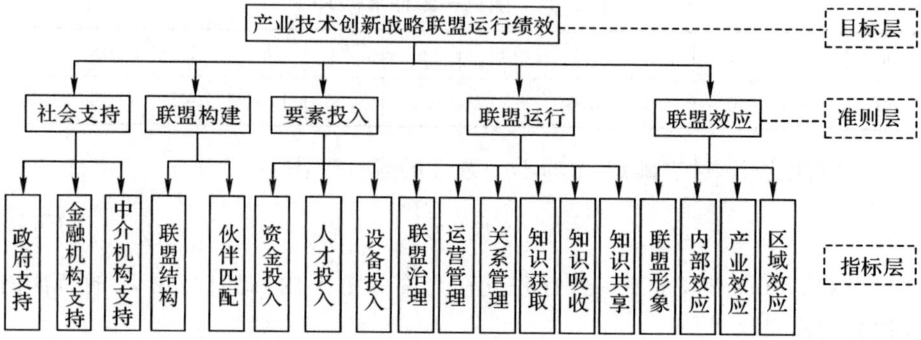


图 5-7 产业技术创新战略联盟绩效评价指标层次结构模型

(2)指标权重确定

在合理构建层次结构模型的基础上，确定各指标的权重是指标体系设计的关键步骤，各指标所占据的权重反映了各个指标对联盟运行绩效的相对重要程度，在指标含量较多的情况下，权重的细微差别也会对最终评价结果产生重大影响。我们结合层次分析法，依据附录 2 的问卷，通过专家打分，构造了指标对比矩阵。本书的专家构成包括 5 名政府官员、6 名高等院校教授、3 名科研机构研究员、6 名产业技术创新战略联盟理事长，共 20 人，样本涉及的产业技术创新战略联盟领域人员具有代表性。

通过运用 Yaahp 层次分析法软件，导入专家群决策数据矩阵，在一致性结果满足的情况下，得到了以准则层为标准的分权重（见表 5-24），以及综合权重（见表 5-25）。

**表 5-24 运用 Yaahp 软件得到以准则层为标准的分权重**

| 准则层 | 指标层 | 权重 | 一致性检验 |
|---|---|---|---|
| 社会支持 | 政府支持 | 0.6483 | $CI$=0.0019 |
| | 金融机构支持 | 0.2297 | $CR$=0.0036 |
| | 中介机构支持 | 0.1220 | |
| 联盟构建 | 联盟结构 | 0.3333 | $CI$=0.0000 |
| | 伙伴匹配 | 0.6667 | $CR$=0.0000 |
| 要素投入 | 资金投入 | 0.5714 | |
| | 人才投入 | 0.2857 | $CI$=0.0000 |
| | 设备投入 | 0.1429 | $CR$=0.0000 |

续表

| 准则层 | 指标层 | 权重 | 一致性检验 |
| --- | --- | --- | --- |
| 联盟运行 | 联盟治理 | 0.1513 | |
| | 运营管理 | 0.0630 | $CI$=0.0339 |
| | 关系管理 | 0.3475 | $CR$=0.0269 |
| | 知识获取 | 0.0946 | |
| | 知识吸收 | 0.1197 | |
| | 知识共享 | 0.2238 | |
| 联盟效应 | 联盟形象 | 0.2009 | $CI$=0.0153 |
| | 内部效应 | 0.4598 | $CR$=0.0172 |
| | 产业效应 | 0.2198 | |
| | 区域效应 | 0.1194 | |

**表 5-25 运用 Yaahp 软件得到各指标综合权重分布**

| 准则层 | 权重 | 指标层 | 权重 | 权值序列 |
| --- | --- | --- | --- | --- |
| 社会支持 | 0.1117 | 政府支持 | 0.0724 | 4 |
| | | 金融机构支持 | 0.0256 | 14 |
| | | 中介机构支持 | 0.0136 | 18 |
| 联盟构建 | 0.0844 | 联盟结构 | 0.0281 | 13 |
| | | 伙伴匹配 | 0.0563 | 7 |
| 要素投入 | 0.3829 | 资金投入 | 0.2188 | 1 |
| | | 人才投入 | 0.1094 | 2 |
| | | 设备投入 | 0.0547 | 8 |
| 联盟运行 | 0.2639 | 联盟治理 | 0.0399 | 9 |
| | | 运营管理 | 0.0166 | 17 |
| | | 关系管理 | 0.0917 | 3 |
| | | 知识获取 | 0.0250 | 15 |
| | | 知识吸收 | 0.0316 | 12 |
| | | 知识共享 | 0.0591 | 6 |

续表

| 准则层 | 权重 | 指标层 | 权重 | 权值序列 |
|---|---|---|---|---|
| 联盟效应 | 0.1572 | 联盟形象 | 0.0316 | 11 |
| | | 内部效应 | 0.0723 | 5 |
| | | 产业效应 | 0.0346 | 10 |
| | | 区域效应 | 0.0188 | 16 |

(3)结果分析

实证结果显示，5 大准则层权重排序从大至小依次为：要素投入(0.3829)、联盟运行(0.2639)、联盟效应(0.1572)、社会支持(0.1117)、联盟构建(0.0844)。其中要素投入与联盟运行两个要素占据了权值比的 64.68%。而在指标层的前 5 名排序从大到小为：资金投入(0.2188)、人才投入(0.1094)、关系管理(0.0917)、政府支持(0.0724)、内部效应(0.0723)，占据全部 18 个细分指标比重的 56.46%。

要素投入是联盟绩效稳步发展的基础。通过对联盟的实地调研访谈，发现由于项目合作效益存在不确定性，多数联盟对资金投入持较为保守的态度，极大地阻碍了项目合作的进一步发展，因此，需要优化资金投入结构、拓展融资渠道、加大资金投入力度。人才投入是技术创新成功与否的关键，联盟成立的动因之一就是为了实现“产、学、研、政”各主体的人才资源共享。

联盟运行是联盟绩效持续提升的关键。联盟运行要素在排序中处于第二位，超过了最直接体现联盟绩效的联盟效应，说明无论是政府部门、高等院校、科研院所有关产业技术创新战略联盟研究领域的专家还是具体联盟的管理层都认可联盟运行的重要性。联盟治理有助于优化联盟发展战略、理清联盟运行过程，关系管理在所有 18 个指标中权重排名第三位，反映了联盟是一个合作组织，处理好与合作伙伴之间的关系，加强沟通，有效处理项目合作过程中的矛盾，有利于推动联盟健康可持续发展。

通过对指标权重的进一步观察，发现联盟效应与社会支持所占权重虽然不大，但其下属的政府支持与内部效应指标却分别排在了 18 个细分指标中的第 4 名、第 5 名。

政府支持是联盟绩效健康成长的保障。在产业技术战略联盟发展的初级阶段，政府部门起着引导联盟制定联盟发展规划、引导联盟组建公共平台的作用，并且还会在科研立项、税收减免、产品采购方面直接对联盟进行扶持。因此，联盟领域专家给予其较高评分。

内部效应是联盟绩效的最直接体现。内部效应包括新产品产出、研发周期、专利发明等，是可以直接量化的指标，产业技术创新战略联盟的目标之一就是缩短新产品、新技术的研发周期，创造更大的经济效益，因此，相关专家也将内部效应视为实现产业技术战略联盟目标最契合的途径。

# 第二篇
# 案 例 篇

# 6 产业技术创新战略联盟运行案例

## 6.1 浙江省制冷空调产业技术创新战略联盟

### 6.1.1 行业背景

制冷空调设备制造行业包括冷冻冷藏设备、工业制冷设备、空调设备、家用制冷和空调设备的制造企业，现在已有1000余家，如果加上制冷空调行业专用配套件（如换热器、散热器、电加热器、风机、专用工具、专用热工仪器、自动控制仪表等）、专用材料（如高效传热管、过滤网、减震器、隔热材料、制冷剂、载冷剂等）的生产企业，则我国制冷空调行业企业数量已在2000家左右，从业人员达到数十万，近十年来行业产值的平均增长率保持在2位数的高水平上，发展十分迅速。

装备制造业是浙江省重点发展的7大万亿级产业之一，作为装备制造业重要组成部分的制冷空调产业的健康发展尤为关键，浙江省制冷空调行业在国内的发展处于领先地位，但是浙江省制冷空调行业整体的发展大而不强，与发达国家相比，在行业总体的研发投入、产品综合质量、技术水平等方面仍存在着一定的差距，缩小差距、赶超发达国家是行业未来发展的重要目标和任务之一。为了更好地解决上述问题，实现浙江省制冷空调行业的跨越式发展，2010年由盾安人工环境股份有限公司牵头组建了浙江省制冷空调产业技术创新战略联盟，并被浙江省科技厅认定为全省首批15家产业技术创新战略联盟之一。

### 6.1.2 联盟概述

(1)联盟概况

浙江省制冷空调产业技术创新战略联盟是浙江省首批产业技术创新战略联盟之一，由浙江盾安人工环境股份有限公司牵头建设，成员单位包括：浙江大学、浙江工业大学、浙江理工大学、浙江省化工研究院、杭州源牌环境科技有限公司、宁波奥克斯电气有限公司、加西贝拉压缩机有限公司、浙江商业机械厂、杭州华日电冰箱股份有限公司、英特换热设备有限公司等10余家省内知名高校院所和企业。

(2)联盟内容

联盟内容包括：整合浙江省制冷空调行业科技资源，建设技术创新资源的共享平台；加强科学仪器、设备和实验室的联系协调，确立一批对联盟成员单位开放的实验室和中试基地；逐步建成高水平公共平台(企业研究院、技术中心)和试验基地(重点实验室)。

联盟主要目标有：①自主研发一批新型制冷空调产品的核心技术；②突破行业发展的瓶颈问题，取得一批具有重大影响的创新成果；③近期重点解决行业急需的3～5项关键共性问题，包括节能环保制冷剂替代技术、高效压缩机设计制造技术、换热器强化传热技术、绿色制冷空调系统等。

(3)联盟成员

浙江省制冷空调产业技术创新战略联盟由9家企业单位，4家高等院校组成。如表6-1所示。

**表6-1 浙江省制冷空调产业技术创新战略联盟的成员介绍**

| 序号 | 成员名称 | 简要介绍 |
|---|---|---|
| 1 | 浙江盾安人工环境股份有限公司 | 全球制冷配件行业的龙头企业，中国第一家为核电站配套生产核级冷水机组且拥有自主知识产权的企业，节能服务行业领导品牌，中国500强企业 |
| 2 | 杭州源牌环境科技有限公司 | 在建筑高端中央空调、分布式能源与区域能源、新能源应用、建筑能源环境协同控制等专业领域为顾客提供一体化解决方案，在国内处于行业领导者地位 |
| 3 | 宁波奥克斯电器有限公司 | 制冷空调行业知名品牌，位居行业第四名 |

续表

| 序号 | 成员名称 | 简要介绍 |
|---|---|---|
| 4 | 加西贝拉压缩机有限公司 | 全球环保、节能、高效冰箱压缩机的专业研发制造商，国家技术创新示范企业，已连续 15 年实现产销总量、产品性能、经济效益国内行业三个领先，连续 10 年出口第一，产销总量居国内首位 |
| 5 | 浙江商业机械厂 | 专业设计、制造各种制冷压缩机、冷凝压缩机组、各种低温复叠机组、冷水机组、船用机组、组合冷库等冷冻冷藏设备的企业 |
| 6 | 杭州华日电冰箱股份有限公司 | 中国轻工百强企业和中国家电制冷行业骨干企业，主要生产经营电冰箱和商用制冷设备 |
| 7 | 英特换热设备（浙江）有限公司 | 换热器的专业制造商 |
| 8 | 浙江巨化股份有限公司 | 国内最大的氟化工、氯碱化工综合配套的氟化工制造业基地 |
| 9 | 浙江大学 | 国家“985”、“211”高校成员，排名稳居全国前 5 名 |
| 10 | 浙江工业大学 | 浙江省综合实力第二，全国百强高校 |
| 11 | 浙江理工大学 | 浙江省知名高等院校 |
| 12 | 浙江大学宁波理工学院 | 由宁波市政府全额投资建设，浙江大学负责办学管理的全日制普通本科院校 |
| 13 | 浙江化工研究院有限公司 | 目前浙江省内规模最大的科研开发类院所，是我国唯一的国家消耗臭氧层物质（ODS）替代品工程技术研究中心 |

(4)联盟运行绩效

浙江省制冷空调产业技术创新战略联盟在政府的发力支持下，取得了良好的效益，联盟的知名度与影响力逐步提高。

首先，联盟成员通过资源共享、优势互补，取得了大量技术突破，创造了一系列产品，增加了联盟整体与成员个体收益。技术突破包括：解决了 R32 压缩机由于排气温度高带来的问题；研究了 R161 饱和蒸汽压、液体密度、溶油性质、可燃性等热力学基础物性，为制冷系统及主要部件提供了设计依据；创新研发了降膜式冷水机组、椭圆管换热器等新产品，增加了 5000 万元左右的销售收入。

其次，在“产学研”的合作模式下，承担了大量的国家科研项目，包括 1 项 863 计划，1 项 973 计划，6 项国家自然科学基金，2 项国家科技型中小企业创新基金与 3 项浙江省重大专项。取得了众多科研奖项，包括 1 项中国机械工业科技奖，1项中国家电博览会金芯奖，1项家电博览会艾普兰奖，3项科技部科技进步奖与3项浙江省科技进步奖等。

第三，取得了大量发明专利，参与制定了众多国家及行业标准，联盟共取得了“一种采用载冷剂的低温治疗设备”等59项发明专利，制定了“核电厂用蒸气压缩循环冷水机组”、“水蒸发冷却空调机组”两项国家标准，“干式风机盘管机组”、“氟代烃类制冷剂”两项行业标准。此外，通过项目合作，培养了大量的制冷技术人才，发表了一系列高质量的论文。

### 6.1.3 联盟产业链分析

(1)行业产业链构成

制冷空调产业上游主要包括与制冷技术相关的原材料，主要指氨、氟里昂和烃类化学物质的生产制造；产业链中游包括压缩机、制冷器、换热器等制冷配件的生产；产业链下游包括空调及相关制冷设备整机的生产制造。浙江省制冷空调产业技术创新战略联盟，覆盖了生产制冷空调的全产业链，并有效对接制冷空调应用领域，联盟中成员的产业链分布如表6-2。

**表6-2 联盟成员产业链位置分布**

| 产业链位置 | 成员名称 |
|---|---|
| 上游 | 浙江巨化股份有限公司；浙江化工研究院有限公司 |
| 中游 | 加西贝拉压缩机有限公司；浙江商业机械厂；英特换热设备(浙江)有限公司；浙江盾安人工环境股份有限公司 |
| 下游 | 浙江盾安人工环境股份有限公司；杭州源牌环境科技有限公司；宁波奥克斯电器有限公司；杭州华日电冰箱股份有限公司 |
| 辅助环节 | 浙江大学；浙江工业大学；浙江理工大学；浙江大学宁波理工学院；浙江化工研究院有限公司 |

(2)联盟产业链构成

制冷空调产业技术创新战略联盟是一个产学研联盟，“产”为盾安人工环境股份有限公司等企业成员，“学”为浙江大学等高等院校，“研”为浙江省化工研究院等科研院所。三个不同功能的主体按照联盟制定的合作机制(如图6-1)，通过相关课题或项目合作，实现共性技术的突破或相关产品的研发，而后按照事先规定的契约进行效益分配，形成良好的“研发—生产—市场检验—研发”循环。

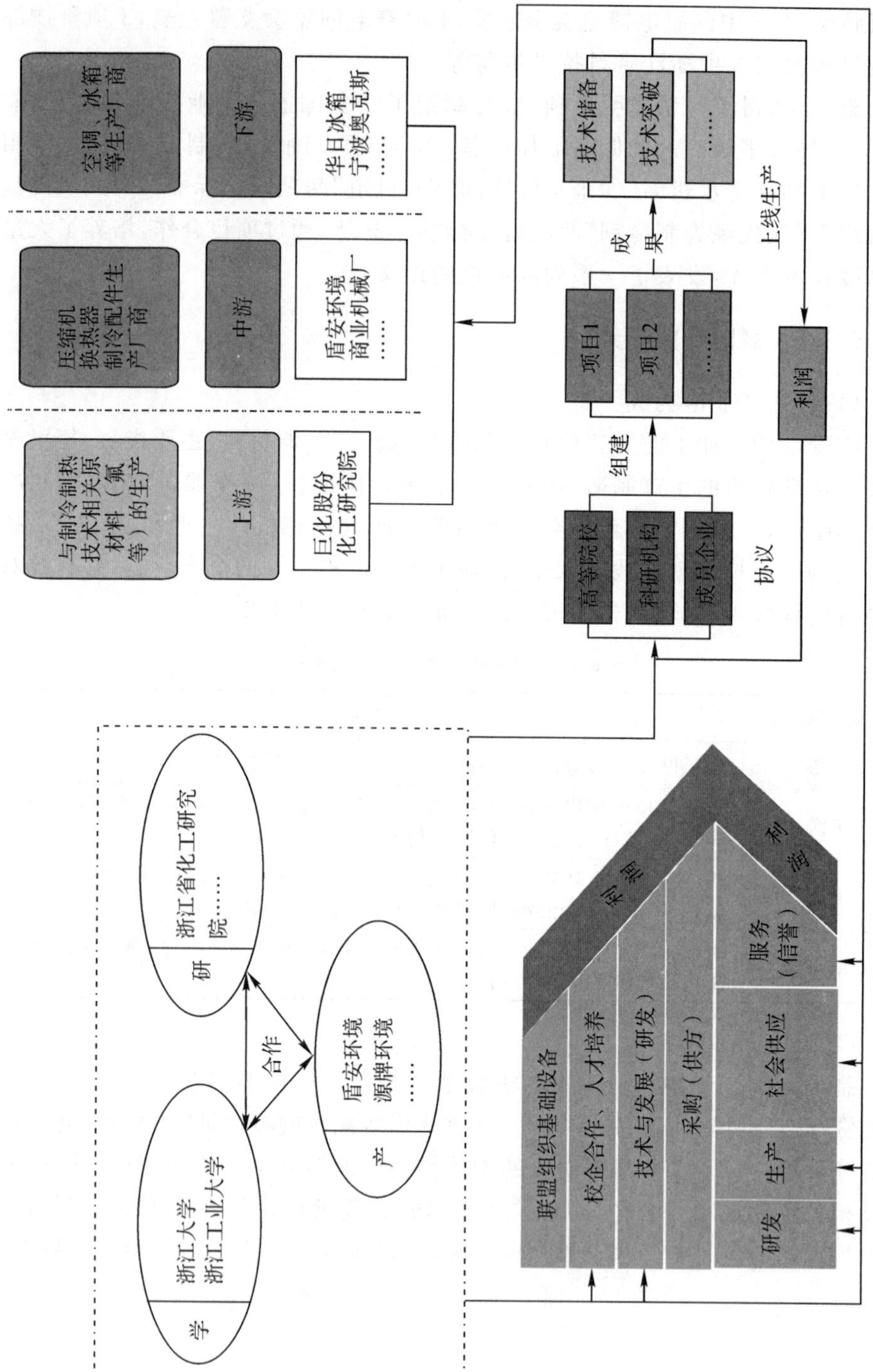


图6-1 浙江制冷空调产业技术创新战略联盟产业链结构与合作机构

制冷空调产业技术创新战略联盟是一个纵向产业链联盟，各个成员单位分属于产业链的各个环节，且在每个细分的领域都是领先企业，如浙江巨化股份有限公司是国内最大的氟化工、氯碱化工综合配套的氟化工制造业基地。加西贝拉压缩机有限公司是全球环保、节能、高效冰箱压缩机的专业研发制造商。公司已连续15年实现产销总量、产品性能、经济效益国内行业三个领先，连续10年出口第一，产销总量居国内首位。宁波奥克斯电器有限公司为家用空调知名企业，产量稳居行业前五名。

制冷空调产业技术创新战略联盟是一个创新合作平台，首先，联盟通过每年举办定期与不定期的主题会议，搭建成员单位信息与技术交流的平台，促进信息、技术的共享与创新。其次，联盟拥有实体展示平台，既可以扩展联盟在业内的影响，也增加了与联盟外相关企业的交流渠道。同样，联盟也是一个知识创造平台，通过汇聚浙江省最先进的制冷空调产业的人员、资源、信息，加快了知识的创造速度，提升了知识的创造质量，减少了相关交易成本。

(3)联盟产业链特征

①“学研”实力雄厚，推动技术创新。在研发方面，成员单位中的浙江大学、浙江工业大学、浙江理工大学等在低温制冷技术方面有着很强的研发能力，尤其是浙江大学制冷与低温研究所，在低温制冷研究领域有着较高的声誉(如表6-3)，其前身是浙江大学低温科研组，创建于1958年，是我国高等院校中最早创办的制冷及低温工程学科之一，1960年开始培养本科生，1978年开始培养研究生，1998年被国务院学位委员会批准为博士学位授权点及博士后

**表6-3　浙江大学低温与制冷研究所技术能力**

| 技术能力类型 | 简介 |
| --- | --- |
| 国家重大项目 | 相继承担了国家自然科学基金重大项目、国家重大基础研究计划(973计划)、国家高技术研究发展计划(863计划)、国家科技支撑计划、国防预研项目等 |
| 重要论文 | 荣获全国百篇优秀博士学位论文奖1人次、获全国百篇优秀博士学位论文提名奖1人次、国际制冷学会(IIR)“林德”奖2人次和“卡皮查”奖2人次及重要国际会议优秀学生论文奖1篇次 |
| 人才实力/培养 | 国家杰出青年基金1人，教育部新世纪优秀人才1人，浙江省“151”人才6人。陈光明教授被选为联合国环境规划署(UNEP)制冷空调热泵技术选择委员会(RTOC)委员，陈国邦教授和邱利民教授先后被选为国际制冷学会A2专业委员会副主席，陈国邦教授和邱利民教授被选为国际低温制冷机委员会委员，金滔教授被选为国际制冷学会青年委员 |

流动站，2003 年被评为浙江省重点学科，2007 年被评为全国重点学科，是全国第三个被认定的重点学科，其制冷与低温工程专业稳居全国排名前三位。

②合作信任机制完善。联盟良好分工带来的专业化是提高劳动生产率最为重要的因素。基于产业链的分工和协作使得企业联盟具有无论是单个企业还是整个市场都无法具备的效率优势。企业内过细的分工可能导致规模过大、组织管理成本过高等一系列的“大企业病”；纯粹的市场分工又使得企业间的交易成本过高，彼此独立的企业之间的信任程度也成为企业间长期合作关系发展的障碍。较之前两者，联盟的“中间性体制”在一定程度上既解决了企业内部过高的管理成本，又保证了分工与专业化的效率机制，解决了市场的低效率，与此同时还能将这种分工与专业化深化下去，使得分工与合作的关系在更大范围内扩大和加深，反过来又提高了整个联盟的效率，促进了联盟的深度发展。

寻找具有竞争优势的联盟伙伴是建立成功联盟的关键一步，企业借助与拥有良好声誉的企业结盟，有利于克服因信息不对称引发的逆向选择问题；有利于联盟内部企业间相互信任，降低欺骗行为发生的概率；有利于降低联盟内部的交易费用；有利于获取战略联盟的持续竞争优势，进而实现本企业战略目标。

浙江省制冷空调产业技术创新战略联盟的成员很多都是各个细分领域的行业领导者（如表 6-4），再通过制冷空调产业链的整合，能够极大地提升联盟的整体实力及联盟在行业内的声誉，推动联盟进一步向前发展。

**表 6-4 联盟成员的主要细分市场及行业地位**

| 企业名称 | 细分市场 | 行业地位 |
|---|---|---|
| 盾安人工环境股份有限公司 | 制冷配件、特种空调 | 全球制冷配件行业的龙头企业，中国第一家为核电站配套生产核级冷水机组且拥有自主知识产权的企业 |
| 杭州源牌环境科技有限公司 | 新能源应用、建筑能源环境协同控制 | 在国内处于行业领导者地位 |
| 宁波奥克斯电器有限公司 | 家用空调 | 中国制冷空调行业知名品牌，位居行业第四。浙江省第一 |
| 加西贝拉压缩机有限公司 | 压缩机 | 被誉为“世界冰箱的心脏”，产品连续 15 年销量全国第一 |
| 杭州华日电冰箱股份有限公司 | 电冰箱 | 中国家电制冷行业重点骨干企业 |

续表

| 企业名称 | 细分市场 | 行业地位 |
|---|---|---|
| 英特换热设备(浙江)有限公司 | 换热器 | 国内领先的换热器的专业制造商 |
| 浙江巨化股份有限公司 | 氟化工 | 国内最大的氟化工、氯碱化工综合配套的氟化工制造业基地 |

③利益分配机制合理。产业技术创新战略联盟是一种注重长期合作的技术创新形式,合作历史越长,合作经验就越丰富,在合作的过程中会更有心得,事前减少或避免矛盾冲突的可能性就越大,就能最大限度减少交易费用。

有过合作关系的企业组建技术联盟,由于之前有过合作的经历,他们对对方的实力有基本的了解,容易建立起一定程度上的信任,有利于建立联盟中长期稳定的合作伙伴关系。浙江省制冷空调产业技术创新战略联盟中许多成员在联盟成立之前就有着紧密良好的伙伴关系,包括供求关系、投资关系等,如表 6-5。联盟双方在共同工作经历的基础上容易产生对另一方的信任感,可以减少对对方机会主义行为的担忧,增加相互学习的机会和合作的紧密性,提高各方的技术水平和合作绩效。

**表 6-5 部分成员伙伴关系**

| 联盟成员 | 关系介绍 |
|---|---|
| 浙江大学、盾安人工环境股份有限公司 | 唐黎明教授作为联盟的秘书长,在盾安人工环境股份有限公司与浙江大学都有着长时间的任职履历,大力地提高了联盟的整体的协调效率;<br>2001 年 1 月—2007 年 1 月唐黎明先生先后任盾安(杭州)中央空调研究院院长与公司副总经理;<br>2007 年 1 月至今任浙江大学教授,浙江大学制冷与低温研究所实验室主任 |
| 盾安人工环境股份有限公司、宁波奥克斯电器有限公司、浙江大学 | 三家成员单位均为中国制冷空调工业协会理事成员,其中盾安是副理事长单位,奥克斯为常务理事单位 |
| 浙江大学、巨化集团 | 巨化集团在加入制冷空调联盟之前,与浙江大学有着密切的合作关系 |

合理分配联盟收益是维持和巩固成员企业合作关系的根本保证,是激励成员企业相互协助的动力,可以减少联盟损失和资源的浪费,有利于联盟内知识共享效率的提高和联盟各方利益最大化的实现。当合作的共同产出无法区分各个合作方的贡献时,就会产生搭便车行为,降低联盟参与各方的积极性和

绩效水平，影响预期目标的实现。

制冷空调产业技术创新战略联盟通过产学研共同合作研发，建立项目小组，小组成员共同选择技术研究课题，由企业提供研究经费，高校和科研机构提供人才和技术，并吸收企业高级技术人才共同参与研发工作，研发成功后再投入工业化生产，按联盟所签定的经济合同规定进行利润分成，实现资源共享、优势互补，节约研发成本，进而提高整个联盟的研发水平及企业自主创新的能力。

④整合联盟资源，技术能力领先。产业技术创新战略联盟中会存在一些节点企业，他们依托在联盟中的巨大影响来实施联盟管理，被称为焦点企业或核心企业。核心企业往往是大型企业，与其他成员企业有较强的连接度，拥有行业中较大的市场份额，核心企业的产品能力、合作能力、人员能力、资金能力以及联盟管理能力与联盟的稳定快速发展有积极的正向关系。

盾安人工环境股份有限公司作为联盟的发起人，是联盟中的核心企业。公司是中国500强企业盾安集团旗下核心产业，2004年在深交所上市。现已发展成为一家集家用空调部品、商用空调部品、装备制造（中央空调、风机等）、节能系统（工业余热及污水余热回收利用、洁净工程）等业务为一体的多元化经营企业，如表6-6。公司作为制冷配件行业龙头企业，具有良好的技术、品质、营销、制造优势，具备较强的核心竞争力。公司是中国首家为核电站配套生产核级冷水机组且拥有自主知识产权的企业，是节能服务行业领导品牌，推出的国内首台套自主研发非能动核电站反应堆关键部件之一的AP1000堆顶风机，打破了国外技术垄断，是国内少数具备核电暖通总包资格的企业之一。

**表6-6 盾安人工环境股份有限公司主营业务**

| 公司主营业务 | 相关产品 |
| --- | --- |
| 制冷配件 | 包括四通阀、截止阀、电子膨胀阀、电磁阀、管路集成组件、储液器、换热器等，广泛应用于家用空调、商用空调等领域 |
| 制冷设备的研发、生产、销售 | 包括冷水机组、单元机、核电暖通系统机组、空调末端等，主要应用于商业楼宇、核电站等领域 |
| 节能服务系统解决方案 | 主要提供工业余热利用、余热余压发电等解决方案 |

公司坚持将创新作为企业发展的驱动力，截至2014年年底，公司共申请专利1056个（其中发明364个），授权692个（其中发明83个）。公司还成立了国家级技术中心、国家级博士后工作站、国家认可（CNAS）实验室、国家级中央空调全性能测试中心，如表6-7。

表 6-7 盾安人工环境股份有限公司的技术能力

| 技术能力类型 | 成果描述 |
|---|---|
| 基础设施 | 拥有国家级博士后工作站、院士工作站、国家级企业技术中心各 1 家，工程技术中心 4 家、国家级实验室 2 家 |
| 先进仪器设备 | 容量测试台，高精度磁性检测仪，容积式风冷冷水机组、单元机、风机盘管等性能试验装置，精密级装配式消声室 |
| 研发人员 | 研发人员 345 人，享受国务院政府特殊津贴 1 人，列入全国千人计划 1 人(海外高层次创业创新人才)，博士 26 人，高级职称 36 人 |
| 资金保证 | 研究院占地面积 6000$m^2$，仪器和设备原值上亿元 |
| 标准制定 | 空调与制冷设备制冷剂截止阀行业标准；<br>大容量活塞式电磁四通换向阀国家标准；<br>组合式空调国家标准等 45 项国家和行业标准 |
| 重大项目 | 承担国家、省部级重大科技专项、国产化重大项目 30 项 |
| 专利 | 截至 2014 年年底，共申请专利 1056 个(其中发明 364 个)，授权 692 个(其中发明 83 个) |

盾安人工环境股份有限公司的强大实力能够避免联盟出现较大的波动，实现联盟的长期稳定发展。一方面，公司的行业领导地位能够有效地激励联盟其他成员提高技术创新活动的积极性。另一方面，作为行业的龙头，公司拥有开发最前沿产品的需要，通过与联盟其他成员的优势整合，合作研发行业尖端产品，最终实现引领行业进一步向前发展。

⑤成员目标明确、沟通顺畅。联盟成员之间有效的交流可以提高该联盟的凝聚力，使联盟发展更为稳健。联盟从上到下应该建立起一种交流机制，这种交流机制要注重该联盟个体之间、联盟高层领导之间、个体与领导之间的和谐发展。联盟成员应向盟员伙伴充分展示自己的诚信、友善，不发生机会主义行为，通过交流增进彼此之间的信任，进而对联盟的稳定产生有利的影响。同时，建立伙伴间学习的正式与非正式机制。在联盟中，学习对象就是联盟伙伴，通过正式和非正式途径展开联盟企业之间的学习，可以增加企业间的沟通，提高相互行为的透明度，消除隔阂和陌生感，在有效促进知识创造和共享的同时，也在交往中产生了信任。

浙江省制冷空调产业技术创新战略联盟的秘书长唐黎明教授，在浙江大学与盾安人工环境股份有限公司都有过长时间的工作经历，对高等院校的研发机制与企业的运行机制都有着深入的了解，其作为秘书长负责人，是连接联盟这一虚拟组织与联盟成员的桥梁。除此之外，联盟实行会费制度，会费由企业成员缴纳，主要用于每年的联盟会议，包括成员大会、专家委员会、项目讨论会、秘书处办公会等，及每年邀请世界著名的低温制冷专家举行知识与计划讲座。这些活动的举行加强了联盟成员之间的交流与信任，使各成员单位更好地了解到行业发展的现状及未来趋势，有利于促进整个行业向前发展。

### 6.1.4 联盟问题分析

调研结果显示，浙江省制冷空调产业技术创新战略联盟在发展过程中存在联盟法律地位不明确以及政府经费管理过严两大问题。

(1)联盟法律地位不明确

浙江省产业技术创新战略联盟不是通过法律程序注册的经济实体，不具有法人资格，它有别于实体研究机构，我国原有的《公司法》《知识产权保护法》等法律在许多方面无法解决非实体组织产生的一些问题。一方面，由于联盟不是法律实体，在联盟内部产生的相关费用存在无法开具相关票据的问题；另一方面，由于在合作研发过程中形成的知识产权归属问题比较复杂，产权的模糊性大，极易产生纠纷，使得创新效率比较低。

(2)政府经费管理过严

调研结果发现，政府在对联盟进行项目经费资助时，存在着管理过严的现象，大大限制了联盟成员的自主性，不利于联盟成员根据环境、政策的变化合理地调整项目研究计划，不利于联盟成员创新研发活动的健康发展。

### 6.1.5 联盟启示与建议

作为浙江省成立最早的一批产业技术创新战略联盟，制冷空调产业技术创新战略联盟的运行发展经验为其他联盟的建设发展提供了一些有益启示。

(1)联盟的健康发展离不开政府政策与资金的支持

浙江省政府对产业技术创新战略联盟的重要作用主要体现在以下两个方面。一方面，政府促进产业技术创新战略联盟的构建，并在联盟形成阶段给予大力支持，如浙江省科技厅会根据区域产业布局、产业目标、技术需求及产业瓶颈问题，在对区域经济社会发展具有重要作用的产业领域、关键共性技术领域，以及新型战略产业领域，直接提议或直接推动成立联盟，如浙江省制冷空调产业技术创新战略联盟等。另一方面是浙江省科技厅发挥了良好的引导作用，通过出台有利于联盟发展的政策来引导和规范联盟的运作，如重大科技成果转化和产业化投资专项资金、联盟项目经费管理办法，对联盟产生了良好的影响。

同时，希望政府部门拨付的经费，不要规定得过于严谨，在认真审计的基础上，希望可以给与企业更多的自主权，以规避政策变动等因素造成的影响。

(2)明确的法律地位是联盟健康发展的基础

针对浙江省产业技术创新战略联盟的法律地位模糊问题，政府应尽快通过地方性立法加以明确，解决联盟的后顾之忧；同时着眼于国家反垄断法律法规及政策的要求，提前谋划，制定“促进”和“监管”并用的政策，明确联盟可以从事的业务范围和行为禁区。

(3)产业链合作是联盟达到协同效应的必要手段

任何一个企业，不可能在价值链上的所有环节保持绝对优势，往往仅拥有某些特定战略环节的核心优势。各企业为实现协同效应，在各自价值链的核心环节上展开合作，可使彼此的核心专长互补，在整个价值链上创造更大的价值，这是企业结成联盟的原动力。从价值链观点来看，企业组建产业链合作联盟实际上是联盟成员将各自的优势集中于价值链中的核心环节，实现价值链的横向或纵向扩展，保证生产要素在企业内部顺畅、快速的流通，有利于协调各环节之间的利益关系，合理有效地利用资源、配置生产要素、提高生产效率、降低生产成本，最终实现技术创新战略联盟的目标。

(4)联盟合作是推动技术转移的有效机制

通过联盟的合作，可以将人力资源、技术研发、产品制造、市场应用等环节集成，促进相互协作和共同发展，使技术转移活动在联盟内部实现无缝连接，形成实现技术转移的一种新机制。该机制可以通过联盟的协同，把生产企业的意见、技术研发者的预见和客户的实际需求结合在一起，为技术的研发提供务实、有效、贴近需求的研发方案，可以辅助科研机构与企业成员提炼共性关键技术，促进共性技术的发展。

(5)沟通渠道多样化有利于提升联盟合作质量

联盟的本质作用是协商合作，以创造更优的总体效益，沟通交流是实现协商合作的重要手段。浙江省制冷空调产业技术创新战略联盟的沟通渠道包括联盟会议、专家讲座、重大会议的举办与参与。

制冷空调产业技术创新战略联盟每年都有定期的联盟会议，由理事长单位主持，由秘书处收集议案或者成员单位自主提案等，提案包括联盟章程、项目管理办法、成果分配办法、成员的增减、合作项目的制定等。

专家讲座是指联盟理事会通过讨论决定请在相关合作项目领域特别是核心共性技术领域知名的专家学者来给联盟成员进行讲解，以使联盟成员更深入地了解此合作项目或共性技术的运行机理、市场价值以及发展方向。

重大会议(展会)的承办与参加是有效联结联盟与外界的重要途径，学术型会议促进联盟成员更便捷地了解行业的发展方向、前沿技术与产品，通过与与会专家的交流，更加明确自身的优势与缺点，找到联盟未来发展的突破口。展览会议则是突出联盟特点，扩大联盟行业与社会影响力的重要窗口。

## 6.2 浙江省半导体照明产业技术创新战略联盟

### 6.2.1 行业背景

LED(Lighting Emitting Diode)即发光二极管，是一种将固体半导体芯片作为发光材料的半导体固体发光器件。LED在半导体中通过载流子发生复合反应放出过剩的能量而引起光子发射，直接发出红、黄、蓝、绿、青、橙、紫、白色的光。LED照明产品就是将LED作为光源制造出来的照明器具，具有节能、环保、寿命长、体积小、易维护等显著特点，可以广泛应用于各种指示、显示、装饰、背光源、普通照明和城市夜景等领域。

我国科技部于2003年6月份首次提出发展半导体照明计划，将半导体照明产业列入七大战略性新兴产业的重要方向，加强对半导体照明产业的引导、规范和扶持。项目的实施带动了我国半导体照明产业的迅速发展，核心技术不断突破，在LED外延材料、芯片制造、器件封装、关键原材料和应用集成等方面攻克了一批产业共性关键技术，形成了完整的半导体照明产业链。

2016年我国半导体照明产业整体产值达到5216亿元，较2015年同比增长22.8%(见图6-2)。其中上游外延芯片规模约182亿元，中游封装规模达到748亿元，下游应用规模4286亿元。在地域分布上已形成上海、大连、南昌、厦门、深圳、扬州和石家庄七个国家半导体照明工程产业化基地，长三角、珠三角、闽三角以及北方地区则成为中国LED产业发展的聚集地。各地结合自身优势，对区域内半导体照明产业发展有了更清晰的定位。如长三角地区在智能照明、智能制造、健康照明等领域发力；珠三角地区注重大规模制造，并开始注重质量提升。

然而，当前中国半导体照明产业大而不强，核心竞争力仍有待进一步提升。对国内企业而言，技术、专利和标准仍然是我国半导体照明产业发展的主要制约，壮大规模、提高产品质量与技术水平，塑造自己的核心竞争力和品牌形象，形成清晰的产品和技术路线是我国发展半导体照明产业的首要任务。

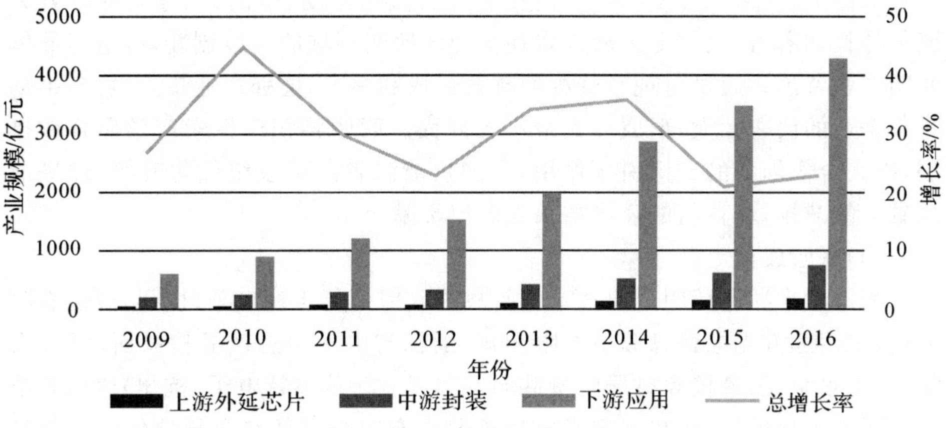


图 6-2 我国半导体照明产业各环节产业规模及增长率

数据来源:CSA Research。

### 6.2.2 联盟概述

(1)联盟简介

随着技术的不断突破、节能效果的日益显现、产业规模的持续扩大和应用领域的不断拓展,我国 LED 照明节能产业已进入发展关键期,需对行业进行有序引导,促进其健康发展。浙江省具备发展半导体照明技术、推广应用半导体照明的产业基础和产业规模。根据国家半导体产业技术创新战略联盟的统计,2011 年浙江半导体照明规模居全国第二,2012 年浙江节能灯产量位居全国第一。在此背景下,浙江省半导体照明产业技术创新战略联盟于 2012 年 12 月 28 日在杭州正式成立。在良好的发展前景和明确发展优势的基础上,联盟在建设之初就受到了社会各界的支持与帮助,并被浙江省科技厅确立为省级联盟。

浙江省半导体照明产业技术创新战略联盟结合浙江省国家千人计划领军企业和行业骨干龙头企业以及知名科研院所,打造产学研用相结合的半导体照明产业核心技术创新链,通过强强联合,合作创新,实施了一批技术创新项目,提高了产业自主开发能力,帮助浙江省半导体照明产业取得了行业领先地位,助力浙江省建设成为全国技术最先进、产业规模最大的半导体照明产业基地之一。

(2)联盟内容

浙江省半导体照明产业技术创新战略联盟坚持利益共享、风险共担、优势互补的原则，旨在充分发挥各单位在芯片、封装、驱动、检测、人才培养等各方面的特长和潜力，大力促进浙江省在半导体照明领域的科技创新，打造半导体照明产业特色。通过对现有资源的有效集成和整合，增强产业集聚效应，推动骨干企业的快速壮大，形成以大带小的局面。联盟将积极探索产学研合作机制，提高合作创新的支撑引领作用，为加快浙江省照明系统优化升级，促进浙江省节能减排，培育新的经济增长点做出贡献。

(3)联盟成员

浙江省半导体照明产业技术创新战略联盟由英飞特电子(杭州)股份有限公司、杭州远方光电信息股份有限公司、浙江省电子信息产品检验所、浙江大学等 11 家企业、高校和科研院所共同发起成立。英飞特电子(杭州)股份有限公司任理事长单位，杭州远方光电信息股份有限公司任秘书长单位。成员具体情况如表 6-8 所示。

**表 6-8　联盟成员简介**

| 成员名称 | 成员简介 |
|---|---|
| 英飞特电子(杭州)股份有限公司 | 从事 LED 驱动电源的研发、生产、销售和技术服务的国家火炬计划重点高新技术企业，LED 驱动电源销售规模位居全球前列 |
| 杭州远方光电信息股份有限公司 | 光电(光学、电学、光电子学)检测设备和校准服务专业供应商，远方光电在 LED 和照明检测设备领域内综合实力全球领先 |
| 杭州鸿雁电器有限公司 | 专业的建筑电器连接和建筑电气控制系统的集成供应商，在 LED 智慧照明、智能家居等领域成为行业集成供应的领先者 |
| 矽力杰半导体技术(杭州)有限公司 | 总部位于美国硅谷的高科技公司，所有创始人在世界半导体行业拥有广泛良好的信誉和声望。公司的主要产品为高性能模拟类功率 IC |
| 杭州士兰明芯科技有限公司 | 专业设计、制造高亮度 LED 芯片的光电半导体器件公司 |
| 浙江生辉照明有限公司 | 主要生产销售光电子器件、照明器具和电子变压器等产品，承接景观照明，具备年生产 LED 光源 3000 万套和 LED 灯具 900 万套的能力，产值 3 亿元 |
| 浙江晶日照明科技有限公司 | 专注于 LED 道路、建筑、景观等照明产品的研发与生产 |

续表

| 成员名称 | 成员简介 |
|---|---|
| 浙江古越龙山电子科技发展有限公司 | 公司由浙江古越龙山绍兴酒股份有限公司、台湾夆典科技开发股份有限公司、香港新华企业投资集团有限公司三方合资组建，总投资1200万美元，占地面积40000平方米，专业从事SMD LED封装和LED照明产品、LED显示屏制造 |
| 华普永明 | 专注于为客户提供大功率LED灯具的设计和制造的一站式服务 |
| 浙江中宙光电股份有限公司 | 专业从事研发、生产和销售高品质、高光效LED器件及应用产品的国家高新技术企业 |
| 浙江大学 | 国家“211”、“985”计划高校、全国排名稳居前5 |
| 浙江省能源研究所 | 隶属于浙江省科学技术厅，是一家专门从事能源技术研究开发和推广、能源经济与发展战略研究的公益性科学事业研究单位 |
| 浙江省电子信息产品检验所 | 主要从事全省范围内电子信息产品的质量监督检验、电子信息产品和软件产品的科技成果鉴定测试、授权范围内的电子信息产品和软件产品的质量仲裁检验、电子信息产品设计定型、生产定型检验，开展电子信息产品检验、软件产品评测、信息工程质量评测、手机产品质量争议技术鉴定、电子仪器设备校准、信息安全测评及风险评估，同时还承担信息技术标准化等工作 |
| 中科院宁波材料与化学工业研究所 | 新能源中心立足宁波，依托浙江，辐射长三角地区，大力实施新能源产业相关技术成果研发和产业化，促进地方经济发展 |

### 6.2.3 联盟产业链分析

(1)行业产业链构成

半导体照明产业融合了多个学科领域的基础研究和应用技术研究，具有产业链长、产品应用广的特点。半导体照明产业链可以分为上游外延材料和芯片制造、中游半导体照明器件和封装、下游半导体照明应用产品三个部分。半导体照明产业链构成具体如图6-3所示。从上游至下游技术含量逐渐降低，专利壁垒逐渐减小。上游芯片资金需求较大，专利垄断最严重，难度系数最高。中游封装和下游应用在技术、资金、周期方面较之上游要求较低，难度系数逐渐降低。

在利润产值方面，上游的发光材料外延加工及芯片制造要求的设备投入资金量很大，且加工技术复杂，具有高技术、高投入的特征，产品附加值大，赚

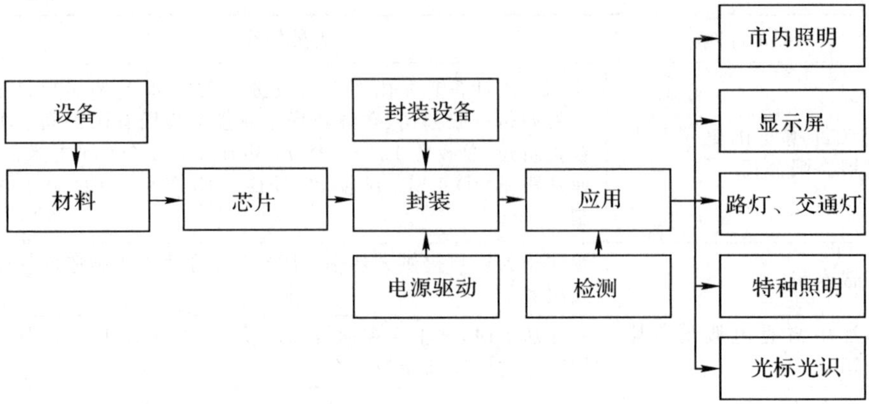


图 6-3　半导体照明产业链构成

取的利润约占整个产业链的 70%，然而我国在上游芯片制造方面产业资源分散，企业规模较小，与国际技术水平差距较大。中游封装和下游应用领域技术难度相对较低，缺乏核心技术，进入门槛低，竞争激烈，利润也比较少，大约各占整个产业链的 10%～20%，我国在此领域企业众多，中游的器件和封装产品结构不断改善，下游应用产品技术不断进步，产能发展迅速，与国际技术水平差距不断缩小。

面对电视背光的巨大市场，以及通用照明带来的爆发性市场增长，我国政府积极推动 LED 产业向全产业链扩展。目前我国已形成了完整的半导体照明产业链，上游芯片技术和中游封装技术研发取得较大进展，下游功能性照明产品应用日趋成熟，景观照明示范应用取得领先地位。据统计，我国半导体照明产业链相关企业达到 4000 多家，总产值大于 1200 亿元人民币，半导体照明产业正在快速向前发展。

(2)联盟产业链构成

半导体照明产业技术创新战略联盟是一个产学研联盟。“产”为英飞特电子(杭州)股份有限公司等企业成员，“学”为浙江大学等高等院校，“研”为浙江省能源研究所等科研院所。三个不同功能的主体按照联盟制定的合作机制(如图 6-4)，通过相关课题或项目合作，实现共性技术的突破或相关产品的研发，而后按照事先规定的契约进行效益分配，形成良好的“研发—市场检验—研发”循环。

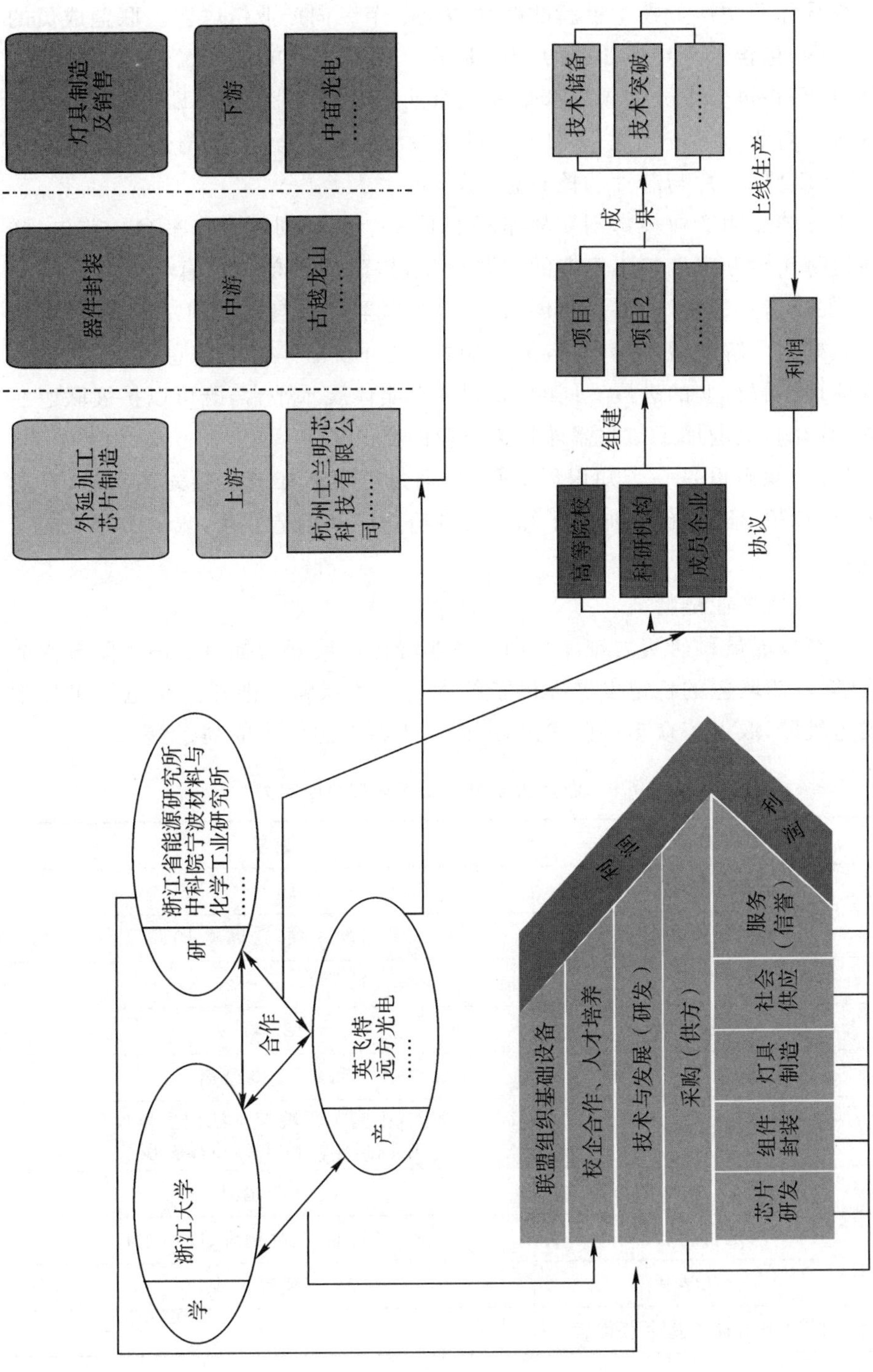


图6-4 浙江省半导体照明产业技术创新战略联盟产业链结构与合作机制

半导体照明产业技术创新战略联盟是一个纵向产业链联盟。联盟成员的经营范围,包含了半导体照明的全产业链。各个成员单位分属于产业链的各个环节,且在每个细分的领域都是领先企业,如"英飞特"是LED驱动电源的国内领先企业,"远方光电"是LED照明检测设备的全球领先企业,"士明兰芯"为LED外延片与芯片的核心企业等。

半导体照明产业技术创新战略联盟是一个科技创新合作平台。首先,联盟通过每年举办定期与不定期的主题会议,搭建成员单位信息与技术交流的平台,促进信息、技术的共享与创新。其次,联盟拥有自己的网站,不仅可以使外界更好地了解联盟,提高联盟的影响力,也可以汇集产业信息,使联盟成员更快捷地了解行业的进展。同时,联盟拥有实体展示平台,既可以扩展联盟在业内的影响,也增加了与联盟外相关企业的交流渠道。

最后,联盟也是一个知识创造平台,通过汇聚浙江省最领先的LED产业的人员、知识、信息资源,加快了知识的创造速度和创造质量,减少了相关的交易成本。

(3)联盟产业链特征

①高校成员科研实力雄厚。浙江省半导体照明联盟拥有的高等院校为浙江大学,其为联盟的稳定发展提供了技术与人才保障。浙江大学电气工程学院实力雄厚,取得了众多科研成果,科研实力在全国位居前列(见表6-9)。

**表6-9 浙江大学电气工程学院科研实力**

<table>
<tr><th colspan="2">类型</th><th>数量</th></tr>
<tr><td colspan="2">重点实验室</td><td>16个</td></tr>
<tr><td colspan="2">国家科技进步奖</td><td>一等奖1项,二等奖10项</td></tr>
<tr><td colspan="2">浙江省科技进步一等奖</td><td>15项(2010—2013)</td></tr>
<tr><td colspan="2">国家发明专利</td><td>127项</td></tr>
<tr><td colspan="2">SCI</td><td>每年1200余篇</td></tr>
<tr><td rowspan="5">专家学者</td><td>院士</td><td>2人(中国工程院院士汪槱生教授,<br>中国科学院院士韩祯祥教授)</td></tr>
<tr><td>国家"863"计划牵头人</td><td>1人(严晓浪)</td></tr>
<tr><td>求是特聘教授</td><td>3人(何湘宁、甘德强、叶旭东)</td></tr>
<tr><td>长江学者</td><td>1人(盛况博士)</td></tr>
<tr><td>国家杰出青年基金获得者</td><td>10人</td></tr>
</table>

②主导企业技术实力领先。英飞特电子(杭州)股份有限公司与杭州远方光电信息有限公司是浙江省半导体照明产业技术创新战略联盟的发起者,也是联盟中的主导企业,其技术创新能力在行业内处于领先地位(见表6-10,6-11),带领联盟不断突破新技术,创造了更多的经济与社会价值。

**表6-10 英飞特电子(杭州)股份有限公司技术创新实力**

| 指标类型 | 指标描述 |
|---|---|
| 核心技术能力 | 授权专利226项,其中包括18项美国发明专利和106项中国发明专利 |
| 科研实力 | 公司设有省级高新技术企业研究开发中心、省级企业技术中心和企业博士后科研工作分站,并承担和参与了"2011年国家科技支撑计划"、"国家高技术研究发展计划(国家863计划)"等重点研究开发项目 |
| 产品应用 | 重庆大剧院LED照明系统、当今世界上最长的跨海大桥青岛胶州湾大桥LED照明系统、重庆市渝武高速公路北碚至北环路段LED路灯改造项目、旧金山—奥克兰海湾大桥LED照明系统等照明工程 |
| 企业荣誉 | 浙江省著名商标 |

**表6-11 杭州远方光电信息有限公司技术创新实力**

| 指标类型 | 指标描述 |
|---|---|
| 公司界定 | LED和照明检测设备领域内的国内唯一上市公司。目前业内唯一一家通过"双软(软件企业及软件产品)认证"的企业 |
| 科研设施 | 拥有光电检测仪器仪表省级研发中心、中国CNAS认可实验室及美国NVLAP认可实验室。公司在2015年被认定为国家知识产权优势企业和省级企业研究院 |
| 科研实力 | 远方光电多次承担国家高技术研究发展计划(863计划)课题和省市级重大科技攻关项目。拥有中、美、德发明专利30余项,中国实用新型专利70余项。远方公司的多项高科技产品获得"中国专利优秀奖"、"首批国家自主创新产品"、"国家重点新产品"等荣誉称号。远方公司还积极参与国际标准化活动,主导或参与了30多项国际、国内标准或技术规范的制修订 |
| 重要客户 | 中国计量院(NIM)、联合国开发计划署(UNDP)、美国国家标准技术研究院(NIST)、台湾工业研究院(ITRI)、SGS、ITS、TUV、DEKRA、CTI等国际高水平检测实验室和CREE、PHILIPS、GE、ORSAM、SAMSUNG等国际著名企业 |

③成员结构和分布合理。联盟成员的准入原则是成员必须处于产业链的纵向环节,每家企业都在各自的细分领域有着较强的实力,且企业成员生产的都为非同质的产品,比如英飞特是做驱动电源,远方光电在LED和照明检测

设备领域内综合实力全球领先，杭州士兰明芯科技有限公司主要做 LED 芯片制造等等。企业主导产品竞争力度小，易于更为开放地进行合作。

半导体照明产业技术创新战略联盟成员都位于浙江省，一方面相对于我国其他地区，浙江省经济实力较强，有着极强的人才集聚力；另一方面，企业的集聚更加有利于促进人才的良性流动，促进不同企业信息的交流、知识的融合创新，也更加有利于不同企业合作开展项目研究，提高沟通效率降低交易成本，共享创新资源实现优势互补，有助于实现联盟的规模经济，提高联盟的竞争实力。

④政府政策大力支持。我国从 1996 年启动实施绿色照明工程，2003 年启动半导体照明工程，2008 年开展财政补贴高效照明产品推广工作，2009 年印发了《半导体照明节能产业发展意见》，2011 年发布了“中国逐步淘汰白炽灯路线图”，推动照明产业结构优化、持续发展。2012 年国家发改委出台《半导体照明节能产业发展意见》，明确了半导体照明节能产业发展的七大政策措施，要求各级财税、发展改革、科技等部门要推动落实国家对生产新型节能照明产品的企业在规定范围内免征进口关税的优惠政策，推动将半导体照明产品和关键装备列入节能环保产品目录，享受相应鼓励政策，在条件成熟时纳入财政补贴政策支持范围。

随着半导体照明产业的进一步发展，在参考《国务院关于加快培育和发展战略性新兴产业的决定》《“十二五”节能环保产业发展规划》以及《半导体照明节能产业发展意见》等相关政策的基础上，国家发展改革委、科技部、工业和信息化部等六部委于 2013 年联合编制了《半导体照明节能产业规划》，完善 LED 照明标准、检测、认证等服务支撑体系，建设行业技术资源和信息共享等服务平台。鼓励建立专门产品展示中心，展示产品发展历程、企业的主导产品和新产品，促进相关企业的内外部交流。2016 年国家发改委、科技部、工信部、环保部四部门联合发布《“十三五”节能环保产业发展规划》，提出以半导体照明节能产业发展为重点，推进区域、城镇、园区、用能单位等照明系统用能和节能，加快照明节能减排共性关键技术研发、科技战略研究和专项规划编制工作，助推半导体照明成为未来照明市场上的强势产业。

### 6.2.4 联盟发展存在的问题

(1)成员参与积极性不高

半导体照明联盟的成员大多属于“小而美”的企业，总体规模都不大，但在各细分领域拥有优势，所以成员在联盟成立之初，积极性很高，踊跃加入，各方希望通过联盟的形式，实现规模效应，提升企业的发展空间。但在联盟的后续运行过程中，发现联盟的效果没有达到期望值，积极性逐渐下降，企业都以自身的发展为主，对联盟的认可度逐渐降低，阻碍了联盟进一步发展。

(2)联盟运行机制较乱

由于联盟中的企业大都处于成长期，企业经营状况稳定性差，人员的流动性较高，甚至存在部分经营困难、濒临破产的企业，导致很多企业的联盟对接人员一再变动，极大地影响了联盟成员的沟通效率和信任水平。同时，权益分配的不当影响了联盟企业的研发投入，也影响到企业对合作项目的重视程度与对前景的预期，不利于联盟成果产出和良性发展。合理的内部机制是产业技术创新战略联盟形成稳定结构的保证，也是当前联盟亟待解决的问题。

(3)经费管理问题突出

联盟在经费管理上缺乏统一标准，为经费使用带来不便。对经费用途、经费管理方式、经费管理机构及责任、经费的使用规则等方面也未做详细规定，公用办公经费、项目研发经费和政府资助资金划分不清。同时，由于联盟不是一个独立的经济实体，在相关的经费使用过程中，存在费用建账模糊的财务问题。经费使用的不便利性极大地影响了联盟的运行效率，导致联盟对经费的使用极为谨慎，不利于联盟合作活动的深入开展。

### 6.2.5 联盟启示与建议

(1)构建政府支持体系

产业技术创新战略联盟特别是战略性新兴产业技术创新战略联盟的发展离不开政府的大力支持。政府主要通过直接支持和间接支持两个方面，为产业技术联盟的发展创造有利条件，引导和鼓励联盟的构建。半导体照明联盟的直接支持包括资金的支持、场地的支持等方面，间接支持主要包括制定政策方针、建立协调机制和加强监督管理等方面。在联盟发展前期，政府应积极统筹各方的基本利益，对联盟成员选择、联盟制度建立、联盟规划制定进行协调；在联盟发展中期，通过项目支持、金融支持、资金支持等形式，协助联盟研发活动，同时加强监督管理，开展知识产权的应用和保护。

(2)完善人才开发体系

人才开发和培养作为联盟的一项重要任务，应受到联盟的高度关注。联盟应该建立并完善自身人才开发体系，初步形成以“认证＋培训＋招聘”为核心的服务模式，与联盟相关院校、行业组织以及企业共建联盟相关产业人才培养基地，帮助相关院校建设相关产业专业，组织高校教师与企业合作，鼓励联盟与其他联盟开展交流活动,邀请行业知名专家举办讲座,为联盟发展提供持续智力支持和人才保障。同时,产业技术创新战略联盟可以通过开展订单式人才培养,发展联盟后备力量,通过举办研习班、讲座、座谈等方式,开展技能培训和资质认证,提高从业人员的能力和水平,持续为联盟输送人才。

(3)创新科技服务体系

联盟应不断加强服务体系建设,集成各类专业服务资源,为产业各相关方提供开放式服务。联盟应该通过整合科技企业孵化资源,重点围绕标准检测、研发协作、创业孵化、工业设计等系统健全科技服务体系。通过整合行业优势资源,建立一批服务于联盟发展的平台,缩短技术创新周期和应用周期。比如依托工程实验室、重点实验室、工程技术中心、企业技术中心建设开放的、国际化的、体制机制创新的公共研发服务平台,依托大数据、云计算的互联网资源建设信息共享服务平台,同时充分发挥其第三方产品检测、节能认证、技术交易、技术评估、工程监督等技术转移服务平台的作用,确保应用工程效果。

## 6.3 不锈钢长材产业技术创新战略联盟

### 6.3.1 行业概述

(1)不锈钢概述

不锈钢是耐空气、蒸汽、水等弱腐蚀介质和酸、碱、盐等化学浸蚀性介质腐蚀的钢,又称不锈耐酸钢。不锈钢由于具有强度高、耐腐蚀、轻巧美观、使用寿命长、成本低,循环使用无污染等优点,在建筑装饰、交通运输、航空航天、石油化工、能源发电、食品加工、环保以及医疗等国民经济和社会生活领域中得到越来越广泛的应用。改革开放 30 多年来,中国不锈钢工业发生了巨大变化,数量从小到大、装备从落后到先进、品种从缺少到多样,产品质量也从低档水平逐步提升,彻底改变了大量依靠进口的局面,自给率达到 80%。近 10 年来,国内建成的不锈钢炼钢、铸坯、板材轧制,以及部分窄带、管、棒线材产能都达到世界先进水平。

(2)不锈钢长材概述

不锈钢长材是加工各种标准件、部门机械用轴类零件、冷拉钢材及各种金属制品的主要材料,包括不锈钢棒材、不锈钢线材及其他长型材,不锈钢线材的市场产品可细分为拉丝、标准件(螺栓、螺母、螺钉等)、焊材、丝网、弹簧等。不锈钢棒材的市场产品可细分为无缝钢管、阀、法兰、机械零件及其他部件。

不锈钢长材制品广泛应用于石油、化学、机械制造、水处理设备、海洋、锅炉、造船、家电厨卫、食品设备、医疗设备、城市景观、建筑工程等行业。

(3)不锈钢行业发展现状

2014 年我国不锈钢出口数量为 337.7 万吨，进口数量为 74.8 万吨，综合 ISSF 发布的中国不锈钢产量数据，2014 年我国不锈钢表观消费量达到 1906.3 万吨，需求较上年同期增长 28.6%。

**表 6-12　2004—2014 年我国不锈钢供需平衡表**　(单位:万吨)

| 年度 | 产量 | 进口 | 出口 | 表观消费量 |
|---|---|---|---|---|
| 2004 | 236.4 | 290.3 | 34.4 | 447.0 |
| 2005 | 316.0 | 313.0 | 48.0 | 522.0 |
| 2006 | 529.9 | 250.0 | 90.0 | 595.0 |
| 2007 | 720.6 | 169.8 | 130.3 | 658.0 |
| 2008 | 694.3 | 121.3 | 105.7 | 624.0 |
| 2009 | 880.5 | 129.8 | 75.2 | 822.0 |
| 2010 | 1125.6 | 106.7 | 153.8 | 940.0 |
| 2011 | 1409.1 | 90.1 | 224.5 | 1105.6 |
| 2012 | 1608.7 | 77.2 | 206.4 | 1286.5 |
| 2013 | 1898.4 | 77.5 | 265.3 | 1482.4 |
| 2014 | 2169.2 | 74.8 | 337.7 | 1906.3 |

资料来源:ISSF、中国海关。

通过表 6-12 可以得出近十年来，我国的不锈钢产量不断增加，并在 2014 年突破 2000 万吨。从进出口的角度来看，2010 年之前我国钢材处于进出口贸易逆差，2010 年之后转为贸易顺差，这表明我国不锈钢材的供需从供不应求向供过于求的状态转变。因此，该行业发展面临着一定的困境，去产能、调结构成为不锈钢行业未来发展的重点。

### 6.3.2　联盟概述

(1)联盟简介

2011 年 4 月 13 日，不锈钢长材产业技术创新战略联盟在湖州成立，该联盟主要由不锈钢长材产品研发、生产制造、技术服务的企事业单位自愿组成，还联合了省内外高校、科研院所，集聚了不锈钢产业规模的技术和人才资源，构建了新型产学研互助体系。联盟各成员单位将力求在某些关键领域实现技术的重点突破，逐步建立起不锈钢长材产业的公共技术服务平台，扩大联盟对浙江省乃至全国不锈钢长材产业的影响力，从而提高行业科技创新的整体能力，促进区域和湖州市社会、经济、环境的可持续成长。

(2)联盟内容

在政府相关政策的引导下，行业主管部门的业务指导和监督管理下，建设以国家需求和市场为导向、强化以不锈钢长材龙头企业为主体、跨行业产学研相结合的创新平台，整合行业科技资源，融通行业的技术研发，组织瓶颈技术创新公关，加快研究成果共享与转化，优化浙江省不锈钢长材产业链，推动产业整体升级，提高浙江省不锈钢长材行业国内国际竞争能力和市场占有率。联盟的具体目标是：①通过联盟整合行业科技资源，提高行业的可持续发展能力；②建设技术创新资源的共享平台；③建立新的技术转移和扩散机制；④形成合理的人才交流与培养机制。

(3)联盟成员

不锈钢长材产业技术创新战略联盟由 23 家企业、1 家高等院校、1 家科研机构构成，详见表 6-13。

**表 6-13　不锈钢长材产业技术创新战略联盟成员构成**

| 序号 | 成员名称 | 所在城市 | 简要介绍 |
|---|---|---|---|
| 1 | 永兴特种不锈钢股份有限公司 | 湖州 | 中国不锈钢棒线材龙头企业，主要从事高品质不锈钢棒线材及特殊合金材料的研发和生产 |
| 2 | 浙江久立特材科技股份有限公司 | 湖州 | 中国不锈钢长材领域龙头企业，主要从事工业用不锈钢及特种合金管材、双金属复合管材、管件生产 |
| 3 | 江苏武进不锈钢管厂集团有限公司 | 常州 | 国内最大的不锈钢无缝钢管、不锈钢焊接钢管、钢制管件和法兰产品制造商之一 |
| 4 | 浙江中达特钢股份有限公司 | 嘉兴 | 主要生产和销售不锈钢及精密合金(热双金属、电阻合金、高温合金、磁性材料等)钢管、钢带、锻件、圆钢等 |
| 5 | 无锡腾跃特种钢管有限公司 | 无锡 | 无锡最大的不锈无缝管生产企业，主要生产腾跃不锈钢管如双相不锈钢管，不锈钢换热管等 |

续表

| 序号 | 成员名称 | 所在城市 | 简要介绍 |
|---|---|---|---|
| 6 | 湖州众立不锈钢制造有限公司 | 湖州 | 专业生产不锈钢无缝管,主导产品为锅炉及热交换器用不锈钢无缝钢管和流体输送用不锈钢无缝钢管等 |
| 7 | 腾龙精线集团宁波钢材有限公司 | 宁波 | 全国最大的不锈钢精线加工、不锈钢紧固件制造和加工设备制造综合性企业 |
| 8 | 浙江东明不锈钢制品股份有限公司 | 嘉兴 | 全球最大的不锈钢紧固件供货中心之一 |
| 9 | 浙江奥展实业有限公司 | 杭州 | 集生产、加工、销售不锈钢固件为一体的大型专业不锈钢固件制造单位 |
| 10 | 宁波日月不锈钢有限公司 | 宁波 | 专业生产经营不锈钢线棒材和紧固件生产企业 |
| 11 | 湖州丰泰不锈钢管业有限公司 | 湖州 | 主导产品为锅炉及热交换器用不锈钢无缝钢管和流体输送用不锈钢及无缝钢 |
| 12 | 湖州信立不锈钢有限公司 | 湖州 | 主要生产工艺有冷拔、热轧,主要生产不锈钢荒管,不锈钢无缝管 |
| 13 | 湖州华特不锈钢管制造有限公司 | 湖州 | 专业生产经营不锈钢无缝管材的民营股份制企业 |
| 14 | 浙江嘉上不锈钢有限公司 | 嘉兴 | 中港合资的不锈钢制造企业。主要产品:奥氏体及奥—铁双相型不锈钢管 |
| 15 | 上海金昌不锈钢管制造有限公司 | 上海 | 主要经营不锈钢管材,不锈钢制品,铝合金型材制造加工 |
| 16 | 安吉明远锻造有限公司 | 湖州 | 主要生产镍基高温合金、铁镍基耐蚀合金、奥氏体不锈钢、奥氏体—铁素体双相不锈钢、钛及钛合金锻件,并承揽来料锻造加工业务 |
| 17 | 浙江永立钢业有限公司 | 台州 | 专业生产大口径不锈钢系列产品的大型企业 |
| 18 | 浙江卡瑞特金属制品有限公司 | 绍兴 | 专业生产不锈钢拉丝的企业 |
| 19 | 丽水市光泰不锈钢制品有限公司 | 丽水 | 专业生产不锈钢丝的企业 |
| 20 | 湖州久立不锈钢材料有限公司 | 湖州 | 专业从事不锈钢线材的开发和生产。隶属于浙江久立集团 |
| 21 | 湖州久新不锈钢制品有限公司 | 湖州 | 专业从事各种材质不锈钢线材(球)生产和研发的科技型企业 |

续表

| 序号 | 成员名称 | 所在城市 | 简要介绍 |
| --- | --- | --- | --- |
| 22 | 苏州鑫旺金属制品有限公司 | 苏州 | 专业生产不锈钢丝的企业 |
| 23 | 中锦金属(苏州)有限公司 | 苏州 | 生产和销售高品质不锈钢丝的专业企业 |
| 24 | 安徽工业大学 | 马鞍山 | 是安徽省重点建设的特色高水平大学,国家"中西部高校基础能力建设工程"项目、教育部"卓越工程师教育培养计划"实施高校 |
| 25 | 中科院宁波材料与化学工业研究所 | 宁波 | 中国科学院在浙江省的第一家分所,专业从事材料化学的研究 |

### 6.3.3 联盟产业链分析

(1)行业产业链构成

不锈钢上下游产业链比较长,上游主要是铁矿石、废钢、铬镍铁合金等金属材料行业;不锈钢长材下游主要表现为各种不锈钢产品在石化、能源、交通等行业中的具体应用。具体如图 6-5 所示,不锈钢长材行业上游行业对不锈钢长材的影响主要体现在镍、铬价格波动方面。镍价主要影响不锈钢长材产品的成本和价格。由于镍占奥氏体不锈钢成本的比重较高,因此,不锈钢价格和镍价保持高度一致,不锈钢价格随镍价上下波动。

不锈钢长材的下游行业主要是将不锈钢长材加工制作成不锈钢无缝钢管、各种标准件、部分机械用轴类零件、拉丝材及各种金属制品。因此,不锈钢长材是一种工业用中间产品,最终影响不锈钢长材发展趋势的是不锈钢制品的最终使用行业,如发电、化工、石油、机械制造、航空航天、基础设施建设等。

(2)联盟产业链构成

联盟成员除了永兴特钢处于产业链中游外,其余企业成员均属于产业链下游,高等院校与科研院所处于辅助环节,具体如表 6-14 所示。

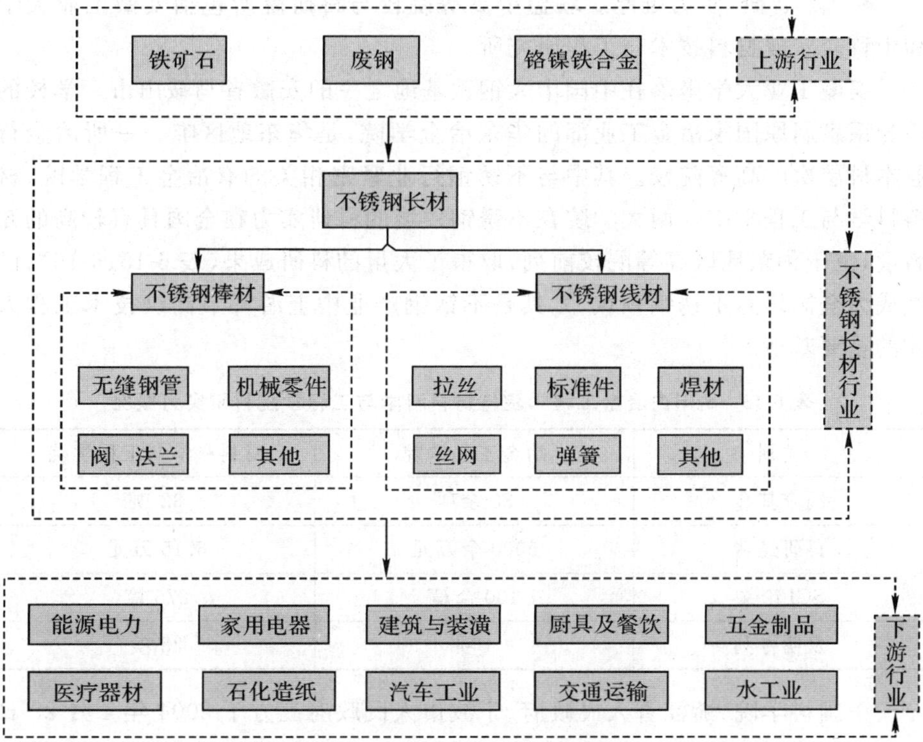


图 6-5　不锈钢长材产业链构成

**表 6-14　不锈钢长材产业技术创新战略联盟成员分布**

| 产业链位置 | 企业成员 |
| --- | --- |
| 上游 | 永兴特钢、明远锻造、久立特材 |
| 中游 | 永兴特钢、久立特材 |
| 下游 | 久立特材、明远锻造、江苏武进、浙江中达、无锡腾跃、湖州众立、腾龙精线、浙江东明、浙江奥展、宁波日月、湖州丰泰、湖州信立、湖州华特、浙江嘉上、上海金昌、浙江永立、丽水光泰、湖州久新、苏州鑫旺、中锦金属、浙江卡瑞特 |
| 辅助环节 | 安徽工业大学、中科院宁波材料与化学工业研究所、湖州师范学院 |

(3)联盟产业链特征

①产学研共协作，价值链全覆盖。产学研联盟有助于三个不同主体间进行资源共享、优势互补，实现联盟综合实力的不断提升，不锈钢长材产业技术联盟是一个典型的产学研合作联盟。

•“学”、“研”实力雄厚。联盟中高等院校与科研院所包括安徽工业大学和中科院宁波材料技术与工程研究所。

安徽工业大学坐落在中国十大钢铁基地之一的安徽省马鞍山市。学校的前身系隶属原国家冶金工业部的华东冶金学院，是华东地区唯一一所冶金行业本科层次的高等院校。其中与不锈钢行业紧密相关的有冶金工程学院、材料科学与工程学院。两大学院在不锈钢领域的科研实力在全国具有较高的知名度，位于华东地区高等院校前列，取得了大量的科研成果（表 6-15、6-16），已经成为全国培养不锈钢领域，尤其是不锈钢产业中上游环节高级技术工程人才的重要基地。

**表 6-15　5 年内冶金工程学院与材料科学与工程学院科研实力概况**

| 类别 | 冶金工程学院 | 材料科学与工程学院 |
| --- | --- | --- |
| 国家基金 | 30 余项 | 32 项 |
| 科研经费 | 5000 余万元 | 6715 万元 |
| SCI 论文 | 100 余篇 | 276 篇 |
| 发明专利 | 4 项 | 28 项 |

中国科学院、浙江省人民政府、宁波市人民政府三方于 2004 年 4 月 20 日签署了共建中国科学院宁波材料与化学工业研究所（简称宁波材料所）协议书。由此，实现了浙江省内中科院系统研究所“零”的突破。2015 年 4 月 28 日，浙江省政府为宁波材料所授牌“浙江工业技术研究院”，这是浙江省深入实施创新驱动战略，推动宁波材料所加快发展，充分发挥宁波材料所作为中科院在浙江的桥头堡的作用，更好地为浙江经济社会发展服务的一个重大举措。宁波材料所人才济济，科研实力雄厚（表 6-17），近年来在不锈钢原材料的创新合成领域取得了众多的科技成果（表 6-18）。

表 6-16 安徽工业大学在不锈钢长材领域的部分成果

| | 序号 | 名称 | | 级别 |
|---|---|---|---|---|
| 重点研究中心 | 1 | 国家发改委金属矿产资源高效循环利用工程研究中心 | | 国家工程研究中心 |
| | 2 | 国家钢铁及制品质量监督检验中心 | | 国家质量检验中心 |
| | 3 | 冶金减排与资源综合利用教育部重点实验室 | | 教育部重点实验室 |
| | 4 | 冶金资源洁净高效利用协同创新中心 | | 安徽省 2011 计划 |
| | 5 | 冶金工程与资源综合利用安徽省重点实验室 | | 安徽省重点实验室 |
| | 6 | 安徽省金属材料与加工重点实验室 | | 安徽省重点实验室 |
| 国家重大项目 | 序号 | 名称 | | 级别 |
| | 1 | 超声波多点直接引入钢液对钢中非金属夹杂物的影响 | | 国家自然科学基金 |
| | 2 | 钢液中非金属夹杂物团聚的机理研究 | | 国家自然科学基金 |
| | 3 | 超声波作用下高温坯壳与结晶器铜板分离的机理研究 | | 国家自然科学基金 |
| | 4 | 铁合金用摇包反应器内渣金两相运动的基础研究 | | 国家自然科学基金 |
| | 5 | 低品质红矿转底炉生产粒铁工艺开发及示范 | | 国家科技支撑计划项目 |
| 重要论文 | 序号 | 名称 | | 级别 |
| | 1 | The Arsenic Removal From Molten Steel | High Temperature Materials and Processes | SCI |
| | 2 | Simulation of thermomechanical behavior during continuous casting process based on Mile method | Journal of Central South University | |
| | 3 | Slag for decopperization and sulphur control in molten steel | Journal of Iron and Steel Research ，International | |
| | 4 | Microwave heating of soda-lime glass by addition of iron powder | Journal of Materials Research | |
| | 5 | The Effects of Steady Magnetic Field on Solidification Microstructure and Distribution of Impurity Elements of Molten Carbon Steel | High Temperature Materials and Processes | |

表 6-17　宁波材料所人才及科研实力

| 指标 | 类型 | 数量 |
| --- | --- | --- |
| 人才 | 院士 | 1 名 |
| | 杰青 | 2 名 |
| | 中组部“千人计划” | 25 名 |
| | 优青 | 5 名 |
| | 浙江省“千人计划” | 42 名 |
| | 中科院“百人计划” | 33 名 |
| | 科技部中青年创新领军人才 | 2 名 |
| | 科技部青年拔尖人才 | 3 名 |
| 科研实力 | 科研项目(包括 973、863 计划) | 1967 项 |
| | 科研经费 | 19.43 亿元 |
| | SCI 论文 | 2373 篇 |
| | 专利 | 1910 项 |
| | 国家标准立项 | 5 项 |
| | 制定行业、协会标准 | 6 项 |
| | 科技成果产业化 | 20 余项 |

表 6-18　中科院宁波材料所部分与不锈钢产业相关的科研成果

| 类型 | 科研成果 | 级别 |
| --- | --- | --- |
| 国家科技计划 | 块体非晶磁致伸缩合金及其在智能结构中的应用研究 | 863 计划 |
| | 变形锌合金表面处理及焊接关键技术研究 | 科技部科技支撑计划 |
| 重大项目 | 新型多晶硅制备技术研究 | 中科院知识创新工程重要方向项目 |
| | 金属非晶丝制造装备 | 中科院科研装备研制项目 |
| | 钨、铜和稀土精深加工技术与应用——白钨制备超细硬质合金棒料关键技术研究 | 院地合作项目 |
| | 硬质合金新型超硬耐磨涂层技术的开发研究 | 院地合作项目 |

续表

| 类型 | 科研成果 | 级别 |
| --- | --- | --- |
| 发明专利 | 一种复合金属氧化物粉体的制备方法 | PCT 发明 |
|  | 耐高温金属连接件、其制备方法及固体氧化物燃料电池堆 | PCT 发明 |
| 重要论文 | Defect-Induced Magnetism in Neutron Irradiated 6H-SiC Single Crystals | SCI 论文 |

• 合作机制明晰。安徽工业大学、宁波材料与工程科学研究所与企业成员合作研发，建立项目小组，小组成员共同选择技术研究课题，由企业提供研究经费，高校和科研机构提供人才和技术，并吸收企业高级技术人才共同参与研发工作，研发成功后再投入工业化生产，按联盟所签订的经济合同规定进行利润分成，实现资源共享、优势互补，节约研发成本，进而提高整个不锈钢长材行业的研发水平及企业自主创新的能力（如图 6-6）。

• 成员产业链覆盖。联盟成员实现了不锈钢长材纵向产业链的全覆盖，上游包括明远锻造、永兴特钢及久立特材三家企业，主要负责原料供应及原料初加工；中游主要包括永兴特钢、久立特材、湖州久立三家企业，其中湖州久立为久立特材下属子公司，主要负责不锈钢长材的生产、制造，为下游企业提供半成品（坯体）；其余公司都属于产业链下游，即运用不锈钢长材生产具体的产品（线网、不锈钢钢管、螺丝、螺母、弹簧、法兰等）。因此，主要成员位于上下游纵向产业链上，减少了可能发生的冲突，增加了双方的信任，提高了联盟运行效率与稳定性。

• 人才培养良性循环。安徽工业大学冶金工程学院、材料科学与工程学院是我国培养冶金、钢铁高级工程技术人才的重要基地，通过加入不锈钢长材产业技术创新战略联盟，可以为联盟企业成员输送所需人才。企业与高校共建科研基地，每年定期派遣企业员工进入高校进行学习培训，使员工了解更为先进的生产技术与工艺，提高员工的创新能力，形成“产学”良性循环。

②核心企业主导，品牌助推发展。产业技术创新战略联盟中会存在一些焦点企业或核心企业。核心企业往往是大型企业，与其他成员企业有较好的连接度，拥有行业中较大的市场份额，核心企业的产品能力、合作能力、人员能力、资金能力与联盟的发展有积极的正向关系。

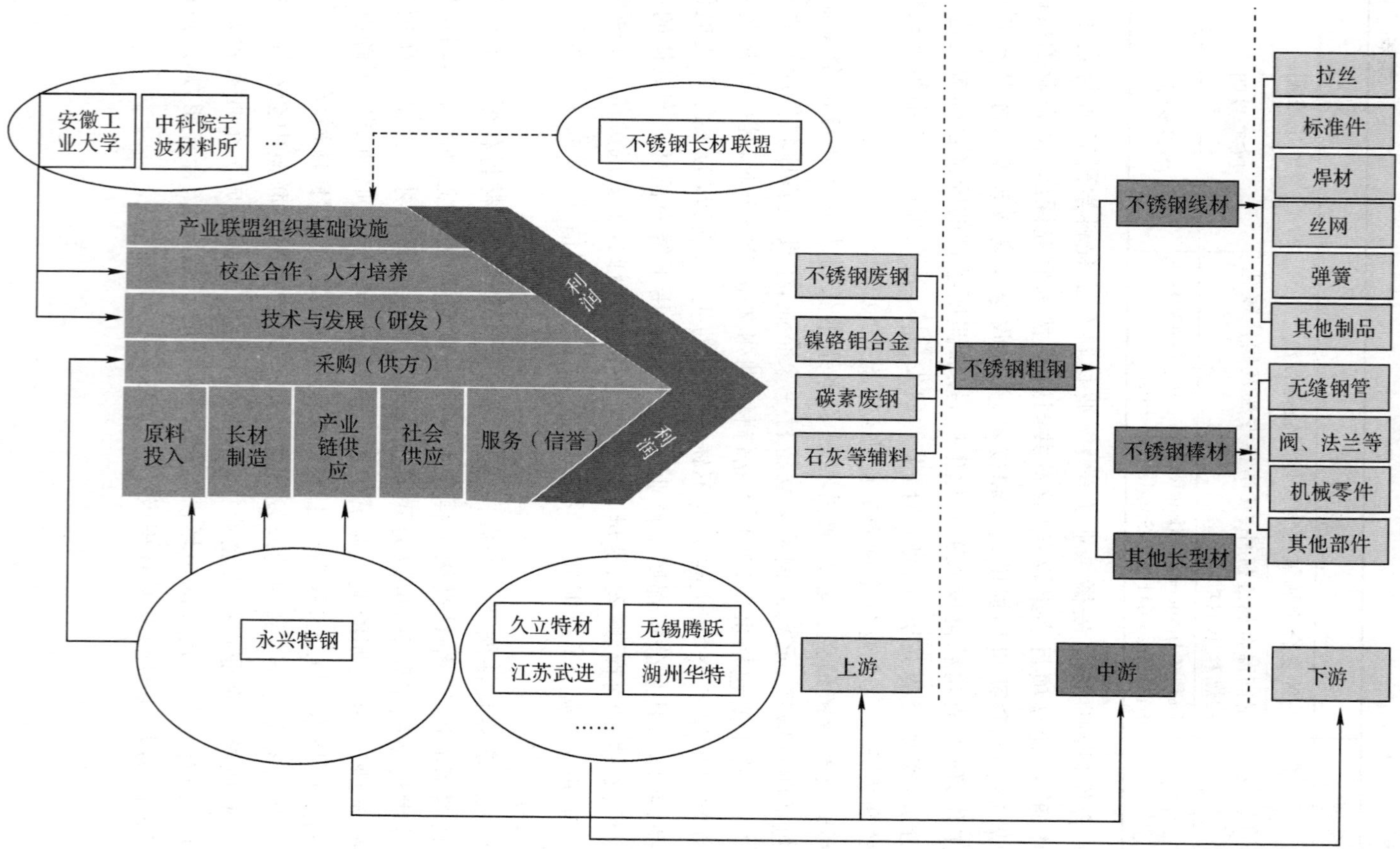


图6-6 浙江省不锈钢长材产业技术创新战略联盟产业链构成与合作机制

•“永兴”“久立”核心主导。永兴特钢、久立特材作为不锈钢长材产业技术创新战略联盟的发起者，也是联盟中最有实力的两家企业，在联盟中居主导地位，是联盟的核心企业。永兴特钢专业从事高品质不锈钢棒线材及特殊合金材料的研发和生产，是中国不锈钢棒线材龙头企业，不锈钢棒线材国内市场占有率连续多年位居前三，其中双相不锈钢管坯国内市场占有率50%以上，实力雄厚，并于2015年5月在深圳证券交易所成功挂牌上市，2015年实现净利润2.22亿元。久立特材是一家专业生产工业用不锈钢及特种合金管材、双金属复合管材、管件的上市公司，其业务涉及产业链的各个环节，不锈钢、镍基合金、碳钢、合金钢等材料法兰、管件等，管道产销量多年居国内首位。

不锈钢长材产业技术创新战略联盟形成了明晰的双核心主导格局，两个核心企业的主导产品主要是产业链上下游关系，虽然在部分产品上存在着横向的竞争关系，但由于两个公司一直以来在资本结构、投资关系、人员结构方面具有良好的合作关系，避免了恶性竞争。核心企业良好的合作关系有利于新产品的开发，有利于巩固其在联盟中的领导地位，有利于形成良好的沟通协调机制，促进联盟快速的发展。

•品牌助推发展。寻找具有竞争优势的联盟伙伴是建立成功联盟的关键，企业与具有良好声誉的企业尤其是核心企业结盟，有利于克服因信息不对称引发的逆向选择问题；有利于联盟内部企业间相互信任，降低欺诈行为发生的概率；有利于降低联盟内部的交易费用；有利于获取持续竞争优势，实现企业战略目标。核心企业的品牌影响力是联盟影响力的最重要一环，永兴特钢、久立特材在不锈钢长材领域的龙头地位、社会声誉和品牌忠诚度在很大程度上保证了联盟持续发展的动力。

③社会分工明确，资源协调互补。社会分工理论认为，分工带来的专业化是提高劳动生产率最为重要的原因。基于产业链的分工和协作使得企业联盟具有单个企业和市场都无法具备的效率优势：过细的分工可能导致规模过大、组织管理成本过高等一系列的“大企业病”；纯粹的市场分工又使得企业间的交易成本过高，彼此独立的企业之间的信任程度也会制约企业间长期的合作关系。较之前两者，联盟的“中间性体制”在一定程度上既解决了企业内部过高的管理成本，又解决了市场的低效率；同时，在更大范围内扩大和加深了分工与合作的关系，提高了联盟的效率，促进了联盟的深入发展。

不锈钢长材产业技术创新战略联盟一共有23家企业成员，分布在产业链的上下游，各个企业自身发展定位明确，在具体的细分市场做到了行业前列，如表6-19所示。

表 6-19 细分市场龙头企业

| 企业名称 | 细分市场及地位 |
| --- | --- |
| 永兴特种不锈钢股份有限公司 | 不锈钢长材市场占有率自 2007 年以来连续 7 年位居国内前三；<br>双相不锈钢管坯国内市场占有率 50%以上 |
| 浙江久立特材科技股份有限公司 | 目前唯一一家有能力生产核电蒸发器管并成功承接订单的民营企业。<br>不锈钢、镍基合金、碳钢、合金钢等材料法兰、管件等，管道产销量多年居国内首位 |
| 安吉明远锻造有限公司 | 明远锻造是永兴特钢、浙江久立大直径不锈钢、铁镍基耐蚀合金管坯唯一的供应商 |
| 腾龙精线集团宁波钢材有限公司 | 全国最大的不锈钢精线加工、不锈钢紧固件制造和加工设备制造综合性企业 |
| 浙江东明不锈钢制品股份有限公司 | 全球最大的不锈钢紧固件供货中心之一 |
| 江苏武进不锈钢管厂集团有限公司 | 国内最大的不锈钢无缝钢管、不锈钢焊接钢管、钢制管件和法兰产品制造商之一 |

联盟成员分布在不锈钢长材全产业链上，并且在细分市场基本居于领导地位，属于产业链上下游的“强强联合”，这不仅有利于成员企业实现无缝连接，提高联盟的整体实力；有利于提升联盟的声誉影响力，吸引更多有实力企业加入联盟；有利于增强联盟及单个企业的客户黏性，实现可持续发展。

④伙伴关系良好，联盟运行稳定。产业技术创新战略联盟是一种注重长期合作的技术创新形式，合作历史越长，合作经验就越丰富，在合作的过程中会更有心得，事前减少或避免矛盾冲突的可能性就越大，因此，良好的伙伴关系有助于增强联盟的动态稳定性。

不锈钢长材联盟的许多成员在联盟之前就有着紧密的合作，包括供求关系、投资关系等(表 6-20)。合作各方在共同工作经历的基础上产生了对另一方的责任感，减少了对机会主义行为的担忧，增加了相互学习的机会和合作的紧密性，提高了联盟合作的绩效。

表 6-20 联盟伙伴关系

| 合作成员 | 关系概述 |
|---|---|
| 永兴特钢⇔久立特材 | 永兴特钢是久立特材某些产品(如穿孔钢板)的原料供应商;<br>永兴特钢、久立特材合作成立永兴合金公司,进军高温合金、镍基合金材料领域;<br>永兴特种不锈钢股份有限公司的前身为湖州久立特钢有限公司,2007 年 6 月整体变更为永兴特种不锈钢股份有限公司。而湖州久立特钢有限公司系浙江久立集团股份有限公司的全资子公司,二者在人员及资本结构上有着密切的历史关系 |
| 明远锻造⇔永兴特钢、久立特材 | 明远锻造是浙江湖州永兴特种不锈钢有限公司、浙江久立集团有限公司合格供方,是其大直径不锈钢、铁镍基耐蚀合金管坯唯一的供应商 |
| 湖州久立⇔永兴特钢 | 湖州久立公司管坯来自长期以来与其建有良好合作关系的永兴特钢公司 |
| 永兴特钢⇔江苏武进⇔浙江中达⇔浙江嘉上 | 四家企业均为中国特钢企业协会不锈钢分会成员,沟通渠道丰富 |

⑤空间布局优化,区域协调发展。经济地理学认为,企业的集群化有利于提高基础设施的利用效率,有利于提高集群内部信息交流的频度,有利于吸引行业人才加入联盟,有利于实现集群的规模经济。

不锈钢长材产业技术创新战略联盟成员集中于浙江及其相邻省份:江苏、上海、安徽。域内拥有完整的立体交通网络(如表 6-21),可以为成员企业节省大量运输费用,拓宽定价空间。

表 6-21 不锈钢长材产业技术创新战略联盟区域交通状况

| 交通方式 | 现状描述 |
|---|---|
| 公路 | 沪昆高速、苏嘉杭高速、杭绍甬高速等 30 余条高速公路贯穿域内 |
| 铁路 | 京沪高铁、沪杭高铁、宁杭高铁、甬台温铁路等将近 20 条铁路线贯穿域内 |
| 空运 | 域内有上海浦东国际机场、上海虹桥国际机场、杭州萧山国际机场等近 20 个国际国内机场 |
| 海运 | 上海港、宁波港、洋山港、舟山港等 20 余个国内国际港口 |
| 河运 | 江浙地区依托长江的内河航线密集 |

同时,通过联盟形成的产业集聚有利于促进人才的集聚和良性流动;有利于促进企业之间的信息交流和知识融合;有利于企业之间的合作生产、合作研

发和合作销售等活动；有利于降低交易成本及运输成本；有利于资源共享、优势互补，实现联盟的规模经济，提高联盟的竞争实力。

### 6.3.4 联盟存在的问题

(1)下游企业合作开放程度低

联盟中处于不锈钢长材产业链下游的企业众多，无锡腾跃、湖州众立、湖州丰泰、湖州信立等企业都属于生产无缝钢管的企业，而浙江卡瑞特、丽水光泰、中锦金属等均为生产不锈钢拉丝的企业，相互之间存在较强的竞争关系，在合作过程中，开放性不足，沟通交流会有一定的保留。

(2)没有制定统一的联盟规章制度

在联盟访谈中发现，政府部门没有制定统一的联盟建设章程，也没有统一的联盟经费使用标准，使得联盟必须依靠"摸石头过河"的办法来自主探索，另外，联盟也没有制定统一的验收标准，在相关资料的准备过程中较为茫然。不锈钢长材联盟还存在一个特殊的问题，即联盟内部存在一些外省企业，按照合同书的规定，浙江省政府的项目经费不能分发到外省企业，大大降低了外省企业在项目合作时的积极性。

(3)联盟外部交流缺乏

根据调研结果显示，联盟成立至今很少与省外及国外发展较好的联盟、协会等社会组织发展交流。通过对联盟负责人的访谈发现，联盟非常希望能够与优秀联盟、协会进行学习交流，但由于相关渠道的缺乏，未能成行。

(4)联盟成果转化存在一定困难

联盟完成了很多超前的研究，纳入了国家技术储备。某些项目的研究可能与实际生产运用还存在一定的距离，学研方的研究成果很多不能运用到企业的现实生产中。此外，联盟不是实体，没办法开具发票，不利于联盟的实际运作。

### 6.3.5 联盟启示与建议

(1)政府要支持联盟发展

为保证联盟成立的动力是成员单位真实的、共同的利益诉求，避免机会主义，联盟应有 $1\sim N$ 年不定期的试运行期。在试运行期间，联盟的运行重点在于不断探索和完善运行机制，为联盟正式运行与发展积累经验。为降低联盟的交易成本，推动联盟的组建，试运行期由科技厅给予一定的运行经费专项支持，并通过公共媒体公开邀约、科技成果信息网络和项目库建设，常年开展企业技术难题征集工作等方式降低联盟合作伙伴的信息搜寻成本。鼓励相关行业协会围绕本行业的重大技术创新问题，充分发挥组织协调、沟通联络、咨询服务等作用，推动联盟重点领域企业的发展。

政府和相关部门要鼓励建立具有持续性、稳定性的联盟组织模式。调整和完善对大学和科研机构的评价考核政策，引导其建立鼓励成果转化的内部评价考核体系。推动企业通过产业技术创新战略联盟建立自己的研发支撑体系，促使联盟各项能力的提升。此外，适应产业技术创新战略联盟模式的创新需要，完善现行有关管理制度，研究制定有利于产业技术创新战略联盟的金融、财务、税收等管理办法，同时要有高效的风险投资介入。

(2)营造良好的联盟发展外部环境

产业技术创新战略联盟组建和运行的外部环境主要指制度和市场环境。由于市场不能自动创造出有利于产业技术创新战略联盟的共生环境，需要通过政府对联盟发展的新形势、新特点、新问题及时分析总结，加快完善相关政策体系。研究制定有针对性的推进措施，借助政府在战略规划、政策指导、资金引导等方面的力量，通过实施规划项目协调、控制和保证产业技术创新战略联盟的发展方向，对产业技术创新战略联盟组织开发的共性技术、产品、标准等进行把关；深化科技评价体系改革，建立科技信用记录，营造公平诚信的合作环境，通过加强技术创新能力建设，制定行业技术规范，建立对科技人员、机构、项目、成果的科学评价指标体系等方式提高技术水平，积极实现产业对接；重视科技中介机构促进产业技术创新战略联盟发展的桥梁作用，鼓励行业协会、技术创新服务局等多种类型的中介机构为联盟提供研究开发、管理咨询等生产型服务。

(3)推动联盟实体化运营

按照社会组织进行登记，推动联盟的实体化运行。在具体项目的运行过程中，可以给予联盟更多自主权，以规避政策变动等因素造成的影响。政府部门拨付的经费，不要规定得过于严谨，在认真审计的基础上，可以给予联盟更为灵活的使用空间，如政府采取委托联盟先行管理经费的方式，只要企业研发有了成果，就可以将经费直接补贴给企业，以提高企业的研发积极性。

## 6.4 浙江省数字家庭产业技术创新战略联盟

### 6.4.1 行业背景

数字家庭是以计算机技术和网络技术为基础，各种家电通过不同的互连方式进行通信及数据交换，实现家用电器之间的“互联互通”，使人们足不出户就可以更加方便快捷地获取信息，从而极大提高人类居住的舒适性和娱乐性。

随着科技的不断发展，数字化、网络化、智能化的生活理念日益普及。加上家电下乡，家电以旧换新等政策的出台落实，使得数字家庭产业相关厂商的技术实力得到了持续的提高，数字家庭服务产品不断丰富。而物联网、云计算等新技术的广泛应用将为数字家庭产业的发展、转型、升级注入新的活力，未来，数字家庭产业链条将会趋于更加完整，总体发展特点表现为：①以数字电视应用为中心、面向三网融合的数字家庭产业已经基本成型，并具有一定的产业规模，一些示范城市的数字家庭研发与应用示范步伐在不断的加快，并取得了一定的成效；②从数字家庭的概念兴起到现在，多数参与数字家庭产业的企业都提出了整合自身企业产品的数字家庭解决方案，而家庭娱乐解决方案应用最广泛。

就当前数字家庭产业的发展而言，形成了以下 5 种形态各异、侧重点不同的数字家庭概念。①基于智能家居的数字家庭：以波创、索博为代表，专注于智能家居方面，不涉足家电领域，对于家电只能控制电源开关。②基于智能家电的数字家庭：以海尔、LG 等家电厂商为代表，在智能家居的基础上，利用自己强大的全系列产品能力，在数字家电方面投入较大，使家电可以进行复杂的业务应用，而不仅仅是控制家电的开关。③基于宽带通信的数字家庭：以电信运营商及中兴、华为等通信设备厂商为代表，以通信网关为基础，实现一系列以通信为主的数字家庭应用。④基于多媒体视听娱乐的数字家庭：以 Sony、Intel 为代表，着眼于数字家庭多媒体娱乐方面，使家庭内各种多媒体设备互联互通，实现资源共享播放，互相控制。⑤基于传感器网络的数字家庭：目前商业化应用较少，仍以高校研究为主，以南邮、西工大为代表，着眼于基于传感器网络的上层业务应用研究。

### 6.4.2 联盟概述

(1)联盟简介

浙江省数字家庭产业技术创新战略联盟于2012年11月由浙江省科技厅批准成立,联盟理事长、秘书长单位均为华数数字电视传媒集团有限公司,其余成员包括浙大网新科技股份有限公司、杭州海康威视数字技术股份有限公司、杭州鸿雁电器有限公司、浙江大学、浙江工商大学、杭州国芯科技股份有限公司、杭州讯久科技有限公司等企业和高校。

(2)联盟内容

联盟采用"政府支持、市场运作、自主发展"的方式,协助政府相关部门,服务国内外数字家庭相关企业和会员,以合作共赢为原则,组织企业、科研机构和高校参与和推动浙江乃至中国数字家庭产业发展。联盟的近期目标是从数字家庭精品业务入手,开展家庭娱乐、通信、安防、健康、节能、控制等数字家庭服务。突破数字家庭云服务网关关键技术,探索数字家庭成熟可行运营的模式;中期目标为整合全省数字家庭领域优势资源,构建技术创新平台,共同攻克产业发展的关键技术。研究和建设数字家庭开放云服务平台,初步形成数字家庭服务生态系统;远期目标为在数字家庭领域确立国内领先地位,向全国推广数字家庭开放云服务平台,促进数字家庭产业的标准化、规范化。建立数字家庭公共服务平台,进行不同数字家庭接口协议互通基础标准研究与制定。

(3)联盟成员

联盟成员包括华数数字电视传媒集团有限公司、浙大网新科技股份有限公司、杭州海康威视数字技术股份有限公司等6家企业及浙江大学、浙江工商大学两家高等院校(见表6-22)。

**表6-22 联盟成员**

| 名称 | 简介 |
| --- | --- |
| 华数数字电视传媒集团有限公司 | 大型国有文化传媒产业集团,位居我国新媒体产业发展第一方阵,也是目前我国规模最大的唯一的跨地域经营的有线网络运营商,拥有近3000万户有线电视家庭用户 |
| 浙大网新科技股份有限公司 | 成立于2001年,以产学研协同创新系统为依托,为大众创业万众创新提供整体解决方案,致力于成为中国绿色智慧城市产业的培育者 |

续表

| 名称 | 简介 |
| --- | --- |
| 杭州海康威视数字技术股份有限公司 | 领先的视频产品 & 内容服务提供商，面向全球提供领先的视频产品、专业的行业解决方案与内容服务。海康威视是全球视频监控数字化、网络化、高清智能化的见证者、践行者和重要推动者 |
| 杭州鸿雁电器有限公司 | 专业的建筑电器连接和建筑电气控制系统的集成供应商，在LED智慧照明、智能家居等领域成为行业集成供应的领先者 |
| 杭州国芯科技股份有限公司 | 专业从事数字电视及音视频电子产品的集成电路设计、方案开发和芯片销售，一直以开发数字电视的"中国芯"为己任 |
| 杭州讯久科技有限公司 | 成立于2011年，是一家以WLAN应用产品及解决方案为主营业务的高新技术企业，公司集生产、研发、销售与技术服务为一体，并关注于快速发展的物联网家庭网络应用，是杭州市国家高新区重点孵化企业 |
| 浙江大学 | 国家"985"、"211"工程高校，全国排名稳居前5 |
| 浙江工商大学 | 教育部、商务部和浙江省人民政府共建的重点大学 |

(4)联盟成效

浙江省数字家庭产业技术创新战略联盟在政府的发力支持下，取得了良好的效益，联盟的知名度与影响力逐步提高。

联盟期间，承担浙江省专项1项("基于云计算的数字家庭综合服务平台研发和应用示范")；获得发明专利2项("基于公众网络的视频监控信息服务系统"、"一种智能LED驱动器、智能LED灯及其调光方法")，实用新型专利1项("一种受控于温度及亮度的调光LED灯")，计算机软件技术1项("海康威视Vista120主机专用软件V3.2")；制定行业标准1项("家用及类似用途LED智慧照明控制系统")；建立国家级技术创新平台1个("杭州海康威视国家级企业技术中心")。

### 6.4.3 联盟产业链分析

(1)联盟产业链现状

联盟成员按数字家庭产业链分布，成员均为各细分领域的领导者，拥有比较强的竞争优势；联盟拥有产品展示中心，能够搭建与联盟外企业以及社会大众沟通的桥梁；联盟建有数字家庭平台，平台以共性技术研发为主；联盟经费以政府项目经费拨付为主，运营经费难以持续。

(2)联盟产业链构成

浙江省数字家庭产业技术创新战略联盟产业链上游，主要包括数字家庭标准组织、芯片设计和制造、模具、软件开发、原材料、内容创作者、服务者等；在产业链中游，主要包括 3C 制造商(即计算机及其辅助设备制造商、消费类电子产品制造商、通信类产品制造商)、核心设备及支撑软件平台制造商、内容提供商、服务提供商等；在产业链下游主要是指运营提供商，见表 6-23。

**表 6-23　联盟成员产业链位置**

| 产业链位置 | 成员名称 |
| --- | --- |
| 上游 | 杭州国芯科技股份有限公司 |
| 中游 | 杭州讯久科技有限公司、浙大网新科技股份有限公司、杭州海康威视数字技术股份有限公司、杭州鸿雁电器有限公司 |
| 下游 | 华数数字电视传媒集团有限公司 |
| 辅助 | 浙江大学、浙江工商大学 |

(3)联盟产业链特征

①资源优势互补，助力联盟发展。浙江省数字家庭产业技术创新战略联盟是典型的产学研联盟，三个不同主体间进行资源共享、优势互补，实现联盟综合实力的不断提升。联盟中的高等院校为浙江大学、浙江工商大学两所高校，科研实力在浙江省乃至全国都位居前列，尤其浙江大学在数字家庭上有着极强的科研实力(见表 6-24)，为联盟的稳定发展提供了技术与人才保障。

**表 6-24　浙江大学(信息与电子工程学院)科研实力**

| 类型 | 数目 |
| --- | --- |
| 国家自然科学奖 | 1 项 |
| 国家技术发明奖 | 1 项 |
| 国家科技进步奖 | 8 项 |
| 浙江省科学技术一等奖 | 6 项 |
| SCI | 190 余篇 |
| 发明专利 | 500 余项 |

续表

| | | |
|---|---|---|
| 专家学者 | 院士 | 1人 |
| | 国家"千人计划" | 7人 |
| | 长江学者 | 4人 |
| | 国家青年拔尖人才 | 2人 |
| | 国家杰出青年基金获得者 | 1人 |

②核心企业引领，提升联盟实力。华数数字电视传媒集团有限公司是浙江省数字家庭产业技术创新战略联盟的理事长单位，也是联盟中的核心企业，无论是管理能力还是技术创新能力在业界都名列前茅（如表6-25）。在华数带领下，联盟不断突破新技术，创造了较多的市场与社会价值，同时也树立了极高的品牌知名度和美誉度。

**表6-25 华数数字电视传媒集团有限公司技术创新实力**

| 指标类型 | 指标描述 |
|---|---|
| 公司规模 | 2015年公司总营收约28.6亿元，净利润约5.3亿元 |
| 研发投入强度 | 研发人员占比为6.58%，研发投入占营业收入比重为3.41% |
| 网络链接强度 | 华数的全球合作伙伴有SONY，TVB，KBS，BBC，Discovery，CCTV，SBS，凤凰网，寰亚影业，中影股份等全球40余家大型数字媒体集团 |
| 企业荣誉 | 全国第二个"国家数字家庭应用示范产业基地"；2013年中国上市公司口碑榜评选中摘得"最具成长性上市公司"殊荣；2013年度传媒机构最具投资价值新媒体；全国工人先锋号 |

③发展定位明确，企业分工清晰。联盟的"中间性体制"在一定程度上既解决了企业内部过高的管理成本，又保证了分工与专业化的效率机制，解决了市场的资源低效配置，与此同时，还使分工与合作的关系在更大范围内扩大和加深，反过来又提高了联盟的整体效率，促进了联盟的纵深发展。浙江省数字家庭产业技术创新战略联盟一共有10家企业成员，分布在数字家庭产业链的不同细分领域，各个企业自身发展定位明确，在具体的细分市场做到了行业前列（见表6-26），属于产业链上下游的"强强联合"，这有利于成员企业实现无缝连接，提高联盟的整体实力；有利于扩展联盟的声誉影响力，吸引更多有实力的企业加入联盟；有利于增强联盟及单个企业的客户黏性，实现可持续发展。联盟产业链构成与合作机制见图6-7。

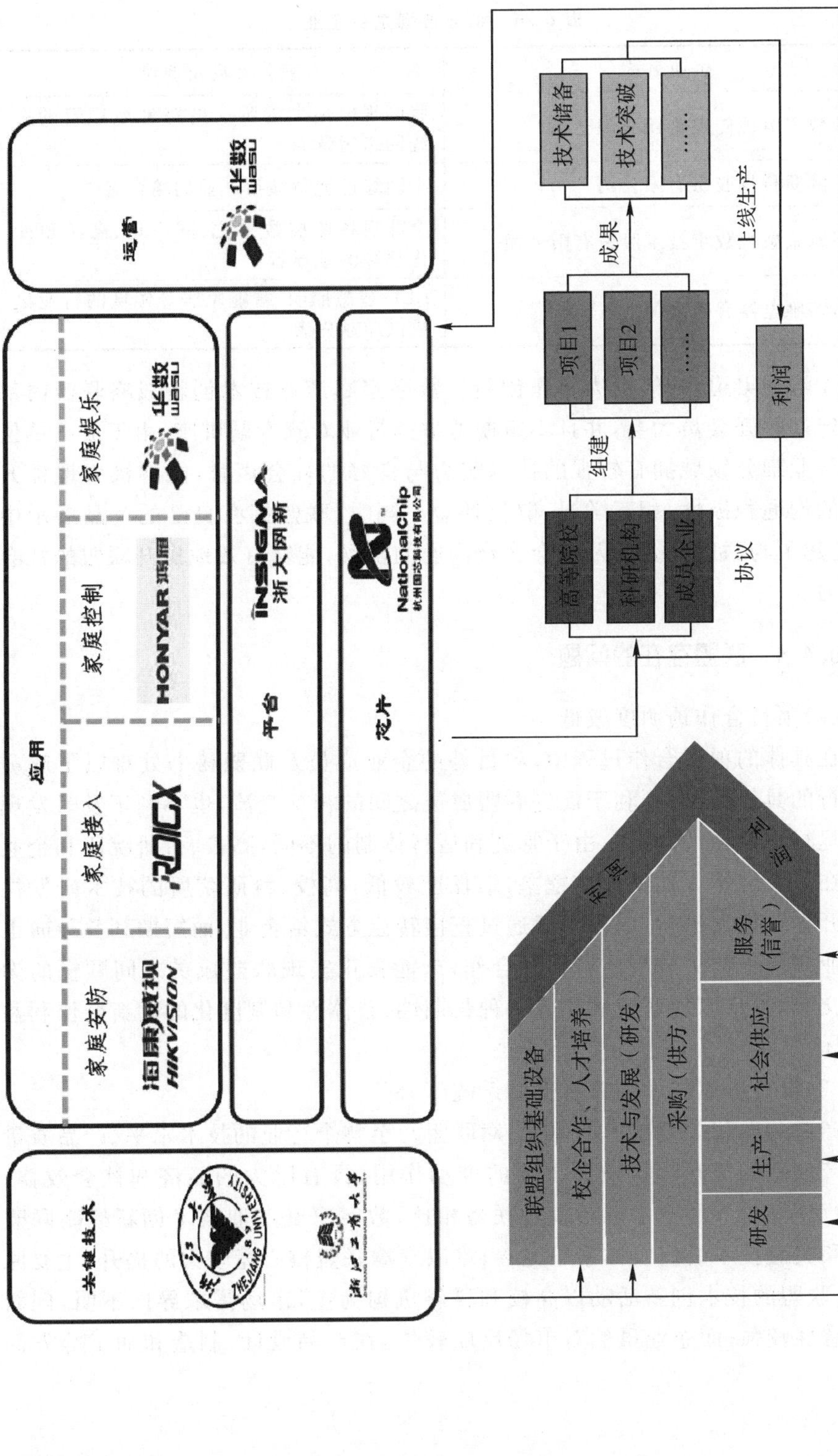


图6-7 浙江省数字家庭产业技术创新战略联盟产业链构成与合作机制

表 6-26　细分市场龙头企业

| 企业名称 | 细分市场及地位 |
| --- | --- |
| 华数数字电视传媒集团有限公司 | 我国规模最大的唯一的跨地域经营的有线网络运营商 |
| 浙大网新科技股份有限公司 | 中国绿色智慧城市产业的培育者 |
| 杭州海康威视数字技术股份有限公司 | 全球视频监控数字化、网络化、高清智能化领域的领导者 |
| 杭州鸿雁电器有限公司 | LED 智慧照明、智能家居等领域的行业集成供应领先者 |

④沟通渠道多样，助力合作创新。数字家庭产业技术创新战略联盟内部每年定期召开会员大会，并且不定期地举办行业专家专题讲座，由于成员单位均在行业细分领域拥有较强的技术实力与良好的社会声誉，能够极大地提升成员的沟通积极性，相互学习，取长补短。同时，联盟拥有自己的产品展示中心，搭建了与联盟外企业及社会大众沟通的桥梁，能够有效地提升联盟的社会影响力。

### 6.4.4　联盟存在的问题

(1)项目合作透明度较低

在具体的项目合作过程中，项目外的企业成员及联盟秘书处难以了解项目运行的具体情况，不利于促进联盟成员之间的相互交流，也不利于及时发现项目运行中存在的问题。由于管理和运行体制的不同，高校、科研院所和企业之间在联盟合作方面还存在壁垒，信任度较低，高校、科研院所的技术研发往往脱开企业独立进行，成果一般通过直接转让方式给企业，而短期利益导向也使企业倾向于购买成果或者临时合作，未能真正实现联盟成员之间顺畅的沟通与交流，更难以使联盟演化成一种长期性、整体性和制度化的创新合作利益共同体。

(2)没有形成技术创新链支撑系统

产业共性和关键技术的研发，对联盟乃至整个行业的技术水平、产品质量和生产效率的提升都将发挥重要的推动作用，具有巨大的经济和社会效益。与运行良好的产业技术创新战略联盟相比，数字家庭产业技术创新战略联盟共性和关键技术的研发体系不完善，难以支撑联盟核心竞争力的提升，主要原因是，联盟的技术创新活动以高校和科研机构为主，市场需求导向不明，创新的随意性较强；而企业虽然对市场反应较快，在产品设计、制造和加工等方面具有先天的优势，但是在基础研究开发领域相对滞后。联盟缺乏合理的统筹安排，造成成员之间本来就匮乏的技术创新要素更加分散、交叉、重复，难以集成并聚焦在产业的技术创新链上。

(3)联盟成员参与的积极性不高

联盟的沟通交流仅限于每年不定期的例行会议，在平常时间里，企业与高校、科研机构之间缺少联系和互动的路径和机会，难以调动联盟各方合作的积极性。不仅如此，由于联盟成员有各自的利益追求，常出现涉及自身利益时就积极参加，不涉及时就尽量不出席的现象。联盟内部缺少相互合作的诚意，存在“搭便车”的心理。

### 6.4.5 联盟启示与建议

(1)明确联盟目标，创新运行机制

产业技术创新战略联盟要制定具体和明确的目标。特定的联盟目标不仅能够确保联盟发展方向的正确性和具体运行时的可操作性，而且也能够推动联盟各方的相互信任和合作交流。产业技术创新战略联盟的主要目标应该是围绕区域支柱产业发展，推动构建区域性产业技术创新战略联盟；推动产业技术创新战略联盟共建实验室、工程中心等，开展产业关键共性技术及工程化研究等。产业技术创新战略联盟要积极创新运行机制。由于各联盟所处的产业以及联盟企业特征不同，成立联盟实体要具体问题具体分析，要深入调研分析联盟建立的可行性，并建立针对性的运行机制。

(2)加大 R&D 投入，引导资源配置

一是加大财政资金的资助力度，运用多种投入方式推动产业技术创新战略联盟 R&D 强度；二是发挥银行等金融机构的作用，积极探索建立社会化的产业技术创新战略联盟引导基金；三是完善产业技术创新战略联盟获取国家项目支持的审核机制；四是对符合要求的联盟企业，国家或省市委托其组织实施重大产业技术创新项目；五是发挥国有资本经营预算支持企业自主创新的重要作用，促进产业技术创新战略联盟技术创新活动。

(3)鼓励联盟探索内部可持续发展方式

支撑产业技术创新战略联盟可持续发展的方式集中体现在支撑发展的经费来源和协同平台两个方面。政府应鼓励产业技术创新战略联盟积极尝试以多种途径筹集联盟运行和开发的经费，通过建立联盟会费制度、联盟创新基金、联盟培训收费、大型设备仪器使用费用、科技开发服务费用、知识产权转让费用等，甚至在联盟中引入风险投资公司参与，深化科技金融合作，创新金融产品，探索运用科技贷款、科技担保等金融工具，支持联盟开展技术攻关和成果产业化，为联盟持续发展提供运行和开发费用。实现联盟可持续发展协同平台需要协调政府相关部门，支持有条件的联盟整合联盟成员优势资源，集成产学研各方力量，建设国家和省重点实验室、工程(技术)研究中心、高新技术研发中心、独立企业法人的研究院等发展载体，或者探索企业出资，高校或科研院所以科技成果、专利技术入股，联合创办科技型企业，对于符合条件的载体和企业按有关规定给予资助。同时，重视联盟内技术和产业资源共享平台建设，加强企业与高校科研院所之间的信息沟通与交流。

(4)加强联盟信任、成果分享和风险分担机制

产业技术创新战略联盟必须妥善解决成员间的摩擦，建立起联盟成员间的信任机制。应对各种类型的联盟优劣势进行分析，对联盟构建的可行性条件、合作伙伴的选择和联盟运行中的治理机制、利益分配机制等关键问题进行系统研究。联盟各方应该围绕知识产权创新、应用和保护，明确各方的责、权、利，以合同契约方式，在自愿的基础上，对自主知识产权、技术秘密等技术成果的归属与产业化收益进行约定，通过周密的协议安排分担风险。同时，各方应正确解决投入、决策、风险承担、利益分配等关系到联盟正常运行的问题。

## 6.5 浙江省光伏产业技术创新战略联盟

### 6.5.1 行业背景

光伏产业，简称 PV(photovoltaic)，就是利用光伏效应，使太阳光射到硅材料上产生电流直接发电。以硅材料的应用开发形成的光电转换产业链条称为“光伏产业”，包括高纯多晶硅原材料生产、太阳能电池生产、太阳能电池组件生产、相关生产设备的制造等。与水电、风电、核电等相比，太阳能发电没有任何排放和噪声，应用技术成熟，安全可靠。除大规模并网发电和离网应用外，太阳能还可以通过抽水、超导、蓄电池、制氢等多种方式储存，太阳能＋蓄能几乎可以满足未来持续的能源需求。太阳能是未来最清洁、安全和可靠的能源，发达国家正在把太阳能的开发利用作为能源革命主要内容长期规划，光伏产业正日益成为国际上继 IT、微电子产业之后又一爆炸式发展的行业。

近年来，我国光伏产业发展快速，已形成较为完整的光伏制造产业体系，但也遇到一些成长中的关键问题。①产能严重过剩。从全球来看，2015 年全球光伏电池产量已达到 40GW，实际产能达到 102GW，产能过剩率近 40%；从

国内情况来看，2011 年我国光伏电池产能已达到 42GW，可以满足全球光伏电池的安装需要；从全球经济发展状况看，今后几年全球光伏发电市场会有所增长，但需求增速不会太快，市场供需失衡压力持续增大，产能仍将严重过剩。②市场需求萎缩严重。主要体现在欧洲市场补贴下调以及美国“双反”调查。受国际金融危机尤其是欧洲债务危机影响，2011 年以来，欧洲各国开始对光伏产业削减政府补贴，欧洲的光伏市场开始萎缩，企业不断倒闭。原本占据世界光伏装机 70%以上、占中国光伏电池出口 80%的欧洲市场需求大幅下降，使中国光伏企业处境艰难，巨大的产能无法消化，只能竞相降价抢市场，利润大幅下滑。同时，我国的光伏产业还遭受美国和欧盟“双反”调查。2012 年 11 月 7 日，美国国际贸易委员会(ITC)认定从中国进口的晶体硅光伏电池及组件产品，实质性损害了美国相关产业，美国将对此类产品征收反倾销和反补贴(“双反”)关税，其中反倾销税率 18.32%～249.96%，反补贴税率 14.78%～15.97%。继美国之后，欧盟也立即跟进。2012 年 11 月 8 日，欧盟发布公告称，对从中国进口的硅片、电池、组件启动反补贴调查。

虽然我国的光伏产业面临着产能过剩以及市场萎缩等全球性发展难题，但是作为战略性新兴产业，光伏产业对调整能源结构、创新能源生产、转变消费方式和促进生态文明建设具有重要意义。同时，也应该看到我国光伏产业当前的困难，既是发展面临的严峻挑战，也是转型升级的契机，特别是光伏发电成本大幅下降，为扩大国内市场提供了有利条件。因此，要按照创新体制机制、完善政策措施、规范市场秩序、推进产业重组、降低发电成本的思路，统筹兼顾、综合施策，着力提升光伏产业核心竞争力。

### 6.5.2 联盟概述

(1)联盟简介

浙江省光伏产业技术创新战略联盟是在浙江省科学技术厅的引导下成立，由昱辉阳光、正泰太阳能、精功科技、晶盛机电、福斯特光伏、日地太阳能等省内六家行业龙头企业，以及浙江大学、中国光电技术发展中心、浙江省能源与核技术应用研究院、浙江大学国际创新研究院等科研院所组成的联合开发、优势互补、利益共享、风险共担的技术创新协作平台。

(2)联盟内容

光伏产业技术创新战略联盟成立的使命是通过成员企业之间的资源共享、优势互补，聚集产学研等各方面力量，针对“提高光伏转换效率、降低产业链成本”的产业发展需求，开展面向光伏上中下游产业链的关键技术与共性技术的合作研发,推动光伏产业的技术创新和可持续发展。

(3)联盟成员

浙江省光伏产业技术创新战略联盟共有6家成员企业,1家高等院校及两家科研机构,如表6-27。

表6-27 联盟成员简介

| 名称 | 简介 |
| --- | --- |
| 浙江昱辉阳光能源有限公司 | 主要生产单晶硅片、多晶硅片。是全球光伏产业中少数具备从多晶硅到光伏发电系统的垂直一体化运作大型太阳能企业集团之一 |
| 浙江正泰太阳能科技有限公司 | 专注于尖端光伏产品的研发与生产,可以同时为客户提供高效单晶电池组件、多晶电池组件,是中国光伏企业中产品线最全的企业之一 |
| 日地太阳能电力股份有限公司 | 主要从事多晶硅料、多晶片、太阳能电池、太阳能组件、太阳能控制器、太阳能逆变控制器、太阳能光伏逆变器、太阳能电站系统集成的研发、生产和销售,光伏产业链完整 |
| 浙江精功科技股份有限公司 | 主要从事太阳能光伏专用装备、新型建筑节能专用设备、轻纺专用设备等高新技术产品生产,系国内太阳能光伏工艺研究及太阳能光伏专用装备制造行业龙头企业 |
| 浙江晶盛机电股份有限公司 | 国内领先、国际先进的高端半导体硅材料、光伏硅材料、LED检测与照明等高端智能化装备和蓝宝石晶体材料供应商 |
| 杭州福斯特光伏材料股份有限公司 | 全球规模最大、品牌最好的太阳能封装材料供应商 |
| 浙江大学硅材料国家重点实验室 | 国内最早建立的国家重点实验室之一。以重点实验室为依托的浙江大学材料物理与化学学科(原半导体材料学科)一直是全国重点学科 |
| 中国光电技术发展中心 | 浙江省科技厅下属差额拨款事业单位。主要从事太阳能光伏发电产品研究开发和推广,研究各种新型太阳电池和光电转换技术,改进太阳电池制造工艺,扩大光电技术应用,开展国际交流合作以及从事太阳能光伏发电技术咨询和培训工作 |
| 浙江省能源与核技术应用研究院 | 主要从事能源经济与发展战略、新能源与可再生能源、节能技术、能源经济与环境等的研究与咨询,同时还开展能源管理培训等业务 |
| 浙江大学国际创新研究院 | 以“锻造国际产学研合作创新链、助推创新生态营造与区域经济发展”为宗旨,致力于发展成为世界一流水平的科技与产业创新的研发机构 |

(4)联盟成效

浙江省光伏产业技术创新战略联盟在政府的发力支持下,取得了良好的效益,联盟的知名度与影响力逐步提高。

首先,在“产学研”的合作模式下,承担了联盟合作项目4项(“光伏组件背板EVA一体化材料”、“无卤阻燃光伏封装材料研究”、“高反射率背衬材料研究”、“高效低成本光伏应用系统研究”);获得浙江省重大专项1项(“无卤阻燃光伏封装材料”),杭州市科技进步二等奖1项(“太阳能电池组件封装用背衬新材料”)。

其次,取得发明专利4项(“太阳能电池组件的背膜”、“抗PID作用的一体化光伏组件背板材料”、“双重引发的快速交联EVA胶膜”、“耐老化的聚酯改性材料”),实用新型专利2项(“高反射率太阳能电池背板”、“三层结构的EVA太阳能电池胶膜”);制定国家标准4项(“光伏组件封装用乙烯醋酸乙烯酯共聚物[EVA]胶膜”、“晶体硅太阳电池组件用绝缘背板”、“光伏组件用乙烯-醋酸乙烯共聚物中醋酸乙烯酯含量测试方法热重分析法[TGA]”、“光伏组件用EVA中VA含量测试方法”)。

### 6.5.3 联盟产业链分析

(1)联盟产业链现状

联盟产业链结构属于纵向结构,且成员均属于光伏产业链各环节的行业领导者。联盟成立以来运行状况良好,由秘书长单位牵头组织的互动交流活动很多,成员单位参与活动的积极性很高,也很重视联盟的作用,每次基本都是企业董事长和总经理职位的人参加。在互动交流过程中,联盟成员都愿意共享行业信息与技术,一起探讨,制定合作计划,伙伴成员凝聚力较强。联盟成员对于联盟的发展抱有很大的信心与热情,即使未来政府终止经费支持,依然愿意继续将合作进行下去。联盟成员希望通过联盟平台,带动创新驱动,推动浙江省乃至中国光伏产业的发展。

(2)联盟产业链构成

光伏行业属于太阳能行业,细分子行业有光伏电池及组件行业、光伏专用设备制造行业和光伏配件行业,其中最重要的就是光伏电池及组件行业,是光伏行业中的主体部分,该子行业所形成的产业链也称为光伏原料产业链,是狭义上的光伏产业链。

光伏产业链的上游是晶体硅原料的采集和硅棒、硅锭、硅片的加工,产业链的中游是光伏电池和光伏电池组件的生产,目前晶硅电池分为单晶硅和多晶硅两种，产业链的下游是光伏电站系统的集成和运营。浙江省光伏产业技术创新战略联盟产业链及其合作机制如图 6-8 所示，联盟成员在产业链的位置参见表 6-28。

**表 6-28 联盟成员产业链位置**

| 产业链位置 | 成员名称 |
| --- | --- |
| 上游 | 浙江昱辉阳光能源有限公司、浙江晶盛机电股份有限公司 |
| 中游 | 浙江正泰太阳能科技有限公司、日地太阳能电力股份有限公司 |
| 下游 | 日地太阳能电力股份有限公司、浙江精功科技股份有限公司、杭州福斯特光伏材料股份有限公司 |
| 辅助 | 浙江大学硅材料国家重点实验室、中国光电技术发展中心、浙江省能源与核技术应用研究院、浙江大学国际创新研究院 |

(3)联盟产业链特征

①科研巨头夯实联盟基础。浙江省光伏联盟中的高等院校为浙江大学，其拥有全国唯一的硅材料国家重点实验室，科研实力雄厚，曾获得多项国家及省级奖项，并且拥有在硅材料研发及使用方面的顶尖人才(见表 6-29)。为联盟的稳定发展提供了技术与人才保障。

**表 6-29 浙江大学硅材料实验室创新实力**

| 类型 | | 数目 |
| --- | --- | --- |
| 国家技术发明二等奖 | | 1 项 |
| 国家科技进步二等奖 | | 2 项 |
| 国家自然科学二等奖 | | 3 项 |
| 浙江省科学技术一等奖 | | 14 项 |
| 专家学者 | 院士 | 2 人 |
| | 国家“千人计划” | 6 人 |
| | “973 计划”首席科学家 | 8 人 |
| | 中科院百人计划 | 2 人 |
| | 国家杰出青年基金获得者 | 7 人 |

②核心企业引领联盟发展。浙江昱辉阳光能源有限公司是浙江省光伏产业技术创新战略联盟的理事长单位，也是联盟的核心企业，在行业内拥有较高的地位及较强的科研实力(如表 6-30)，能够带领联盟不断突破技术瓶颈，创

造更多的市场与社会价值。

**表 6-30　浙江昱辉阳光能源有限公司技术创新实力**

| 指标类型 | 指标描述 |
| --- | --- |
| 公司性质与规模 | 纽约证券交易所上市公司，5600 名员工，太阳能产品发货量 12GW |
| 核心技术能力 | 拥有全球市场的两款最新技术研发的产品——树脂金刚石切割线、Virtus 新型组件，树立了公司以科技创新引领光伏行业的楷模 |
| 研发平台 | 2011 年 6 月思博恩研究院成立，研究院在金属材料、复合材料、无机非金属材料、化工原料等多个新兴材料领域开展研究和开发工作，引进行业精英打造全球新兴材料技术研发平台 |
| 质量管理优势 | 产品实验中心具备一系列综合质量控制测试能力，其中包括产品原材料可靠性测试、评估测试和研究以及一系列组件极端环境模拟测试，同时对降低组件成本方面的研究有重要贡献。实验中心设备和测试流程都严格遵循 UL1703、IEC61215 和 IEC61730 标准 |

③产业链融合提升实力。浙江省光伏产业技术创新战略联盟一共有 6 家企业成员，分布在产业链的上、中、下游，各个企业自身发展定位明确，在具体的细分市场基本做到了行业前列（见表 6-31），属于产业链的“强强联合”，这不仅有利于成员企业的供应、生产实现无缝连接，提高联盟的整体实力，更有利于扩展联盟的影响力，吸引更多有实力的企业加入。同时，可以增强联盟及单个企业的客户黏性，有助于联盟实现可持续发展。

**表 6-31　细分市场龙头企业**

| 企业名称 | 细分市场及地位 |
| --- | --- |
| 昱辉阳光能源 | 国内外微型逆变器行业最具综合实力的创新领导型企业 |
| 精功科技 | 国产光伏铸锭设备第一名 |
| 晶盛机电 | 国产全自动晶体生长设备第一名 |
| 正泰太阳能 | 全国民营电站排名第一 |
| 福斯特光伏材料 | 光伏封装材料全球市场份额第一名 |

④依托协会互补发展。浙江省能源研究院作为光伏产业技术创新战略联盟的秘书长单位，同时也是浙江省光伏协会的秘书长单位，双重身份使其可以有效地推进两个社会组织的交流与合作，浙江省光伏协会拥有 60 余个成员单位，比光伏产业技术创新战略联盟的成员单位数量更多、覆盖面更广，两者的交流可以实现政策、技术、生产、销售等信息和知识等的互通和共享，尤其是有利于光伏联盟更加了解终端市场信息，做出更为合理的决策。见图 6-8。

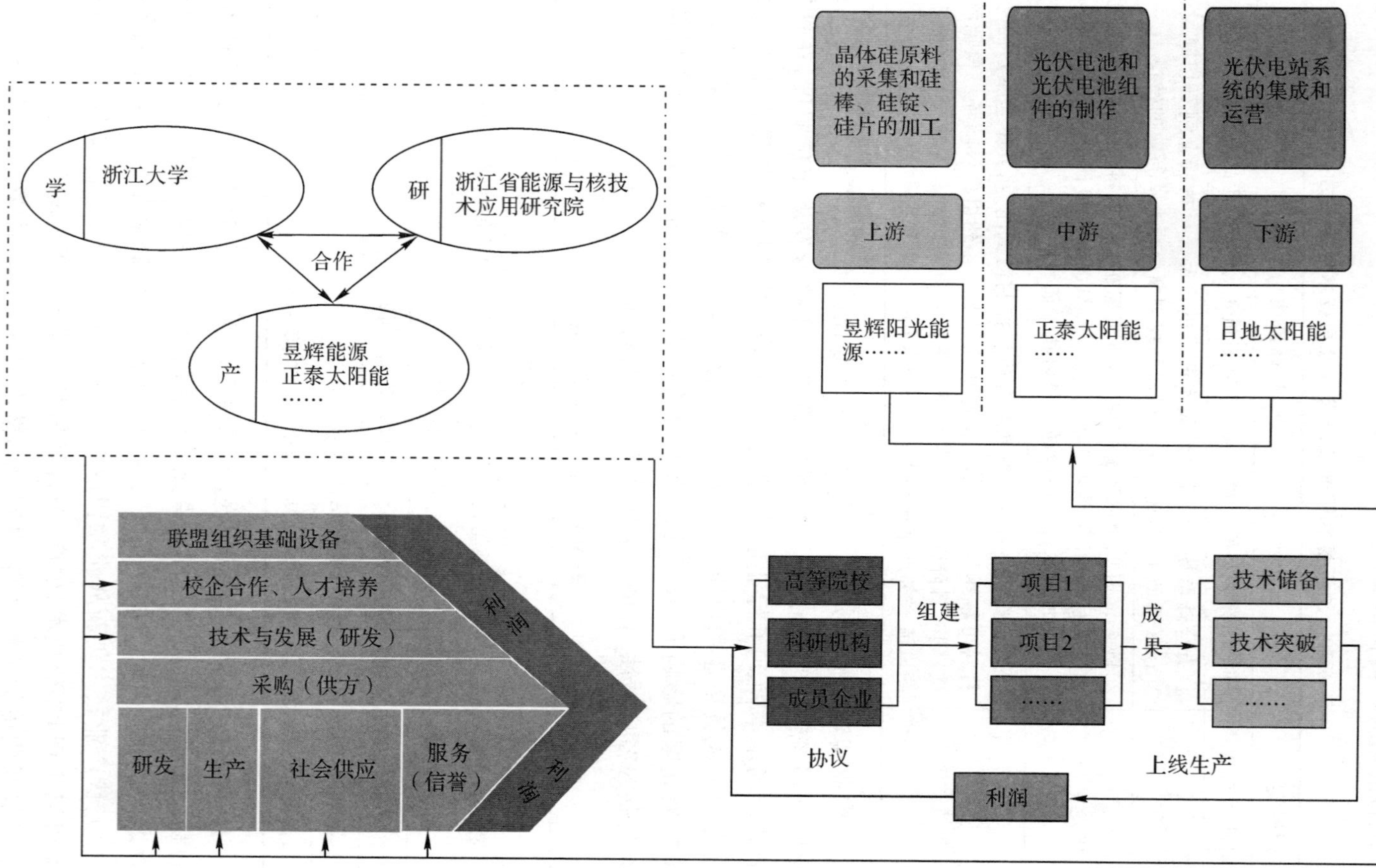


图6-8 浙江省光伏产业技术创新战略联盟产业链构成与合作机制

⑤政策支持推动升级。光伏行业属于新能源与新材料产业，产业的健康发展对于我国的能源结构的优化升级起着重要的推动作用，鉴于此，近几年，政府给予光伏产业大力支持（见表 6-32）。

**表 6-32 光伏产业的相关支持政策**

| 时间 | 政策名称 | 简要内容 |
| --- | --- | --- |
| 2011 年 | 国家发展改革委关于完善太阳能光伏发电上网电价政策的通知 | 制定全国统一的太阳能光伏发电标杆上网电价 |
| 2012 年 | 太阳能发电科技发展“十二五”专项规划 | 实现太阳能大规模利用，发电成本可与常规能源竞争；突破规模化生产和规模化应用技术；全面布局开展晶体硅电池、薄膜电池及新型电池技术研发；全面部署材料、器件、系统和装备科技攻关 |
| 2013 年 | 关于做好分布式电源并网服务工作的意见 | 对光伏市场的拓展、规范发展和政策支持提出了新的要求和指导；其中，上调装机目标、规范高效产能和完善支持政策成为三大亮点 |
| 2014 年 | “十三五”规划纲要草案 | 加快发展中东部及南方地区分散式风电、分布式光伏发电 |
| 2015 年 | 关于下达 2015 年光伏发电建设实施方案的通知 | 为稳定扩大光伏发电应用市场，2015 年下达全国新增光伏电站规模为 1780 万千瓦 |

### 6.5.4 联盟存在的问题

（1）经营波动性大，人员流失快

受外部经济环境低迷、原材料成本上升、总体利润率下降等因素影响，联盟一些成员企业经营困难，人员流失现象严重，尤其是联盟对接人员的频繁变动，极大地阻碍了项目合作的进行及联盟整体工作的推进。同时，科技厅将经费直接拨付给理事长单位，让其负责经费的管理，由于企业经营的不稳定，存在一定的资金安全隐患。

（2）联盟外部支持力度有待加强

光伏行业属于新能源与新材料行业，技术研发成本高，现阶段联盟资金来源主要依靠企业、大学和科研机构三方自行解决，多渠道资金筹措体系建设的力度不够。首先，政府的经费补助过低，不足以支持项目研发的持续推进，此外，项目补助的非持续性也给项目研发的稳定运行造成了一定的困难。政府专项基金并不能满足关键技术、共性技术以及前瞻性技术难题开发的资金需求，通过金融组织、风险投资等渠道为产业技术创新战略联盟融资也较少。

(3)联盟组织结构较为松散

由于开展时间较短，实践经验比较缺乏，以及我国特有的市场体制等方面的制约，目前光伏产业技术创新战略联盟主要采用较为松散的组织结构，联盟主要以临时组合争取政府项目或地方政策经费为目的，联盟成员合作意愿不强，缺乏能够满足产业技术创新的可持续性发展组织结构和管理方式。由于产业技术创新战略联盟成员之间有着不同的利益，长期合作的动力不足。高校、科研院所注重追求科技成果的学术价值，忽视科技成果的推广和应用。而企业长期停留在以市场换技术的低水平发展阶段，自主研发和创新的愿望和能力不足，过度关注科研成果能否带来良好的市场效益，在寻求合作伙伴的过程中，首先考虑的是名校、名专业，对一些非名校弃之不顾。在合作的过程中，也往往停留在项目支持、科技成果转让、提供实习基地等方面。企业过度关注眼前利益而非重视长远发展，重实际生产而非开发研究，没有充分认识到技术创新对企业生存与发展的重要性。

(4)联盟利益保障机制不健全

光伏产业技术创新战略联盟的利益保障机制不健全主要体现在三个方面。一是共同投入、成果分享、风险分担的机制不健全。因投入不到位而使合作难以为继的情况时有发生。对知识产权、成果转化收益等合作成果的分享缺乏明确可操作的约定，对可能存在的技术、市场、管理等风险预先估计不足。二是合作协议对责、权、利界定不清，缺乏法律约束力。三是协议履行的社会监管存在疏漏。改革措施依然不完全配套，市场经济的机制仍然不健全，长期以来在计划经济体制的影响下，政府职能的转变还未完全到位，与产业技术创新战略联盟相关的法律法规仍不全面，操作性不强，难以解决产业技术创新战略联盟运行中的实际问题。因此，在产业技术创新战略联盟中发生利益与权益纠纷，如产生联盟成员之间的利益冲突、知识产权归属等问题时，现有的法律从数量和范围上，都远远不能提供有力可靠的法律保障。

### 6.5.5 启示与建议

(1)研究成立联盟实体可行性

由于所涉及产业的特征不同，成立产业技术创新战略联盟实体要具体问题具体分析，不同的联盟要从联盟的现状来分析成立联盟实体的可行性。因此，需要成立相关的调研团队，专门就联盟成立实体的可行性进行针对性调研，结合调研数据，提出可行性报告。

(2)完善市场环境,提升联盟能力

调整和完善对大学和科研机构的评价考核体系,引导联盟建立鼓励成果转化和产业技术创新战略联盟的内部评价考核体系;鼓励和推动企业通过产业技术创新战略联盟建立自己的研发支撑体系,促使联盟各项能力的提升。此外,适应产业技术创新战略联盟的创新需要,完善现行有关联盟的治理模式和管理方式,研究制定有利于产业技术创新战略联盟的金融、财务、税收等管理办法,同时吸引风险投资介入。

(3)树立联盟可持续发展理念

产业技术创新战略联盟可持续发展机制包括联盟的战略发展机制、包容开放机制和学习交流机制,其有赖于联盟成员之间形成全面战略性合作关系,需要突破联盟关系的锁定,鼓励建立更为广泛的动态联系,强化联盟内外的交流和学习。联盟内部良好的运行绩效是联盟可持续发展机制建立的必要条件,但并不是充分条件,联盟成员单位的发展理念也是不可或缺的必要条件。由此,政府在联盟可持续发展机制创新上应重点关注如何引导联盟成员单位的发展理念,运用培训宣传、政策激励等多种手段,培育联盟成员的战略发展理念,推动联盟可持续发展。

(4)营造联盟良好外部环境

产业技术创新战略联盟组建和运行的外部环境主要指制度和市场环境。由于市场不能自动创造出有利于产业技术创新战略联盟的共生环境,需要通过政府对联盟发展的新形势、新特点、新问题及时分析总结,加快完善相关政策体系,研究制定有针对性的推进措施,借助政府在战略规划、政策指导、资金引导等方面的力量,通过实施规划项目协调、控制和保证产业技术创新战略联盟的发展方向,对产业技术创新战略联盟组织开发的共性技术、产品、标准等进行把关;深化科技评价体系改革,建立科技信用记录,营造公平诚信的合作环境,通过加强技术创新能力建设,制定行业技术规范,建立对科技人员、机构、项目、成果的科学评价指标体系等方式提高技术水平,积极实现产业对接;重视科技中介机构促进产业技术创新战略联盟发展的桥梁作用,鼓励行业协会、技术创新服务局等多种类型的中介机构为产业提供研究开发、管理咨询等生产型服务,营造有利条件充分发挥其信息渠道广泛、信息资源丰富、专业性强等多种特点在技术扩散和转移中的作用。

## 6.6 浙江省医疗器械产业技术创新战略联盟

### 6.6.1 行业背景

医疗器械是指单独或者组合使用于人体的仪器、设备、器具、材料或者其他物品,包括所需的软件。医疗器械行业是知识密集、资金密集、多学科交叉、充满挑战与竞争的高科技产业,是国家制造业和高科技尖端水平的标志之一。

随着我国人口老龄化不断加快、基层和民营医疗机构的迅速发展以及国民保健需求的日益提高,医疗器械的选用将越来越先进,产品结构将更加合理,功能将更加多样化,市场容量将不断扩大。2015 年我国医疗器械行业市场规模突破 3000 亿元,约占全球医疗器械销售规模的 7%(见图 6-9);2011—2015 年全国医疗器械销售总额复合增长率为 17.53%(见图 6-10)。由此可以看出,我国医疗器械行业发展潜力巨大。

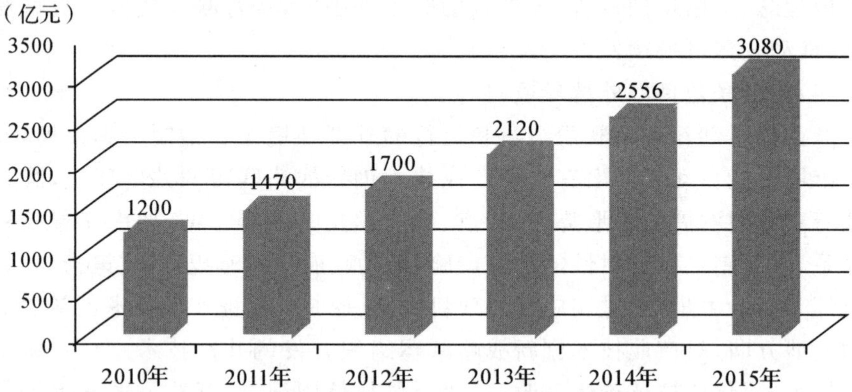


图 6-9 2010—2015 年中国医疗器械行业市场规模

医疗器械产业涉及医药、机械、电子、塑料等多个行业,是一个多学科交叉、知识密集的高技术产业,也是资本密集、产业关联度大、发展前景广阔的朝阳产业。浙江省医疗器械生产企业 1000 余家,形成了一批在国内市场占有量较高的品种,如宁波戴维的婴儿培育箱、鑫高益的开放式磁共振成像系统等;也有区域块状产业优势明显的品种,如桐庐内窥镜产品等;近年来还研发了一批在国内较早上市的品种,如人工耳蜗、生物流式细胞仪、数字病理综合诊断系统等。

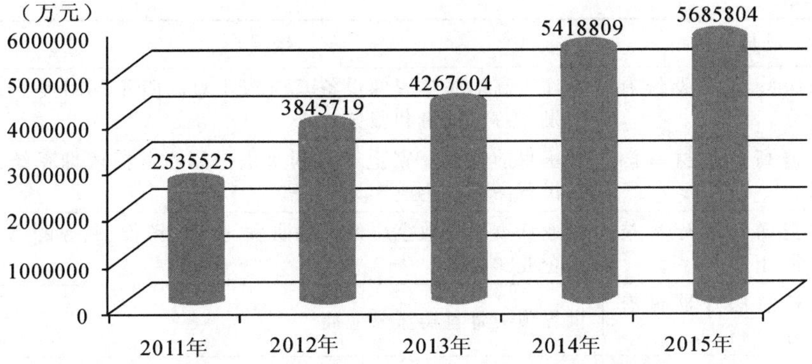


图 6-10　2011—2015 年全国医疗器械类销售总额

### 6.6.2　联盟概述

(1)联盟简介

浙江省医疗器械产业技术创新战略联盟于 2012 年底在浙江省科技厅支持下成立，经过四年多的建设，由初建时 14 家成员单位，发展到目前 30 家单位。联盟集聚了浙江省内医疗器械行业的优势企业，代表了浙江省医疗研发、生产的最高水平。

(2)联盟内容

联盟以形成产业核心竞争力为目标，整合浙江省医疗器械领域优势企业、科研单位、高等院校、医疗卫生机构、学会协会、专家等资源，集聚技术、人才、资金、信息、政策等创新要素，加强产、学、研、用的密切合作，营造先进医疗科技创新和成果转化医用服务平台。同时结合国家创新医疗器械“十百千万”示范工程，开展面向基层先进适用医疗器械产品和技术的综合应用示范，探索具有浙江特色的科技成果转化应用新模式。

(3)联盟成员

联盟成员基于平等自愿、统一规划、落实分工、权责相符、开放共享原则加入，主要由优势企业、科研院所等组成，联盟成员如表 6-33 所示。

表 6-33　联盟成员概况

| 成员名称 | 概况 |
| --- | --- |
| 浙江天松医疗器械股份有限公司 | 专业从事内窥镜微创医疗器械研发、生产、销售和服务的高新技术企业 |

续表

| 成员名称 | 概况 |
| --- | --- |
| 明峰医疗系统股份有限公司 | 专注于高端医学影像设备 CT、PET-CT、PET-MRI 等产品的研发、生产、销售和服务 |
| 宁波鑫高益磁材有限公司 | 我国目前唯一一家生产系列永磁医用磁共振成像系统的知名民营高科技企业 |
| 杭州美诺瓦医疗科技有限公司 | 专业从事医疗数字影像设备研发、生产、销售、服务的高新技术企业 |
| 浙江科惠医疗器械有限公司 | 世界顶尖骨科器械供应商 |
| 浙江优亿医疗器械有限公司 | 集研发、制造、销售、服务于一体的国家级高新企业。主要致力于具有专利保护可视化医疗器械成套设备及耗材的研发、生产和销售 |
| 杭州大力神医疗器械有限公司 | 专业从事研究、开发、推广、应用与服务为一体的高科技医疗产业化企业。主要产品为:肛肠综合治疗仪、生物信息红外肝病治疗仪等 |
| 杭州诺尔康神经电子科技有限公司 | 从事多通道人工电子耳蜗系统的研发和生产,是“十一五”国家科技支撑计划项目和中科院及中国残疾人联合会“科技助残计划”的唯一产业化基地,也是“十二五”国家科技支撑计划项目的参与单位 |
| 宁波戴维医疗器械股份有限公司 | 集自主研制、生产和销售为一体的国家级高新技术企业,主要生产婴儿培养箱、运输用培养箱、婴儿辐射保暖台、新生儿黄疸治疗系列设备等医疗器械 |
| 浙江好络维医疗技术有限公司 | 国内率先专注于“移动智慧医疗”产品开发、生产、销售的国家高新技术企业,是国内物联网医疗技术研发和产业化应用研究的先行者之一 |
| 杭州好克光电仪器有限公司 | 集医用光学、精密机械、电子技术于一体的高新技术企业。主导产品涵盖微创外科与工业检测(无损探伤)两大领域。好克以其软性内窥镜系列、硬性内窥镜系列,光学镜技术和电子镜技术确立了它在国内行业中的领先地位 |
| 杭州立鑫医疗器械有限公司 | 致力于医学康复理疗设备的研发与生产,主要产品为牵引床、熏蒸床、智能熏蒸仪等 |
| 绍兴振德医用敷料有限公司 | 集团涉及传统医用敷料、压力治疗与固定、现代伤口护理、手术感染管理、失禁护理产品、自动化设备等产业 |
| 艾康生物技术(杭州)有限公司 | 艾康产品覆盖体外诊断试剂、医疗器械、医疗电子三大产业,主要产品为血糖仪、尿液分析仪、干式生化分析仪、血红蛋白分析仪等 |

续表

| 成员名称 | 概况 |
|---|---|
| 杭州龙鑫科技有限公司 | 专业的全自动尿沉渣分析仪生产厂商,主要产品有全自动尿液有形成分分析仪、全自动尿液分析仪等 |
| 杭州协合医疗用品有限公司 | 主要产品有医用透明质酸钠凝胶、可吸收止血微球等 |
| 宁波江丰生物信息技术有限公司 | 专业从事数字病理系统开发和生产的高科技生物信息技术企业 |
| 杭州百慧医疗设备有限公司 | 杭州百慧医疗设备有限公司是一家以浙江大学为技术和人才依托,专注医疗器械行业,集研发、生产、销售及服务为一体的高新技术企业。主要产品有动态心电记录仪、心电图机、动态血压记录仪 |
| 杭州拱康医疗科技有限公司 | 主要产品有一次性使用真空采血管等 |
| 浙江海圣医疗器械有限公司 | 专业研发、生产、销售麻醉监护耗材、心脑血管介入耗材和骨科耗材的国家级高新技术企业 |
| 杭州铭众生物科技有限公司 | 杭州铭众生物科技有限公司是由浙江大学和中山大学的教授团队创建,公司以自主创新和替代进口为科学研究及产业化方向,专业从事生物医用材料与器械的研发和产业化。主要产品:可崩解肠道吻合器、止血夹等 |
| 宁波舜宇仪器有限公司 | 公司主营显微仪器系列产品的研发、制造、营销与服务。 |
| 杭州圣石科技有限公司 | 浙江省首家致力于可吸收降解医用耗材的研发制造企业。主营产品:可吸收止血结扎夹等 |
| 嘉恒医疗科技有限公司 | 专业从事医学数字影像系统研发、设计、生产的高科技企业。主营产品:永磁型磁共振成像系统、数字化X光机 |
| 浙江申达斯奥医疗器械有限公司 | 集生产、销售、服务于一体的专业医疗器械公司。公司产品有医用内窥镜 |
| 杭州与盟医疗技术有限公司 | 与盟医疗是一家集医疗设备服务平台、远程医疗和影像软件研发为一体的互联网医疗科技公司,搭建的医疗设备服务平台是医院和维修企业良性互动的信息服务桥梁,主要提供医疗器械互联网档案建立,医疗设备维护信息发布、成交及维护状态跟踪,医疗器械云端智能监控等 |
| 浙江大学 | 国家"211"、"985"计划高校、全国排名稳居前5 |
| 杭州电子科技大学 | 浙江省人民政府与国防科技工业局共建的教学研究型大学,是浙江省首批重点建设的5所高校之一 |
| 浙江省医学科技教育发展中心 | 主要为医学科技教育提供服务。承担医学继续教育,医学科研课题证评审以及卫技人员的出国留学,进修服务 |

### 6.6.3 联盟产业链分析

(1)联盟产业链现状

联盟能够更好地为企业服务,实现市场共享、终端共享与信息共享;联盟成员由最初的 13 家,发展到现在的 30 家;联盟中的企业虽然不属于上下游产业链,但是各家企业的细分产品领域是不同的,所以在项目运行的过程中,合作远远大于竞争。

(2)联盟产业链构成

医疗器械上游产业原材料主要是钢铁、有色金属和部分化工原料等。中游产业即是各种医疗器械的研发、制造,下游消费市场主要是零售终端以及医院终端的销售。本企业联盟成员多数位于产业中游环节,并且参与产品的市场销售环节。联盟的产业链构成与合作机制参见图 6-11。

(3)联盟产业链特征

①“学研”实力雄厚,助力联盟发展。浙江省医疗器械产业技术创新战略联盟是典型的产学研联盟,三个不同主体间进行资源共享、优势互补,实现联盟综合实力的不断提升。浙江省医疗器械联盟中的高等院校包括浙江大学与杭州电子科技大学,尤其是浙江大学的医学实力雄厚,取得了众多科研成果。(如表 6-34)其科研实力在浙江省乃至全国都位居前列,为联盟的稳定发展提供了大量的技术与人才保障。

**表 6-34 浙江大学(医学院及附属医院)的科研实力**

| 类型 | | 数目 |
|---|---|---|
| 附属医院 | | 7 个 |
| 医学研究所 | | 16 个 |
| 重点实验室 | | 16 个 |
| 国家科技进步奖 | | 一等奖 1 项,二等奖 10 项 |
| 浙江省科技进步一等奖 | | 15 项(2010—2013) |
| 国家发明专利 | | 127 项 |
| SCI | | 每年 1200 余篇 |
| 专家学者 | 院士 | 4 人 |
| | 国家“千人计划” | 19 人 |
| | “973 计划”首席科学家 | 8 人 |
| | 长江学者 | 8 人 |
| | 国家杰出青年基金获得者 | 10 人 |

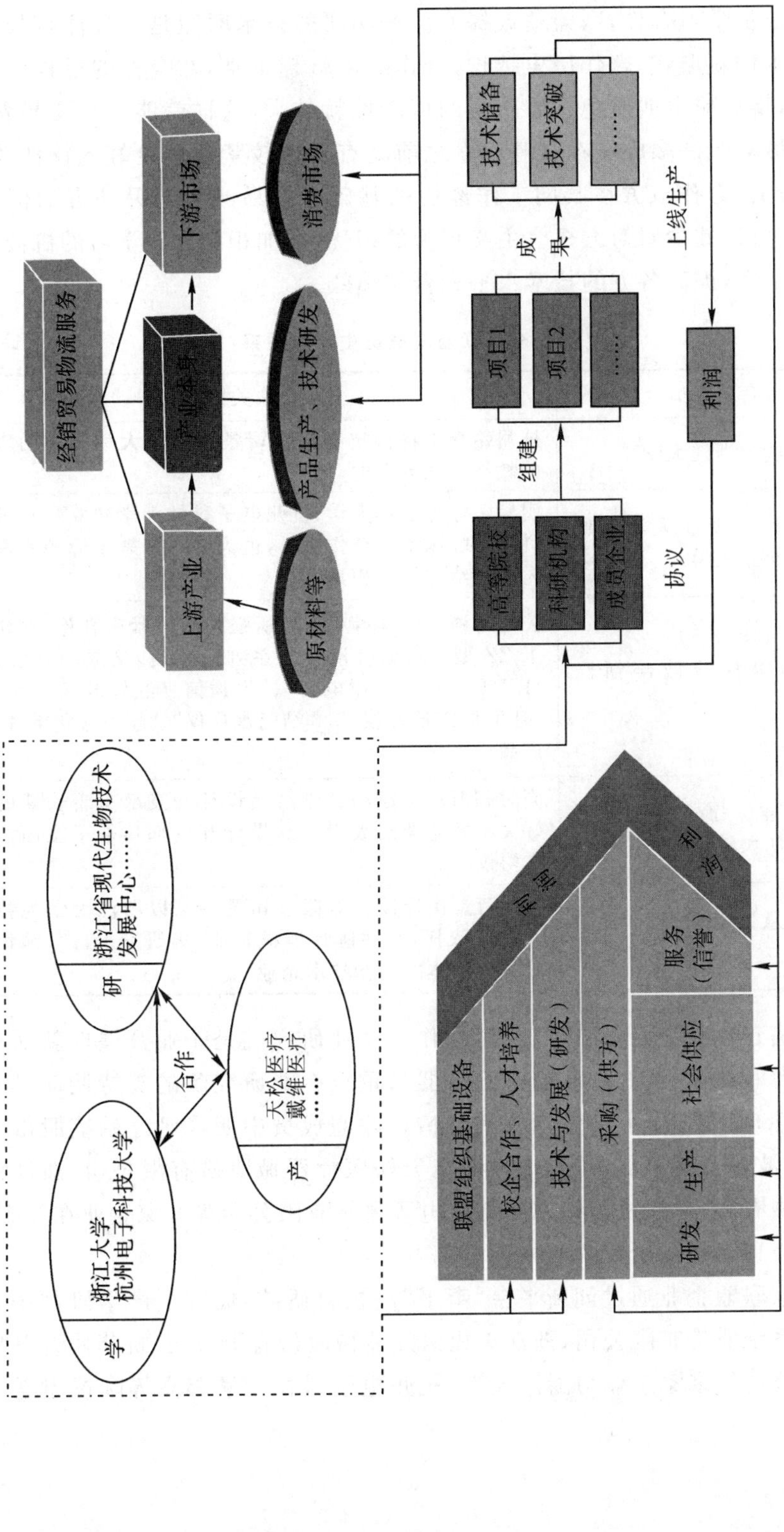


图6-11 浙江省医疗器械技术创新战略联盟产业链构成与合作机制

②成员学习合作，联盟绩效提升。产学研的技术联盟是一种注重长期合作的技术创新形式，合作历史越长，合作经验就越丰富，在合作的过程中会更有心得，事后减少或避免矛盾冲突的可能性就越大，这样就能减少交易费用。医疗器械联盟许多成员在联盟成立之前就有着比较紧密和良好的伙伴关系，如表6-35。合作双方在共同工作经历的基础上容易产生对另一方的信任和责任感，可以减少对对方机会主义行为的担忧，增加相互之间学习的机会和合作的紧密性，提高各方的技术水平和合作绩效。

**表6-35 联盟成员历史合作关系**

| 合作成员 | 合作关系 |
|---|---|
| 铭众生物⇔浙江大学 | 杭州铭众生物科技有限公司是由浙江大学和中山大学的教授团队创立的 |
| 明峰医疗⇔浙江大学⇔杭州电子科技大学 | 明峰医疗与浙江大学、杭州电子科技大学建立了长期的科研及临床实验合作关系，也为公司带来了源源不断的人才供给和技术积累 |
| 大力神医疗器械⇔浙江大学 | 公司与浙江大学等科研院所强强联合紧密合作，在研发了ZZ型肛肠综合治疗仪系列产品后，又成功开发出“HCPT一次性电钳电刀”、“生物信息红外肝病治疗仪(BILT肝病治疗仪)”、“结肠水疗仪”、“超声雾化熏洗仪”产品 |
| 杭州立鑫医疗器械有限公司⇔浙江大学 | 同时和浙江中医药大学产品设计开发部有着长期的友好关系并与浙江大学产品设计开发部签署了全面的合作协议 |
| 杭州百慧医疗设备⇔浙江大学 | 杭州百慧医疗设备有限公司是一家以浙江大学为技术和人才依托，专注医疗器械行业，集研发、生产、销售及服务为一体的高新技术企业 |

③搭建创新平台，促进产学研合作。企业研究院是企业开展创新活动的主要平台和载体，浙江省政府对医疗器械重点企业研究院的支持调动了企业的积极性，激活了企业技术创新的热情。联盟成员中明峰医疗系统股份有限公司、宁波鑫高益磁材有限公司、浙江天松医疗器械股份有限公司、浙江科惠医疗器械有限公司、杭州诺尔康神经电子科技有限公司等8家企业在2015年获得省级重点企业研究院资格。

多家联盟企业通过创新平台“牵手”高校科研院，促进了产学研合作。明峰医疗系统股份有限公司、浙江天松医疗器械股份有限公司、杭州协合医疗用品有限公司等多家企业与浙江大学、杭州电子科技大学等高等院校建立了良好的技术交流渠道，引进专家教授合作攻关，不断提升产品技术水平。通过长期稳定的合作关系，为企业培养了人才，统计 14 家主要成员单位数据，联盟已培养技术骨干 100 名、工程技术人员 144 名。

④搭建技术交流平台，加强企业沟通交流。联盟通过组织行业会议、专业论坛、考察调研等多种形式为企业服务，为产、学、研、用结合发挥桥梁作用。联盟积极与示范医院沟通协商，配合国家“十百千万”工程在浙江的实施，组织企业参加各地区“十百千万”示范工程推进会议，促进企业与基层医疗机构面对面交流，加深医疗机构对国产医疗器械的了解；联盟与浙江省国产大型医用设备应用推广中心等作为承办单位组织召开每年一次的“国产医疗器械创新发展论坛”，国家工业和信息化部装备工业司、国家卫生计生委规划司等有关领导参会并讲话，省内各地医院负责人、联盟企业在会上进行交流及展示；借助浙江创新医疗器械转化工程信息网站，宣传企业示范产品，建立产品数据直报系统。通过网站让企业了解创新医疗器械方面的政策法规、行业动态、示范进展情况，同时发布示范企业信息，形成与医院信息交流的互动。

### 6.6.4 联盟存在的问题

(1)企业合作的开放性较低

虽然医疗器械联盟企业成员的具体市场细分领域不同，成员之间进行学习合作，联盟绩效有了明显提升。但在具体的项目合作中存在表层合作的现象，企业之间不愿进行深入合作，担心自身核心技术被联盟成员所窃取。共同的利益追求是产学研结合的动力与基点。以企业内在需求为牵引结成联盟，盟员单位共同投入，建立有效的技术创新成本分担机制，实现利益共享，风险共担。但是联盟的发展，需要参与者可以退出，也可以有新的参与者加入进来，此时如何进行有效的联盟管理，加强联盟伙伴的稳定性就成为一个重要的挑战。

(2)联盟缺少共性技术研发

联盟的合作项目是根据各企业发展的需要进行申请，主要目的是推动个别企业的技术和产品优化、创新，缺少以解决医疗器械共性技术问题为目的的技术创新，不利于形成较为稳固的联盟发展基础，也不利于提升联盟在行业内的影响力。同时，在项目合作的过程中，各成员企业的核心技术共享难度较大。

(3)合作方式单一，缺乏战略合作

产业技术创新战略联盟中包括产、学、研、政等各方面，涉及的合作相对复杂。由于教育系统和企业系统管理体制的不同，高校、科研院所和企业之间在产业技术创新联盟合作方面还存在壁垒。目前，高校、科研院所和企业之间的合作大多是采用将先进的单项或成套技术直接转移给企业的方式，企业过于注重自身的短期利益，合作存在临时性的特点，未能真正实现联盟成员之间技术人员的相互流动与交流，更未能在联盟中建立起一种长期性、整体性、战略性、制度化的创新合作利益共同体。

### 6.6.5 联盟启示与建议

(1)发挥政府的推动作用

政府可以为联盟的发展提供平台，创造更为便捷的服务体系。主要方法有加强联盟信息平台建设，解决信息沟通不对称的问题；积极推动各类专业中介机构加入联盟，引导其发挥技术评估、法律咨询、信息沟通、组织协调、知识产权服务等中介作用，提高服务水平；加快为知识产权和知识成果申报和转化服务的公共平台建设，缩短科研与企业之间的供需距离；发挥行业协会的优势，对联盟加强组织和协调；鼓励和资助联盟开展以解决共性技术问题为目的的技术创新，提升联盟在行业内的影响力。

(2)创新联盟合作运行机制

由于联盟在技术经济特征，联盟成员单位文化、利益的追求、合作经历经验等方面有比较大的不同，因此，联盟合作运行机制的建立需要联盟成员单位在运行过程中不断摸索、磨合和完善。政府在联盟合作运行机制上过多的干预是不明智的，也是无效的。对于联盟的合作运行应以结果管理和考核为导向，激发联盟进行运行机制创新的积极性和主动性，而结果管理和考核的前提在于区别成员单位技术创新与产业共同技术创新，产业共同技术包括产业链上关键技术和产业共性技术，明确有效联盟运行机制的表征就是产业共同技术创新成果的产业化与商业化。同时，建立联盟内部相应的责任分担机制，明确联盟对外承担责任主体单位与课题承担单位相应的责任。

(3)完善联盟组建动力机制

产业技术创新战略联盟是由企业、高校、科研机构等独立法人组成的合作开发共同体，原始动力来自于成员单位共同的利益诉求，但鉴于成员各自利益不一致、市场缺陷、信息不对称、合作方信任缺失等诸多因素，联盟动力受到打击。政府应基于市场机制，通过降低市场交易成本和信息搜寻成本的方式，激发联盟动力。建立信息共享机制，为潜在联盟伙伴搭建对话平台，利用信息共享机制，企业可发布技术和人才需求信息，高校和科研机构公布人才及科研成果、仪器设备等科技资源，以推动联盟的组建；建立产业共性技术研发平台，高校和科研机构公布科研成果，政府定期发布可公开的国家科技研究创新成果并对平台上的信息进行审核，避免研发资源重复使用；在企业和高校及研究机构间建立重点实验室、工程技术中心、企业技术中心、成果转化中试基地、联合研究院、硕士博士培养基地等，为联盟提供利益协同的载体。

## 6.7 浙江省铁皮石斛产业技术创新战略联盟

### 6.7.1 行业背景

铁皮石斛作为我国特有的名贵药材，在养生保健领域的地位极高，千年以来一直和灵芝、人参、冬虫夏草等药材并列为上品中药，并被道家养生经典《道藏》誉为“中华九大仙草之首”。近年来，随着人们消费水平的日益提高，对健康养生理念的日益重视，对药用产品功效与价值理解的日益深入，加上铁皮石斛被列入医保范围以及人工种植基地扩大和供应量增加，铁皮石斛产业呈现出快速发展的态势，铁皮石斛产品越来越成为保健食品领域的拳头产品和中药现代化工程建设的重要成果，销售价格也明显下降，逐渐从贵族消费转向平民消费，铁皮石斛产业发展潜力巨大，发展前景良好。

浙江省是全国率先发展铁皮石斛产业的省份，是铁皮石斛类保健食品的生产基地和消费大省。20 世纪 80 年代，浙江省医学科学院率先与企业合作，在省内开展铁皮石斛试管苗工厂化生产技术和人工栽培研究，推动了科技成果的转化和产业化的形成。浙江省经贸委、浙江省农业厅、浙江省食品药品监管局在 2007 年指出：浙江省是首先开发铁皮石斛药品和保健品并实现产业化生产的省份之一，经过十多年的市场培育，已形成了集科研、种植、加工、销售为一体的铁皮石斛产业。目前浙江省依托生态、资源、资金优势，在乐清、天台、武义等地共建有铁皮石斛基地 100 余个，集约化种植面积达到 2 万亩，占到全国的 50%以上，年销售规模近 4 亿元，拉动相关产业产值十几亿元。以铁皮石斛特色药材为主要原料开发的保健食品及药品在国内市场处于领先地位，共有相关生产企业 20 余家，国家批准的保健食品文号 48 个，占全国铁皮石斛类保健食品总数的七成，初步形成了立钻牌、寿仙谷牌、森山牌、天目山牌等主导品牌。

与此同时，浙江省铁皮石斛产业也存在较多的问题：市场需求快速增长，但优质产品供应不足；企业总体规模偏小，缺乏行业领导企业；种植和生产多处于低小散的局面，优势大品种培育亟待加强；生产组织化程度较低，产地精深加工、集约化程度不高；再加上野生铁皮石斛资源趋于枯竭，高端铁皮石斛产品价格昂贵，假冒伪劣产品横行，严重制约了浙江省铁皮石斛行业的进一步发展。因此，进一步整合行业资源、推动科技创新、强化标准建设、加强行业管理，是推进铁皮石斛产品开发和市场拓展、打造千亿产业的重要前提。

### 6.7.2 联盟概述

(1)联盟简介

浙江省铁皮石斛产业技术创新战略联盟是 2012 年浙江省批准建设的 7 个产业技术创新战略联盟之一，也是唯一一个以高校为常设机构依托单位的联盟。由中国森宇控股集团与浙江农林大学发起成立，于 2012 年 11 月 28 日正式获批。联盟以“专业专注铁皮石斛，创新引领产业科技，共创共享品种技术，开拓引导市场消费”为宗旨，致力于铁皮石斛产业技术进步，从事相关发展战略制定、技术与产品研发、咨询培训、市场开拓、产品展示等服务，完善铁皮石斛生产加工检测等全过程安全管理，使铁皮石斛生产质量可查、可控，提升铁皮石斛产业公共服务和科技服务能力，把铁皮石斛产业发展成为浙江健康产业的金名片，为浙江省建设生态高效农业、中医药强省和健康产业大省做出贡献。

(2)联盟内容

联盟工作重点是开展铁皮石斛种质创制与品种选育、铁皮石斛种苗低碳生产技术研究、铁皮石斛栽培模式与国家行业标准研究、铁皮石斛功效与真伪优劣鉴别技术研究、铁皮石斛功效评价与保健食品开发等技术创新工作，以加快形成一批具有自主知识产权的新品种、技术专利以及产业核心技术标准，推进产业转型升级，提高联盟成员单位的技术创新能力和成果转化能力，与此同时注重人才培养，加强开展国际交流与合作，引领产业走向国际化。

(3)联盟成员

铁皮石斛产业技术创新战略联盟现有成员 30 余家，成员具体情况如表 6-36 所示。铁皮石斛行业属于高风险、高投入的行业，需要较大型的农业合作组织、骨干龙头企业的直接组织参与。联盟成员多为省内从事铁皮石斛种植、加工、批发零售的龙头企业，具备大型栽培基地以及高科技生产加工设备。浙江森宇实业有限公司为理事长单位，浙江农林大学林业与生物技术学院遗传学科斯金平教授任首席专家、联盟秘书长。

表 6-36 联盟成员简介

| 成员名称 | 成员简介 |
| --- | --- |
| 森宇控股集团 | 主要从事食品、药品、保健品的研发、生产与销售以及珍稀名贵药用植物森山铁皮枫斗组培、栽培、种植和房地产开发、金融投资、矿业投资等，是集科技、工业、农业、贸易、投资为一体的高科技企业 |
| 安徽牧龙山生态旅游开发股份有限公司 | 以农业科技研发、名贵中草药种植、生态自然观光、旅游度假区建设为主的综合民营企业集团，下设农业科技部、文化旅游发展部、地产发展部等多个事业部 |
| 吴江市苗圃集团有限公司 | 是江苏省省级农业科技型企业，江苏省铁皮石斛产业领军企业，建有江苏省特色林业种苗工程技术研究中心和江苏省企业院士工作站 |
| 九味圣草堂铁皮石斛专业合作社 | 由医学博士、农业专家集五年研发和实践经验，结合浙江农村发展模式，创立的新型专业合作社 |
| 乐清龙凤山生物科技有限公司 | 是一家专门从事珍稀名贵药材——铁皮石斛的研发、栽培以及药品、饮品等生物保健制品的研制、生产、营销的高新科技型企业 |
| 宁波洛祥药业有限公司 | 是一家集中药材繁育种植、饮片加工销售、药品批发销售、药物研发生产为一体的民营高科技企业 |
| 杭州浙灵生物科技有限公司 | 是浙江省林木种质资源创新平台骨干企业，浙江农林大学学生创新创业实训基地，专业从事铁皮石斛品种选育与繁育 |
| 浙江丽水绿谷生态食品有限公司 | 主要经营中药材种植、农产品加工与购销 |
| 宁波林丰种业科技有限公司 | 主营珍贵用材林苗木的培育，集苗木、果树、经济林等良种培育为一体的种业科技创新基地、现代良种推广示范基地，拥有智能计算机控制的全自动育苗生产线，可实现种苗的工厂化生产和种苗的销售 |
| 磐安县仲景铁皮石斛有限公司 | 公司致力于发掘磐安中药文化，以当地的丰富药用生物资源为基础，开展药材资源保护和药材知识宣传普及，形成药用生物开发、磐安养生保健文化基地 |
| 奉化市九味堂铁皮石斛专业合作社 | 集铁皮石斛新品种培育、种苗繁殖、GAP种植、产品研发和经营于一体的综合型科技企业 |
| 浙江乾元农业科技有限公司 | 专业从事珍稀名贵药材——铁皮石斛的人工组培、种植、加工、销售的农业科技型企业 |
| 杭州创高农业开发有限公司 | 公司是一家集农业技术开发及应用、农业休闲观光和生态养生、珍贵品种养殖为一体的农业公司 |

续表

| 成员名称 | 成员简介 |
| --- | --- |
| 浙江佳诚生物工程有限公司 | 公司致力于发掘义乌丹溪中药文化，以义乌当地丰富的药用生物资源为基础，开展药材资源保护和药材知识宣传普及，形成义乌药用生物开发、丹溪养生保健文化基地 |
| 乐清铁枫铁皮石斛生物科技有限公司 | 集铁皮石斛组培苗繁育、大田种植、仿野生原生态种植、加工、品种研发、连锁经营、综合开发为一体的现代科技农业企业集团 |
| 建德市新安江铁皮石斛专业合作社 | 集铁皮石斛种植、销售与技术服务于一体的农民合作经济组织 |
| 杭州江南春堂生物科技有限公司 | 是专业从事名贵药用植物、特色农产品种植、加工与销售的农业文化型企业 |
| 浙江农林大学天然药物研究开发中心 | 是浙江农林大学亚热带森林培育国家重点实验室培育基地的重要组成部分，主要从事天然药用植物品种选育、资源培育、质量控制、产品开发等工作 |

(4)联盟成效

浙江省铁皮石斛产业技术创新战略联盟在政府的发力支持下，取得了良好的效益，联盟的知名度与影响力逐步提高。

首先，通过联盟成员资源共享、优势互补，取得了大量技术突破，创造了一系列产品，增加了联盟整体与成员个体收益。技术突破包括：铁皮石斛栽培技术创新，研究了“基质、光、水、气温等关键因素与铁皮石斛生长发育”、“功效成分动态变异的关系”，形成了“基质选择、光水气温调控”、“采收方法与季节”等栽培关键技术；建立了“人工活树附生种植、悬崖种植、立体种植”等近野生栽培模式，制订了“铁皮石斛栽培技术规程”行业标准，实现铁皮石斛生态高效栽培。实现销售收入 18739.87 万元、销售利润 655.90 万元、税收 2462.92 万元，市场份额 25％。

其次，在“产学研”的合作模式下，承担了 5 项联盟项目，包括联盟合作项目“铁皮石斛品种选育与低碳繁育”、“铁皮石斛原生态栽培关键技术研究和产业化推广应用”、“铁皮石斛功能因子与系列保健品产业化研究”、“铁皮石斛专用培养基和专用肥料的开发”、“铁皮石斛立体栽培模式研究”等。

第三，建立了“铁皮石斛工程技术中心”、“国家中医药管理局铁皮石斛重点研究室”等省级以上创新平台 2 个；举办“义乌国际森林产品博览会”、“中国兰花大会”、“中国国际农产品交易会”、“第十二届全国用药植物及植物药学术研讨会”等国内外重要行业会议 5 个。

此外，通过项目合作，培养硕士以上人才 8 人，引进市级院士专家 2 人；在《中药杂志》等核心刊物上发表“一种铁皮石斛立体栽培方法的研究”、“铁皮石斛多糖和醇溶性浸出物动态累积规律研究”、“铁皮石斛品系与部位对氨基酸含量的影响”、“铁皮石斛悬崖附生栽培技术研究”、“冷胁迫下铁皮石斛抗寒相关基因的 SCoT 差异表达分析”、“铁皮石斛 HSP70 基因的克隆及冷胁迫表达分析、齿瓣石斛的化学成分及其抗氧化活性”等论文 18 篇。

### 6.7.3 联盟产业链分析

(1)行业产业链

铁皮石斛产业涉及品种选育、组培苗繁育、高效栽培、初加工、精深加工、保鲜贮运以及流通销售、中医药养生文化传播等各个方面，产业链涉及一、二、三全部产业。产业链上游主要指铁皮石斛的繁育种植环节，产业链中游主要指铁皮石斛的产品加工环节，产业链下游主要是指铁皮石斛产品的流通销售环节。

(2)联盟产业链

铁皮石斛产业技术创新战略联盟已基本形成了较为完整的铁皮石斛产业链和产业体系，有效协调了产业链各生产环节的布局，充分利用了联盟内企业和科研高校的原料栽培优势、科技研发优势和销售渠道优势，加快了新产品和新技术的合作与开发。此外，高等院校和科研机构作为联盟的辅助成员，发挥自身知识资源和智力资源参与产业链构建，联盟产业链构成与合作机制参见图 6-12，联盟成员产业链分布如表 6-37 所示。

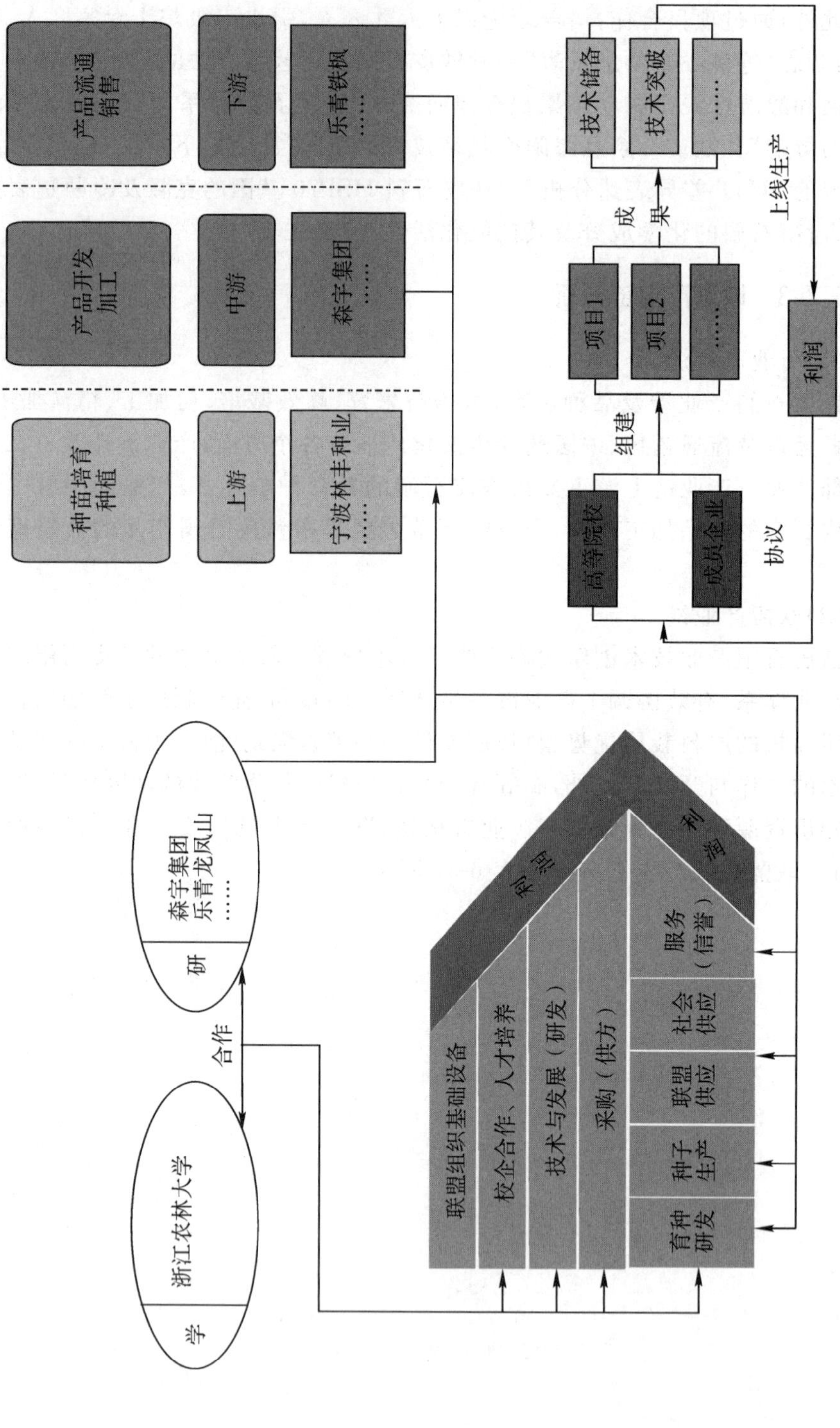


图6-12 浙江省铁皮石斛产业技术创新战略联盟产业链构成与合作机制

表 6-37 联盟成员产业链分布

| 产业链位置 | 成员名称 |
|---|---|
| 上游 | 森宇控股集团，安徽牧龙山生态旅游开发股份有限公司，吴江市苗圃集团有限公司，九味圣草堂铁皮石斛专业合作社，乐清龙凤山生物科技有限公司，宁波洛祥药业有限公司，杭州浙灵生物科技有限公司，浙江丽水绿谷生态食品有限公司，宁波林丰种业科技有限公司，磐安县仲景铁皮石斛有限公司，奉化市九味堂铁皮石斛专业合作社，浙江乾元农业科技有限公司，杭州创高农业开发有限公司，浙江佳诚生物工程有限公司，乐清铁枫铁皮石斛生物科技有限公司，建德市新安江铁皮石斛专业合作社，杭州江南春堂生物科技有限公司 |
| 中游 | 森宇控股集团，安徽牧龙山生态旅游开发股份有限公司，乐清龙凤山生物科技有限公司，宁波洛祥药业有限公司，浙江丽水绿谷生态食品有限公司，磐安县仲景铁皮石斛有限公司，奉化市九味堂铁皮石斛专业合作社，浙江乾元农业科技有限公司，浙江佳诚生物工程有限公司，乐清铁枫铁皮石斛生物科技有限公司，杭州江南春堂生物科技有限公司 |
| 下游 | 森宇控股集团，安徽牧龙山生态旅游开发股份有限公司，乐清龙凤山生物科技有限公司，宁波洛祥药业有限公司，磐安县仲景铁皮石斛有限公司，奉化市九味堂铁皮石斛专业合作社，浙江乾元农业科技有限公司，浙江佳诚生物工程有限公司，杭州江南春堂生物科技有限公司 |
| 辅助 | 浙江农林大学天然药物研究开发中心 |

(3)联盟产业链特征

①校企联合开发，技术成果共享。浙江省铁皮石斛产业技术创新战略联盟是校企合作的典范。联盟高等院校单位浙江农林大学林业与生物技术学院科研成果丰富，在铁皮石斛领域位居全国高等院校领先地位。近 5 年来，共承担各类科研课题 696 项，其中国家 973、863、国家自然科学基金、科技部星火重大项目、国家林业公益性行业重大专项等国家级科研项目 80 余项(其中国家自然科学基金 43 项)，累计科研经费 1.23 亿元。发表学术论文 810 篇，其中 SCI 三大检索收录 186 篇，文章"Functional mapping-how to map and study the genetic architecture of dynamic complex traits"在 *Nature Reviews Genetics* 上发表并被评为第一届中国百篇最具影响优秀国际学术论文。学院技术成果获国家科技进步二等奖 2 项、获省科技进步一等奖 3 项，其他省部级以上科研奖励 20 余项。

联盟企业通过与高校的联合研发取得了众多专利和成果，并且探索建立了知识产权共享机制和技术成果转让机制，从而大大提高了联盟成员合作研发的积极性。如浙江农林大学与森宇集团合作进行的“铁皮石斛良种选育与高效栽培技术”研究获得了国家林业科技一等奖。该技术在联盟内部得到了广泛的传播和应用，增强了联盟整体的竞争实力，提升了经济和社会效益。

②技术创新领航，品牌铸就辉煌。森宇集团是浙江省铁皮石斛产业技术创新战略联盟的发起者，也是联盟的核心企业，其技术创新能力不论是在内部决定因素还是外部作用途径中都有着卓越的表现(见表 6-38)，代表着铁皮石斛行业发展的最高水平，可以说森宇集团是铁皮石斛行业内的最出色的品牌。联盟在森宇集团的带领下，不断突破新技术，品牌价值不断转化，创造更多的产业价值。

**表 6-38　森宇集团简介**

| 指标类型 | 指标描述 |
| --- | --- |
| 企业规模 | 2015 年公司总资产 50 亿元，截至 2014 年年底，集团旗下的森山铁皮枫斗销售额突破 10 亿元，全国排名第一。拥有生产制造基地占地 209 亩、药用植物种植基地 1080 亩 |
| 核心能力 | 公司经营包含了铁皮枫斗的全产业链，包括育种、炼苗、栽培、采收、生产、销售、服务，并且是行业内首家实现产品质量可追溯的企业 |
| 人才厚度 | 公司员工 1600 多人，其中管理与技术人员 90%为大专以上学历 |
| 成员关系 | 森宇与浙江农林大学是长期的合作伙伴关系。2014 年 11 月，集团和浙江农林大学共同发布铁皮石斛栽培首个国家行业标准——《铁皮石斛栽培技术规程》。2015 年 6 月，集团和浙江农林大学共同组建国家林业局铁皮石斛工程中心 |
| 企业荣誉 | 获得的称号：公司品牌“森山”是中国驰名商标，全国现代农业科技示范基地，国家科学技术进步二等奖，国家林业重点龙头企业，中国保健品十大公信力品牌，浙江省 AAAA 级信用企业等 |

③沟通渠道丰富，成员合作共赢。浙江农林大学每年组织召开联盟成员大会，由各成员单位的高层出席，共商联盟发展大计。同时，联盟不定期组织行业知名专家讲座，分享铁皮石斛行业发展的最新研究成果。此外，联盟拥有自己的网站，作为联结联盟内外的窗口，一方面发挥着及时收集、汇总行业信息的作用；另一方面也发挥着对外展示联盟成员及联盟成果，提高联盟行业及社会影响力的作用。

此外，联盟依托浙江农林大学、森宇集团，建设有大面积的试验基地，承担着新产品的开发和试验的作用，能够极大地推动行业共性技术及前沿技术的研发，使联盟所有成员共享研发带来的效益。

④政府政策支持，产业前景广阔。在 20 世纪 80 年代，铁皮石斛就被国家

列为重点保护的珍惜濒危药用植物。如今,国家发改委、科技部、林业局、国家中药管理局等有关部门采取一系列的措施,制定一系列的政策鼓励中药材的发展,其中也包括对铁皮石斛产业的扶持(如表6-39)。为满足人们物质生活水平不断提高带来的我国药品和保健品市场的需求,国家科委已把铁皮石斛人工栽培和研究开发项目列为国家级星火项目计划,并出台了对野生铁皮石斛进行重点保护和严禁采挖的法律法规,对个人和企业人工栽培和研究铁皮石斛的,国家科委予以立项并由政府拨款扶持。铁皮石斛联盟受益于利好政策,市场潜力巨大,产业发展前景被普遍看好。

**表6-39 铁皮石斛产业相关扶持政策**

| 文件 | 时间 | 主要内容 |
|---|---|---|
| 《中医药创新发展规划纲要(2006—2010)》 | 2007年 | 加快构建中药农业技术体系,开发中药材规范化生产技术,绿色无公害技术,中药材质量系统评价,珍稀濒危品种保护、繁育和替代品等研究 |
| 《生物产业发展"十一五"规划》 | 2007年 | 以保护濒危稀缺重要资源为重点,建设一批道地药材种植基地,促进中医药可持续发展 |
| 《国务院关于扶持和促进中医药事业发展的若干意见》 | 2009年 | 保护药用野生植物资源,加快种子资源库建设,在药用野生植物资源集中分布区建设保护区,建立一批繁育基地,加强珍稀濒危品种保护、繁育和替代品研究,促进资源恢复与增长 |
| 《2010年中华人民共和国药典》 | 2010年 | 新增的中药品种里新加了铁皮石斛的单列标准,这是铁皮石斛的首个专属性标准 |
| 《浙江省铁皮石斛产业发展指导意见(2012—2015年)》 | 2012年 | 加快推进产业共性关键技术研究,注重产品品质鉴别标准的制订,重视铁皮石斛市场的培育和拓展,规范产业发展环境 |
| 《浙江省中药材保护和发展规划(2015—2020年)》 | 2015年 | 加强传统中药材生产技术继承创新,强化濒危稀缺中药材繁育技术突破,发展现代化生产技术,促进中药材资源综合开发利用。建立省级中药材资源综合利用创新共享平台,加强协同创新 |
| 《浙江省中药产业发展"十三五"规划》 | 2016年 | 依托科研院所、高校的研发力量,发挥企业主体作用,推进"浙八味"和铁皮石斛、灵芝等道地中药材生产技术和产地加工标准化技术规范的创新升级,加大以中药材为加工基础材料的衍生产品的推广应用 |

### 6.7.4 联盟发展存在的问题

(1)政府支持方式单一

政府对联盟发展的重视程度不够,仅仅以拨付项目资金的方式支持联盟的发展,支持方式过于单一。其次,尽管政府相关部门对联盟给予了相应的资金补贴和税收优惠政策,但是对于需要资金及人才输入的技术研发及攻关项目来说,所需资金数额远远大于政府的扶持力度。一旦资金不足,研发活动容易半途而废,尤其是对于农业行业来说,一项技术创新研究要从种苗的培育出发,历经的时间较长,耗费成本过大,项目经费不足以支撑联盟科技创新活动。

(2)成员发展不均衡

铁皮石斛联盟成员两极分化带来的发展不均衡问题明显,一方面优势资源进一步向龙头企业集聚,大企业或具备一定特色和核心竞争力的企业实现快速发展;另一方面,低成本进行同质化竞争的小企业由于缺乏话语权和资源优势,在大企业的进一步挤压下利润微薄。森宇集团作为核心企业,在联盟中占据结构洞的位置,取得了多数联盟资源。这不仅对联盟其他企业造成了不公平待遇,也为森宇集团自身发展带来了障碍。因此,联盟应有梯度分层,在差异化战略的基础上谋求协同发展,采取不同战略加速转型升级,联盟才能持续健康运行。

(3)中介机构不健全

浙江省铁皮石斛联盟主要由企业和科研机构组成,缺乏中介机构提供中介服务。由于单一企业和科研机构所构成的合作网络远远满足不了产业技术合作对信息服务的需求,而联盟对成果的价值评估、风险分析、市场调研等各类后续服务都需要依靠专业的中介机构进行。因此,健全中介机构,完善和提高产业技术创新战略联盟中介服务职能也是开展联盟活动需要关注的。

### 6.7.5 联盟启示与建议

(1)注重龙头企业发展与品牌培育

产业技术创新战略联盟以培育龙头企业和品牌竞争力为重要目标,应充分发挥行业龙头企业引领作用,推进龙头企业快速发展,加速优质品牌培育,打造联盟拳头产品;产业技术创新战略联盟应不断提升龙头企业核心竞争力,构建具有品种标识、产地标识、厂家标识、效用标识、可查可验可追溯的联盟企业产品信息体系,提升产品品牌信誉;产业技术创新战略联盟应充分利用现代信息技术,加快产业文化传播,同时进一步巩固和拓展与浙江、北京、上海等相关联盟与行业协会的交流与合作，确保联盟稳步健康发展。

(2)加强政府规划和政策引导

政府对于支持和引导产业技术创新战略联盟发挥产业技术创新和服务产业发展具有重要作用。浙江作为铁皮石斛的主要产地，既具有发展这一产业的比较优势，同时也面临着政策、体制等方面的瓶颈。在坚持联盟市场化运作的基础上，政府在联盟规划、联盟管理、产业标准、技术创新等方面具有强大的扶持能力。政府各部门应形成合力，强化政策引导和监管，明确产业发展和支持重点，大力推进联盟规范化基地建设、企业技改和产品研发，为推进联盟发展提供积极保障；政府应加强对联盟开展公益性活动和产业共性技术服务的支持，包括组织国家科技计划项目、开展产业技术路线图研究、组织技术标准修订和共性成果推广等。

(3)推动联盟内部合作与外部开放

产业技术创新战略联盟的发展应注重保持开放性。一方面注重联盟内成员之间的合作与信任关系，通过定期或不定期举办联盟培训班、联盟讲座、年会等活动，加强联盟成员之间的沟通和交流；另一方面注重建立与联盟外部的学习和交流机制，加强与国内外同行的交流与合作，拓展视野，开拓渠道，增强联盟创新活力。产业技术创新战略联盟在条件许可情况下，应鼓励跨省、跨地区、跨国界开放交流，积极推动与省外优秀联盟以及相关企业、科研院所、高等院校的广泛联系和协作，甚至在时机合适时通过投资、并购或知识产权入股等方式进入国际市场，积极参与国际产业技术创新战略联盟，向国内外银行投资公司以及企业推广科研成果，以更有效地配置和利用资源提高自主创新能力。

## 6.8 浙江省茶产业技术创新战略联盟

### 6.8.1 行业背景

茶叶是具有悠久历史和深刻文化底蕴的农产品，也是我国在国际市场上具有较强竞争力的出口创汇消费品。随着消费水平的提高，茶文化的广泛传播，茶叶消费逐步理性化，茶叶消费量增加迅速，优质的品牌茶越来越受欢迎。茶产业已成为21世纪最有发展前途的农业产业之一。

中国是茶的故乡，茶叶在中国有着悠久的历史。近年来，我国茶产业得到了快速发展，茶叶生产总规模保持持续扩张态势，已位居全球第一大产茶国(见图6-13)。2016年，我国茶园总面积4400万亩，全国茶叶总产量241万吨，国内销售量 182 万吨，对外出口量 32.9 万吨。目前，我国茶园面积占世界茶园总面积的 52%，茶叶产量约占世界茶叶总产量的 1/3，出口量占世界茶叶总出口量的 1/5。在产品结构中，绿茶、红茶、乌龙茶、黑茶等市场传统消费产品依然占据主流地位，其他如白茶、黄茶、花茶等也相继成为消费热点，其中绿茶所占比例超过 60%，显示了我国居民以绿茶为主的饮茶习惯（见图 6-14）。未来我国茶产业发展空间巨大，根据有关资料显示，人平均正常年消费茶叶量为 3.3 千克，而我国为 0.33 千克，销量潜力为 10 倍，总体可达 180 亿元规模，出口现有市场规模为 30 亿元，销量潜力可增长 5 倍。

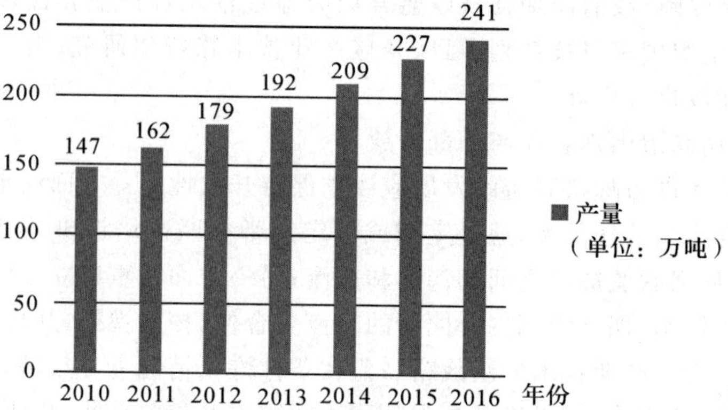


图 6-13　2010—2016 年全国茶叶年产量

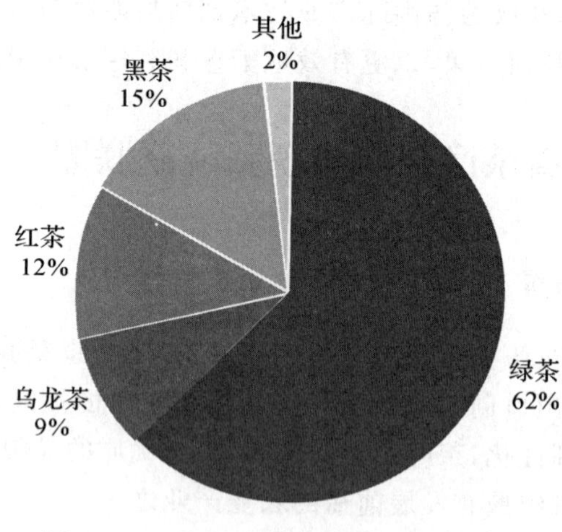


图 6-14　2016 年全国主要茶类产品占比

浙江省茶产业地位突出，尤其是以龙井茶为代表的绿茶优势明显。2016年，浙江省产业生产数量17.6万吨，排名全国前五。然而浙江省茶产业的现状是“大而不强、大而不精、大而不彰”。茶园、茶厂数量多，规模大，但经营管理明显跟不上，体制不顺、机制不活、效益不高，国有资本过多且亏损面大、改革滞后。且多年来一直受到乌龙、普洱等各类茶叶的严峻挑战以及周边省份毛峰、碧螺春、太平猴魁等绿茶品种的竞争，茶产业产销压力逐渐增大。因此，如何调整产品结构，转变发展方式，创新营销模式，满足多元化消费需求，是摆在茶产业面前的重要课题。浙江省急需集合市场和政府力量，集中产业优势，提升绿茶质量和效益，振兴浙江省茶产业。

### 6.8.2 联盟概述

(1)联盟简介

浙江省茶产业技术创新战略联盟于2010年11月10日获浙江省科技厅批准，于12月24日正式成立，由浙江茶叶集团总经理施建强担任理事长。联盟以企业为主导，高校、科研机构共同参与，基本上集中了全省重点骨干企业和在浙茶叶科研精英，具有产业和科研两方面的强大优势。联盟实行强强联合、资源互补、利益共享、风险共担，以商业化模式运作，以产学研一体化为目标，加速推动浙江省茶产业转型升级进程。目前共建有企业技术中心7家，国家工程技术研究中心6家，国家重点实验室16家，省部级重点实验室4家，实现产业规模25亿元，利润1.8亿元。

(2)联盟内容

联盟成立后，根据浙江茶产业发展中迫切需要解决的关键问题，在种子研发、深加工、加工技术改良、茶叶安全、茶叶质量提升及现代茶叶的流通方式等6大板块进行技术合作。重点围绕茶叶高效绿色生产技术，现代化、智能化茶叶加工装备，茶资源高效利用与跨界产品开发，现代茶叶产销模式转型等方面进行研究攻关，坚持质量至上、创新驱动、绿色发展、品牌战略、诚信自律，聚力技术创新、共创品牌、共拓市场，实现茶企增效、茶农增收，引领做强浙江茶产业，助力农业转型升级。

(3)联盟成员

浙江省茶产业技术创新战略联盟共有创始会员22家，包括国家级农业龙头企业3家，省级龙头企业7家，高新技术企业3家，中小企业3家，科研机构3家，高等院校3家。成员具体情况如表6-40所示。

**表 6-40　联盟成员简介**

| 成员名称 | 成员简介 |
| --- | --- |
| 浙江省茶叶集团股份有限公司 | 中国最大的茶叶经营企业和全球最大的绿茶出口企业。集团以茶为主、贸工结合、多元发展，产品覆盖茶叶、茶制品、茶叶机械、有机农产品等，销售网络遍及全球六十多个国家和地区 |
| 杭州茶厂有限公司 | 浙江省行业规模最大的经营企业，也是西湖龙井茶专业生产厂家和国家龙井茶外贸出口生产的主要基地。企业有着50多年的茶叶生产、加工经验，拥有自营进出口权 |
| 浙江华发茶叶有限公司 | 目前中国厂房面积最大、加工能力最强、联结基地和联结农户最多，集科研开发、技术推广、生产加工、国际贸易为一体的大型绿茶生产加工出口企业 |
| 浙江更香有机茶叶开发有限公司 | 是一家集产、供、销、研于一体的农业产业化国家重点龙头企业。主要生产、经营更香有机茶、有机绿茶、无公害茶、茉莉花茶、珠茶、眉茶、乌龙茶、红茶、普洱、保健茶、茶农副产品、茶包装、茶具等3000多个品种 |
| 浙江上洋机械有限公司 | 是一家专注于茶叶加工机械研究、开发、生产及销售的高科技企业 |
| 浙大百川生物食品技术有限公司 | 是浙江大学企业集团旗下的茶学、食品、营养和生化学科等领域的优秀专家和人才创建的生物食品专业技术公司，是中国茶叶饮品配料的龙头企业 |
| 浙江诸暨绿箭茶叶有限公司 | 是一家集科研、开发、示范、推广、生产、经营、文化、休闲为一体的综合性茶叶民营企业 |
| 浙江茗皇天然食品开发有限公司 | 是国内致力于速溶茶及相关产业开发的农业高科技型企业 |
| 嵊州市大鹏茶业有限公司 | 是集生产、加工、贸易于一体的大型茶叶出口企业 |
| 湖州嘉盛茶业有限公司 | 公司主要从事原材料茶到成品茶的精制加工 |
| 浙江新洲国际贸易有限公司 | 集生产、加工、贸易科研于一体的专业茶叶公司 |
| 开化宝纳制茶有限公司 | 出口绿茶、眉茶等，以及蒸青片等。加工名优茶，开化龙顶，西湖龙井等各地名茶 |
| 浙江茗达茶业有限公司 | 致力开发茶叶种植，生产实行科学种植，现成功培育出无公害有机茶园1000余亩，茶园土地肥沃，自然环境得天独厚 |
| 杭州西湖龙井茶叶有限公司 | 主要经营“贡”牌西湖龙井茶系列及其他各类名优茶 |

续表

| 成员名称 | 成员简介 |
| --- | --- |
| 杭州茗宝食品有限公司 | 是一家专业从事茶叶深加工的合资企业 |
| 杭州福海堂茶业生态科技有限公司 | 主要从事开发、生产、销售茶叶及其制品 |
| 中国农业科学院茶叶研究所 | 我国唯一的国家级综合性茶叶科研机构，主要从事茶叶基础和应用基础科学、科技产业开发、茶叶质量安全检测、有机茶认证、茶业职业技能培训等领域的研究和服务工作 |
| 中华全国供销合作总社杭州茶叶研究院 | 直属于中华全国供销合作总社的国家级科研院所。集茶叶科学研究、质量监督检验、茶叶职业技能培训鉴定、技术信息服务和开发生产经营为一体的综合性研究机构，ISO 国际茶叶标准化技术委员会在中国的唯一技术归口单位 |
| 杭州市农业科学研究院 | 成立于 2004 年 3 月，为市政府直属事业单位。是根据市委、市政府整合农业科技资源的要求重新组建的综合性农业科研、推广机构 |
| 浙江大学 | 国家“985”、“211”计划高校，全国高校排名稳居前 5 位 |
| 浙江农林大学 | 浙江省唯一的省属本科农林类高校，浙江省人民政府和国家林业局共建高校 |
| 浙江经贸职业技术学院 | 浙江省供销社举办的以商贸流通类专业为主体的全日制公办高职学院 |

(4)联盟成效

浙江省茶叶产业技术创新战略联盟在政府的发力支持下，取得了良好的效益，联盟的知名度与影响力逐步提高。

首先，通过联盟成员资源共享、优势互补，取得了大量技术突破，创造了一系列产品，增加了联盟整体与成员个体收益。技术突破包括“小空间大流量连续摇青技术”、“温度、湿度及通氧量的自动控制技术”、“揉捻机数字化自动加压技术”、“茶色素分级制备技术研究及高茶黄素速溶红茶提制关键技术”、“脂溶性茶多酚制备关键技术”、“机采茶鲜叶自动分类、分级技术”等 12 项产业共性技术和关键技术。

其次，在“产学研”的合作模式下，取得了大量发明专利，参与制定了众多国家及行业标准，如“高品质速溶红茶的制备工艺”、“茶黄素产品的提制工艺”、“微生物发酵纯化茶皂素的方法”、“脱咖啡因花草袋泡绿茶配方及其制备工艺”、“以茶资源为主料的食用菌培养基及其制备方法和应用”、“茶多酚中药复方在制备降血脂且降血糖的药物中的应用”等 46 项国家发明专利；“茶制品 第 1 部分 固态速溶茶”、“茶制品 第 2 部分 茶多酚”、“茶制品 第 3 部分 茶黄素”、“紧压茶 第 1 部分 花砖茶”、“紧压茶 第 3 部分 茯砖茶”、“紧压茶 第 7 部分 金尖茶”等国家标准 15 项，“典型优质绿茶加工工艺技术规程”、“典型优质红茶加工工艺技术规程”、“典型优质乌龙茶加工工艺技术规程”等行业标准 6 项。

此外，通过项目合作，联盟培养博士研究生 2 名，硕士研究生 12 名，晋升副高职称 2 名；同时，在国内外知名期刊上发表论文 19 篇，如“The major factors influencing the formation of sediments in reconstituted green tea infusion”、“Photoprotective effect of tea and its extracts against ultraviolet radiation-induced skin disorders”、“Isolation and characterization of essential oil extracted from tangerine peel”、“Chromosome redundancy and tree phenotype variation in autotetraploid trifoliate orange”、“不同地区及特殊品种红茶香气的差异性”等。

### 6.8.3 联盟产业链分析

(1)行业产业链构成

茶叶产业链主要由种植、加工、流通三大基本环节构成，涉及第一、二、三全部产业。产业链上、中、下游相互贯通，相互联系，并受到科技、信息、安全与标准化等基本要素的共同影响，组成了多种形式的系统内部有机结合、互相促进和利益互补机制(见图 6-15)。

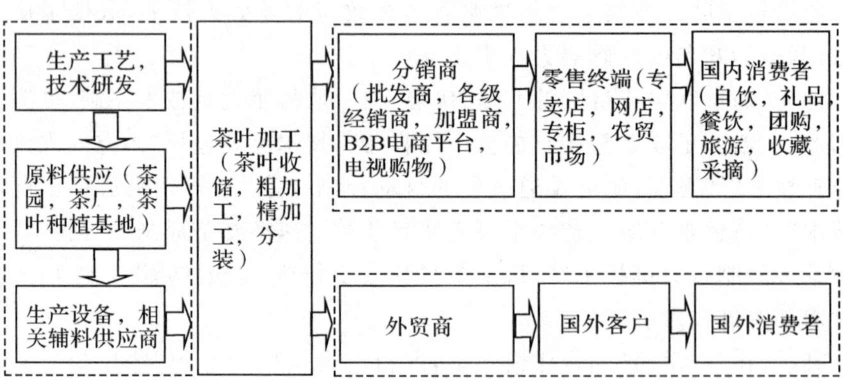


图 6-15 茶产业链构成

产业链上游为茶叶的种植环节，同时包括生产设备企业和相关辅料供应商。目前，中国茶叶种植环节主要分为茶农、茶场和基地三种形式，部分大型茶叶企业在建立基地的基础上，与茶农签订协议，保证充足的原材料供应。

产业链中游为茶叶的加工环节。中国的制茶技术随着现代高新分析技术的发展，以及多学科的相互渗透与融合，传统制茶原理的改进，产生了许多新的制茶原理，形成了一系列新的加工技术。

产业链下游为茶叶的流通环节。过去，茶叶以散装茶为主，其流通主要是通过各种批发渠道进入茶庄、超市等零售商。随着品牌茶企的发展，略过批发商，直接建立直营店，或者以包装茶形式进入专卖店、商场专柜等零售模式迅速发展起来。同时还有一部分茶叶通过外贸商到达国外消费者手中。

(2)联盟产业链构成

茶产业技术创新战略联盟覆盖了整个茶产业链，形成了从茶叶种植、茶叶加工到茶叶流通的完整的产业链条，联盟产业链构成与合作模式如图 6-16 所示，联盟成员产业链分布如表 6-41 所示。联盟中涉及的茶叶生产企业主要有浙江省茶叶集团股份有限公司、杭州茶厂有限公司等。联盟中涉及的茶叶加工企业主要有浙江省茶叶集团股份有限公司、浙江诸暨绿箭茶叶有限公司等。茶叶流通环节覆盖了大部分联盟成员。此外，联盟中还存在一些辅助成员，如高校与科研结构的加入大大增强了联盟整体的人才与科研实力，保障了联盟的持续发展。

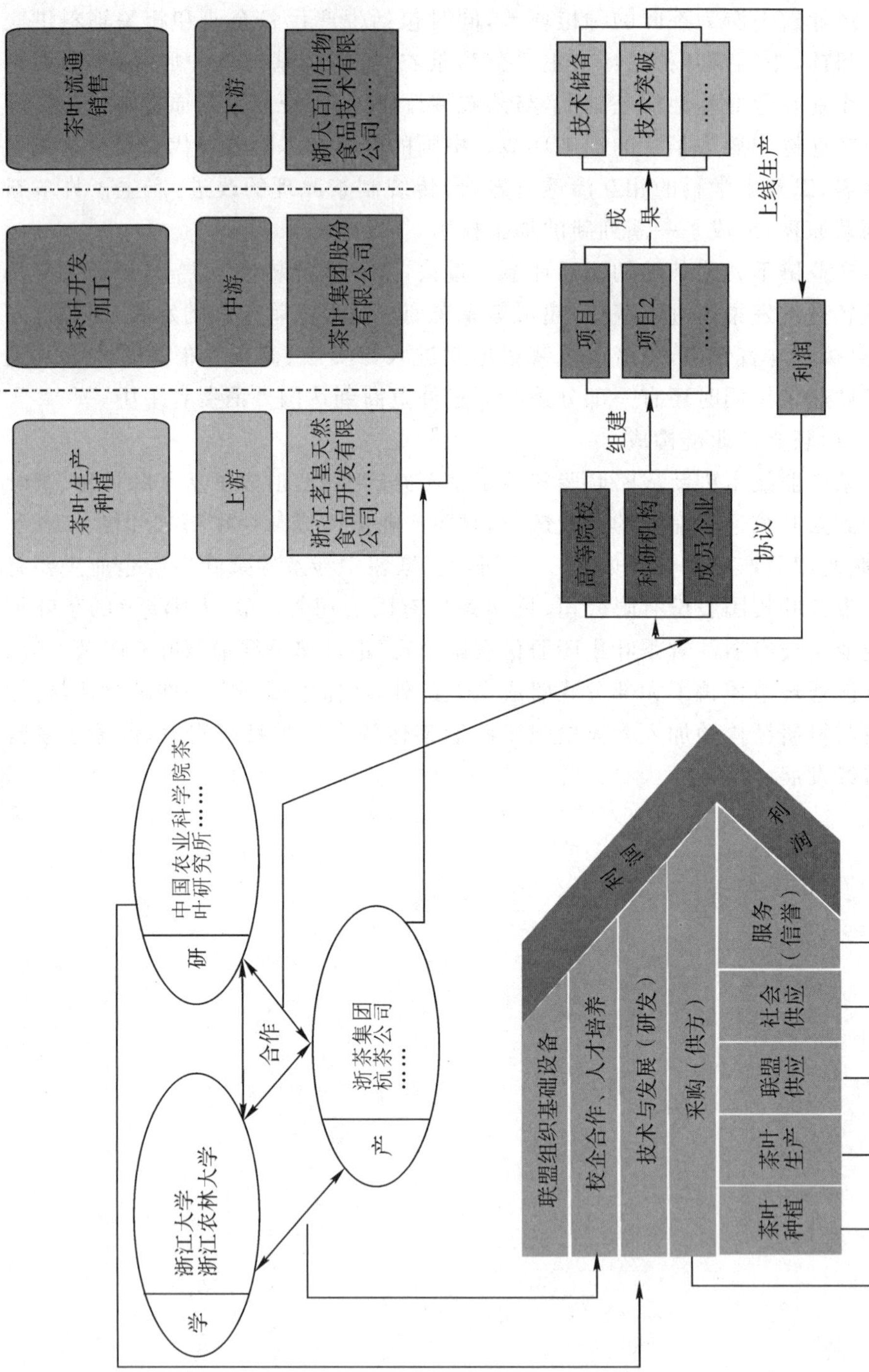


图6-16 浙江省茶产业技术创新战略联盟产业链构成与合作机制

表 6-41 联盟成员产业链分布

| 产业链位置 | 成员名称 |
| --- | --- |
| 上游 | 浙江省茶叶集团股份有限公司、杭州茶厂有限公司、浙江华发茶叶有限公司、浙江更香有机茶叶开发有限公司、浙江诸暨绿箭茶叶有限公司、浙江茗皇天然食品开发有限公司、浙江新洲国际贸易有限公司、浙江茗达茶业有限公司、杭州西湖龙井茶叶有限公司、杭州福海堂茶业生态科技有限公司 |
| 中游 | 浙江省茶叶集团股份有限公司、杭州茶厂有限公司、浙江华发茶叶有限公司、浙江更香有机茶叶开发有限公司、浙大百川生物食品技术有限公司、浙江诸暨绿箭茶叶有限公司、浙江茗皇天然食品开发有限公司、嵊州市大鹏茶业有限公司、湖州嘉盛茶业有限公司、浙江新洲国际贸易有限公司、浙江新洲国际贸易有限公司、开化宝纳制茶有限公司、浙江茗达茶业有限公司、杭州西湖龙井茶叶有限公司、杭州茗宝食品有限公司、杭州福海堂茶业生态科技有限公司 |
| 下游 | 浙江省茶叶集团股份有限公司、杭州茶厂有限公司、浙江华发茶叶有限公司、浙江更香有机茶叶开发有限公司、浙大百川生物食品技术有限公司、浙江诸暨绿箭茶叶有限公司、浙江茗皇天然食品开发有限公司、嵊州市大鹏茶业有限公司、湖州嘉盛茶业有限公司、开化宝纳制茶有限公司、浙江茗达茶业有限公司、杭州西湖龙井茶叶有限公司、杭州茗宝食品有限公司、杭州福海堂茶业生态科技有限公司 |
| 辅助 | 中国农业科学院茶叶研究所、中华全国供销合作总社杭州茶叶研究院、浙江大学、浙江农林大学、浙江上洋机械有限公司、杭州市农业科学研究院、浙江经贸职业技术学院 |

(3)联盟产业链特征

①学研实力领先,智力资源充足。联盟拥有浙江大学与浙江农林大学两所高校,为联盟提供农业设备、仪器、知识、信息、人才等智力资源。表 6-42 以浙江大学农业学科为例,展示了联盟高校的领先实力。

表 6-42 浙江大学农业与生物技术学院科研实力

| 类型 | 数量 |
| --- | --- |
| 科研经费 | 累计约 8 亿元 |
| 863 计划 | 30 余项 |
| 973 计划 | 20 余项 |
| 国家自然科学基金 | 268 项 |
| 国家杰出青年科学基金 | 7 项 |

续表

| 类型 | | 数量 |
|---|---|---|
| 国家发明专利 | | 127 项 |
| SCI | | 1200 余篇 |
| 专家学者 | 院士 | 2 人（陈子元，中国科学院院士，核农专家；方荣祥，中国科学院院士，植物生物技术学家） |
| | 国家“千人计划” | 1 人（陈志祥） |
| | “973 计划”首席科学家 | 3 人（喻景权，娄永根，陈学新） |
| | 重大科学研究计划 | 1 人（华跃进） |
| | 长江学者 | 10 人（冯明光，华跃进，周雪平，喻景权，陈学新，甘剑英，沈炳辉，陈志祥，甘苏生，徐海君） |
| | 国务院政府津贴获得者 | 14 人（陈子元，刘树生，谢关林，朱军，周雪平，曹家树，陈学新，石春海，喻景权，陈昆松，华跃进，张国平，沈志成，叶恭银） |
| | “百千万人才工程” | 5 人（刘树生，陈学新，喻景权，周雪平，沈志成） |

联盟中的科研机构包括中国农业科学院茶叶研究所、中华全国供销合作总社杭州茶叶研究院及杭州市农业科学研究院。这些科研院所科研成果丰富，代表了中国茶产业研究的最高水平，极大地提升了整个联盟的科研实力以及联盟在行业内的影响力。表 6-43 所示为中国农业科学院茶叶研究所的科研实力。

**表 6-43 中国农业科学院茶叶研究所科研实力**

| 类型 | 数量 | 举例 |
|---|---|---|
| 发明专利 | 20 个 | 一种从绿茶中制备高纯度 β-胡萝卜素的方法<br>一种茶叶逆流浸提柱 |
| 标准（国家级） | 11 个 | 有机茶加工技术规程<br>无公害食品 茶叶生产技术规程<br>茉莉花茶 |
| 论文（SCI） | 30 篇 | Effect of nitrogen form and root-zone pH on growth and nitrogen uptake of tea (Camellia sinensis) plants;<br>Genetic improvement and breeding of tea plant (Camellia sinensis) in China, from individual selection to hybridization and molecular breeding |
| 推广成果 | 18 个 | 降糖茶生产技术<br>茶树新品种——龙井长叶 |

②合作基础牢靠,联盟运行稳定。有过合作经验的企业组建产业技术创新战略联盟,更容易建立长期稳定的合作伙伴关系。茶产业技术创新战略联盟许多成员在联盟成立之前就有良好的伙伴关系(见表 6-44)。由过往经历带来的合作基础使得联盟成员对另一方的实力有更多的了解,也更容易加深对另一方的信任,减少双方对机会主义行为的担忧,联盟合作更加紧密和顺畅,从而提高联盟成员之间的合作绩效。

**表 6-44 联盟成员伙伴关系介绍**

| 合作成员 | 关系介绍 |
| --- | --- |
| 福海堂⇔浙江大学 | 福海堂成立之初就与浙江大学茶学系合作,在博士生导师童启庆教授的指导下,不断开发新产品,以适应市场需求 |
| 茗宝食品⇔浙江大学⇔中国农科院茶叶研究所 | 茗宝食品致力于科技创新,成立之初就与中国农科院茶叶研究所及浙江大学茶学系有关专家共同完成了“抗冷浑高香速溶茶”的开发和应用 |

③依托区位优势,优质资源共享。茶产业技术创新战略联盟成员都位于浙江省,一方面相对于我国其他地区,浙江省经济实力雄厚,科技水平先进,有着极强的人才集聚能力,人才的良性流动频繁;另一方面,企业的集聚更加有利于促进不同企业信息的交流和知识的融合创新,也更加有利于不同企业的相互合作开展项目研究,降低交易成本与运输成本,实现资源共享与优势互补,集聚优质产业要素,使创新潜力变为产业生产力和竞争力。

此外,农业企业与工业企业的不同之处在于需要很多的生产基地。浙江省现有茶叶生产和试验基地 105 个,主要分布在武义县、嵊州市、临安市、建德市等地。由于浙江省茶产业技术创新战略联盟成员单位分布区域邻近,地理环境趋同,也就进一步提高了茶叶基地与企业联系的有效性。联盟通过承包土地茶园,实行自主管理,与产业加工企业实施合资联营和协议收购,从企业得到技术和资金,使基地与产业中下游的各类组织关系更加紧密,形成互信互惠,风险共担,利益共享的伙伴关系。

④政府资金扶持,市场份额提升。政府对茶叶产业给予了高度重视,不断加大对茶产业的投入,通过结构调整、科技创新,大力拓展国内外市场,产业发展前景广阔。在扶贫政策、退耕还林等政策和资金的扶持下,农业部门帮助各主要产茶地发展了相当数量的新茶园。为了提高茶叶产业的科技水平,满足市场对优质茶叶产品的需求,农业部门积极采取措施着力组织开展技术培训,专门邀请中国茶科所、国家有机茶中心和浙大茶学系等专家、教授作专题讲

座。同时大力推广产业生产机械，提高采茶机、修剪机、名优茶制作机械的使用率，提高茶叶生产水平，促进茶农增收。

为解决茶产业始终处于大而不强境地的尴尬，我国农业部于 2016 年出台了《抓住机遇做强茶产业的意见》，指出到 2020 年稳定茶园面积在 4200 万亩左右，实现茶叶总产值和出口额翻番，并提高质量效益和竞争力；培育 5 个销售额超 50 亿元、20 个销售额超 20 亿元的茶叶集团；同时，加强茶叶下游零售终端布局，鼓励农业企业转战线上市场进行销售，充分利用市场资源，注重线上线下融合发展。而浙江省将充分利用电商产业优势，抓住政策契机，不断拓宽茶叶产品在电商平台的市场份额，不断提高高端茶叶产品的销售份额和优质茶叶品牌知名度。

### 6.8.4 联盟存在的问题

(1)联盟成员利益分歧大

茶叶联盟在发展过程中存在企业与科研院所利益分歧的问题。各主体方具有自身的特点和利益诉求，企业更侧重与终端市场偏好的产品应用与产业化研究，而高校更侧重于基础研究以及与学科相关的项目研究，从而导致在具体项目的申请、执行的过程中，各方在研发方向、研发投入和合作方式等认识上存在较大差异，为联盟的深入合作带来隐患，不利于联盟的稳定和可持续发展。

(2)政府资金支持力度小

农业企业技术创新与工业企业不同，有着投入大、时间久、回报慢的特征，需要投入大量的资金进行相关研发活动。近年来，虽然政府不断加大联盟资金支持力度，但仍然难以满足产业发展需求，例如现阶段相关部门对联盟给予的财政补贴和税收优惠政策与技术研发及攻关项目所需的资金还有很大差距，导致联盟只能进行特定阶段的技术研究。因此，政府扶持联盟研发活动的财政和税收政策有待完善，政府资金配置对联盟的引导作用有待加强。

(3)知识产权保护难度大

部分联盟负责人反映，农业领域的产业技术创新联盟对于企业而言大多是为了完成政府项目而进行的合作，项目结束后又迅速各自归位，相互之间联系较少，关系不紧密，缺乏沟通和技术交流。出现这种现象的根本原因在于农业这一行业的特殊性，农业技术的可模仿性和可复制性太高，以至于知识产权保护难度大，目前尚未找到有效的知识产权保护办法。因此，很多农业企业合作研发技术的动力和意愿不强，从而导致联盟组织松散、合作时期局限、成果产出有限等问题。

### 6.8.5 联盟启示与建议

(1)合理设置联盟目标

设置合理、明确的创新目标是关系到产业技术创新战略联盟合作成效的重要因素之一。在建立产业技术创新战略联盟时，要把技术创新目标是否清晰、是否体现企业主体性和具有产业带动性作为联盟建设的重要标准之一。茶叶联盟在创新目标的定位上充分体现了以形成具有竞争性的产业链为首要任务的目标定位，通过以纵向产业链上的领军企业为核心，整合上下游企业资源，避免链上某个技术环节缺失，从而率先形成完整的技术产业链。因此，对于以合作研发为首要目标的联盟，应鼓励吸纳竞争链上的同类企业在共性技术上的合作，同时注意避免同行业且存在潜在竞争关系企业间的利益冲突。

(2)完善联盟运作体系

立足产业发展的共同需求，建立包括决策、咨询、执行、评价、监督等各环节的职责清晰、协调衔接的运作体系是产业技术创新战略联盟运作良好的保证。从茶叶联盟的发展经验可以看出，产业技术创新战略联盟需要建立和改善独立的管理运行机构、人员和管理制度，探索并实践创新的科技管理工作模式；支持企业依托高校、科研院所及具备条件的创新平台，实行固定与流动人员(成员单位委派)相结合的方式，开展联合攻关。同时，在联盟运作中，应贯彻开放性及动态性原则，在合理约定联盟知识产权归属的前提下，允许成员自由加入或退出。在联盟目标达成后，可选择解散或设定新的目标后延续。

(3)深化联盟市场机制

产业技术创新战略联盟的组建和发展是我国企业面对激烈的市场竞争和产业转型压力，走创新驱动发展道路的重要战略。茶叶联盟以市场为导向，以企业为主体，以联盟成员的共同利益为基础，依靠市场机制整合资源，建立共同投入、风险共担、利益共享的联合创新机制。市场经济下的联盟应积极开展市场研究，定期组织相关力量进行市场调研，引导企业根据市场需求，生产适宜不同消费群体和出口需要的联盟企业产品。积极促进产销衔接，组织成员企业与专业市场及电商平台等对接，展示产品、推介品牌，扩大市场份额。此外，还应组织联盟企业联合开拓国际市场，提高产业的国际市场竞争力。

# 6.9 浙江省包装机械产业技术创新战略联盟

## 6.9.1 行业背景

包装机械是指包装专用设备利用信息技术进行操作与控制，完成全部或部分包装的过程，包括成型（吹瓶等）、灌装（填充）、封口、贴标、裹包、装箱、码垛等主要工序，以及清洗、干燥、杀菌及输送等前后多道辅助工序。作为国民经济许多领域的配套产业，包装机械为包装工业提供先进的技术装备，保证包装产品的智能高效、经济环保，具有巨大的社会效益和经济效益。

中国是世界重要的包装产品生产国、消费国以及出口国。通过模仿、引进技术和资金以及全球化采购等方式，中国包装机械制造水平和工业设计水平得以快速发展。2009 年，中国超越日本成为仅次于美国的全球第二大包装工业大国。此后，包装机械制造行业市场规模和年产量不断增加，现已发展成为机械工业十大行业之一。据中国机械工业联合会的调查统计，包装机械行业每年保持高速增长，食品包装机械发展更为可观，增速保持在 20%左右，见图 6-17。

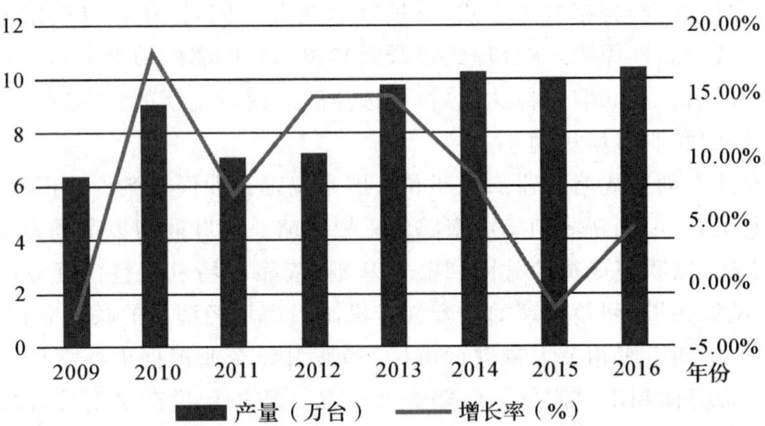


数据来源：中国产业信息网。

图 6-17 我国包装专用设备年产量及增长率

浙江省是我国包装机械行业发展势头最为迅猛的省份之一，包装机械产业规模大，社会需求强，已成为对浙江省经济社会发展具有重要影响力的支撑性产业之一。2016 年浙江省包装专用设备产量为 2.3 万台，占全国包装专用设备产量 22.3%。

尽管国内包装机械行业增长迅速，但由于起步较晚，整体发展水平落后发达国家 20 年左右，同时，行业分散，市场集中度低，大部分为中小企业，呈现出集群合力不大、研发能力不强、转型速度缓慢、专利意识薄弱等缺陷；高端设备仍然依赖进口，低水平重复生产现象严重；专业技术人员稀缺，科研投入比例不足，严重制约了包装机械行业的进一步发展。因此，国内包装机械行业应积极从市场需求中寻得更好的发展途径，加速整合产业资源，提升产业技术创新能力，开发具有核心竞争力和自主知识产权的产品，引领包装机械向集成化、高效化、智能化和低碳化方向发展。

### 6.9.2 联盟概述

(1)联盟简介

浙江省包装机械产业技术创新战略联盟于 2013 年 9 月向浙江省科技厅提出申请，于 2013 年 12 月得到批复正式成立。联盟按照国家倡导的“产、学、研、用”紧密结合的思想，根据企业的战略规划部署，以项目带动研发，研发促进应用，应用推动产业，建立“研发关键技术、实现集成制造及智能化制造”的发展模式。目前，包装机械联盟已经形成了以企业为主体，以提升企业创新能力和产业竞争力为目标，以契约关系为保障，具有明确的资源整合、合作运营、利益分享的运行机制。联盟带动了浙江省乃至全国包装机械产业的创新发展，成为浙江省创新体系的重要组成部分。

(2)联盟内容

包装机械联盟以包装机械在食品行业的应用为切入点，重点开展包装机械的智能化、柔性化应用性能技术研究，把以啤酒、饮料为主的食品行业智能包装生产线作为项目依托，通过现代化包装机械技术的运用实现行业生产线全线自动化、智能化目标，同时在包装机械技术中嵌入图像对比和在线检测技术，使包装机械技术在上述领域填补国际和国内空白，实现食品行业装备领域安全性、智能化包装发展趋势与要求。

此外，联盟倡导在包装机械设备中引入包装工业机器人，降低劳动强度，减少人工简单重复操作引起的倦怠疲劳，从而实现高效安全生产，解决产品整齐性与统一性等方面的瓶颈问题，实现 1～5 项技术突破，获得知识产权 10～15 项，产业产值提高 15%，在全国范围内的产业比重从原有 15%提高到 25%，最终形成 1～2 家浙江省食品包装领域的优势骨干企业，发挥产业引领和导向作用，实现浙江省包装机械产业实业强省的目标。

(3)联盟成员

联盟成员由杭州永创智能设备股份有限公司、杭州千岛湖生态啤酒有限公司等7家产学研单位组成,包括企业4家,高校2家,科研院所1家,通过强强联合,形成了产业和科研两方面的强大优势。成员具体情况如表6-45所示。

**表6-45 联盟成员简介**

| 成员名称 | 成员简介 |
| --- | --- |
| 杭州永创智能设备股份有限公司 | 专业从事包装设备研发、生产、销售。公司在国内包装机械行业排名第一。现已制修订国标5项、行标4项,拥有专利技术144项,其中发明专利9项 |
| 杭州千岛湖生态啤酒有限公司 | 始创于1985年,采用千岛湖水的生态酿造啤酒,拥有两大生产基地,是浙江省内目前唯一坚守自有品牌、年产啤酒规模30万千升、在省内乃至全国都具有广泛知名度的现代化企业 |
| 浙江佐力药业股份有限公司 | 立足于药用真菌生物发酵技术生产中药产品,是一家集科研、生产、销售于一体的国家高新技术制药上市企业 |
| 东菱技术股份有限公司 | 专业从事交流伺服电机、伺服驱动器及光电编码器、数控装置、风力发电机电动变桨系统等各类自动化设备研发、生产和销售于一体的高科技民营企业 |
| 浙江大学 | 国际重点一流高校,现拥有39个博士后流动站,20个国家重点(专业)实验室、3个国家工程技术研究中心,国家战略产业人才培养基地3个 |
| 轻工业杭州机电设计研究院 | 全院拥有装备完善的新产品开发基地,拥有1个国家重点专业实验室 |
| 浙江工业大学 | 现有国家级"国际科技合作基地"1个、国家重点实验室培育基地1个、国家级大学科技园(牵头建设)1个、省部共建教育部重点实验室2个、浙江省重大科技创新平台7个;浙江省级重点学科28个 |

(4)联盟成效

浙江省包装机械产业技术创新战略联盟在政府的发力支持下,取得了良好的效益,联盟的知名度与影响力逐步提高。

首先,联盟通过联盟成员资源共享、优势互补,取得了大量技术突破,创造了一系列产品,增加了联盟整体与成员个体收益。技术突破包括"泡罩医药全流程自动化生产线"、"电源生产过程中的全过程批次控制、质量分析与优化控制等关键技术"、"电源生产过程中的全过程批次控制、质量分析与优化控制等关键技术"、"电源包装等工艺及装备、高速平稳运动控制、高速视觉检测、在线运行状态监控和远程诊断技术"、"研制电源包装的自动生产检测、剔除、取样和包装功能的自动化生产线"、"适应包装对象规格和品种变更的柔性化切换作业及自动调整技术”、“产品自动识别、跟踪和全程信息可追溯技术”、“整线高效协同控制技术“、“在线运行状态监测和远程诊断技术”等10项；国家重点新产品2项（“YC-CH纸箱成型机”、“FG-2000B自走式缠绕机”），浙江科技进步二等奖1项（“啤酒智能包装生产线”），浙江科技进步三等奖1项（“961A硬币自动检数联动线”）。

其次，在“产学研”的合作模式下，承担了国家科技支撑计划1项（“浙江省数控一代机械产品创新应用示范工程”），浙江省重大专项1项（“高速泡罩医药智能包装专用成套设备研制与产业化”），联盟项目2项（“高速泡罩医药智能包装专用成套设备研制与产业化”、“浙江省数控一代机械产品创新应用示范工程”）；取得发明专利“打包机的卡带结构”、“胶带封箱机机芯”、“伺服分道装置”、“分道抓取计数输送装置”、“封箱机的机芯安装结构及封箱机”等35项；制定国家标准“透明膜折叠式裹包机”、“连续热成型真空（充气）包装机”、“袋成型—充填—封口机通用技术条件”、“外抽式真空包装机”等14项。

第三，通过项目合作，培养了大批人才，例如联盟核心成员杭州永创智能设备股份有限公司技术团队人员总数由原来的98人，增加到现有的132人，近三年来新引进了9名硕士、2名博士，在技术团队中，本科及以上人数占81%。同时，参加国内外重大展览和会议如“德国科隆食品及饮料技术展”、“意大利米兰包装展”、“上海国际包装和食品加工技术展”等11个，建立省级以上科技创新平台16个。

### 6.9.3 联盟产业链分析

(1)行业产业链概述

包装机械产业链上下游较为确定（见图6-18），上游行业主要包括钢铁行业、机械行业以及电器零部件行业，涉及信息系统控制、工业机器人、图像传感技术、微电子等多个领域，均属于成熟行业，原料和零部件的供给充足且稳定，同时多数为标准化产品，供应商较多，可替代性较强，具有较低的谈判议价能力。

包装机械下游应用行业广泛，涉及食品、饮料、医药、化工、家用电器、造币印钞、机械制造、仓储物流、建筑材料、金属制造、造纸印刷、图书出版等多个领域。多为快速消费品或生活必需品制造行业，抗周期性强，使得包装机械行业总体需求较为稳定。下游行业工业产值的增长速度以及对产品稳定性、连续性、安全性和自动化程度的要求，将很大程度影响本行业的发展。

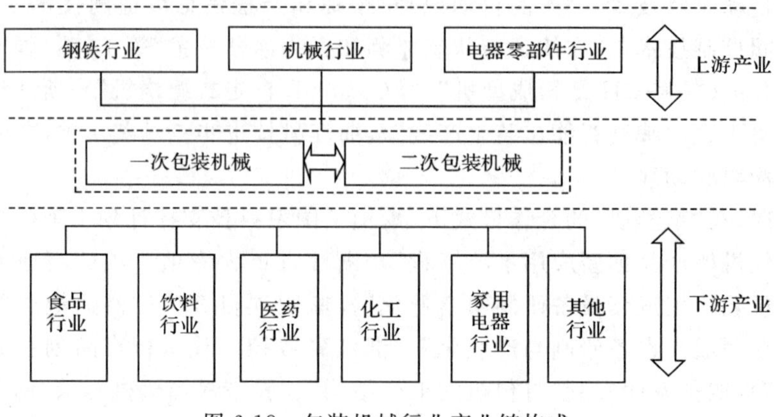


图 6-18　包装机械行业产业链构成

(2)联盟产业链构成

包装机械联盟成员分属产业链上下游,其中东菱技术股份有限公司位于产业链上游,主营电气控制系统、智能控制系统,该公司的交流伺服驱动系统处于世界先进行列;永创智能设备股份有限公司位于产业链中游,主要是研发生产智能包装机械;产业链下游企业包括一家啤酒骨干企业(千岛湖啤酒有限公司)和一家医药骨干企业(佐力药业股份有限公司),位于智能包装机械的应用领域。

浙江大学和浙江工业大学在整个包装机械产业链中主要承担研发与人才培养的职能,轻工业杭州机电设计研究院主要负责产品的研发工作,整条产业链涉及环节众多,技术复杂,需要各方的共同配合和协调。联盟成员产业链分布如图 6-19 所示,联盟产业链结构与合作模式如图 6-20。

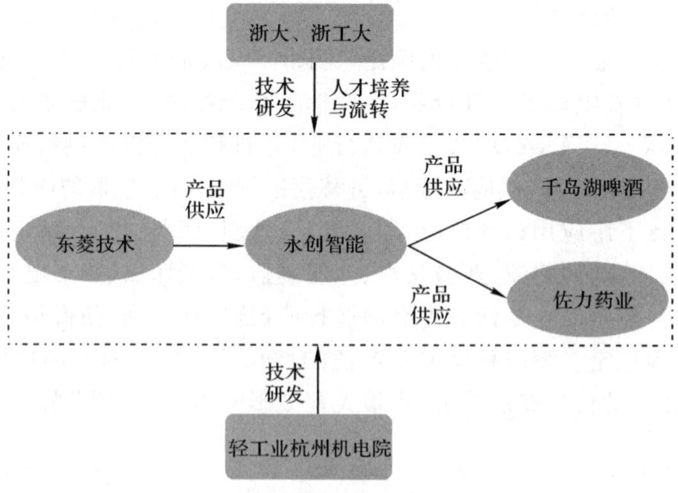


图 6-19　包装机械产业技术创新战略联盟产业链分布

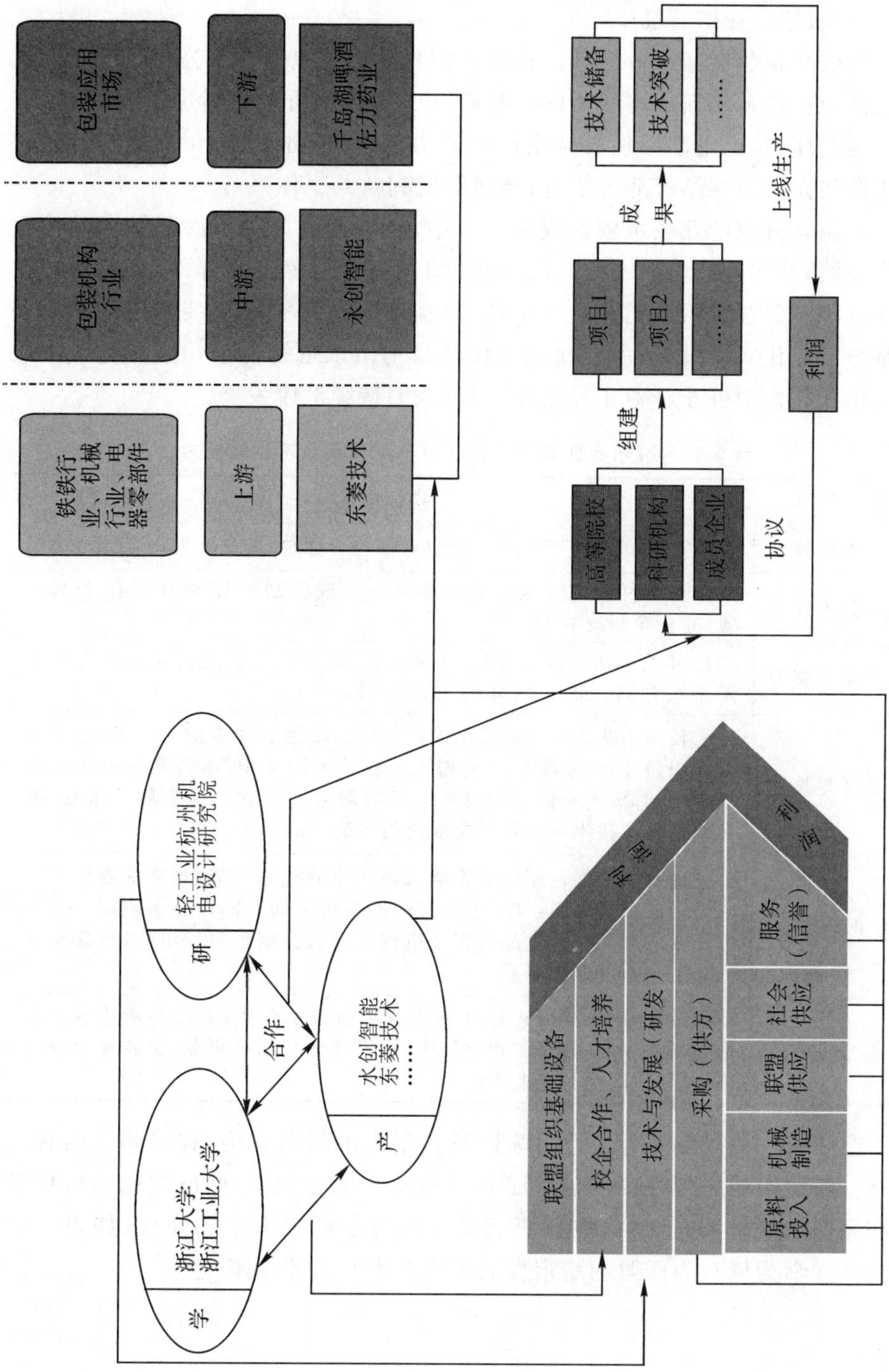


图6-20 浙江省包装机械产业技术创新战略联盟产业链构成与合作机制

(3)联盟产业链特征

①核心企业贯通产业链条。杭州永创智能设备股份有限公司是浙江省包装机械产业技术创新战略联盟的发起者,也是联盟中的核心企业,是联盟中最为关键的环节,也是掌握核心技术核心能力的单位(如表 6-46 所示),永创公司凭借强大实力联结产业上下游,形成联盟利益共享体系。

在包装机械产业技术创新战略联盟中,永创智能公司上游联结东菱技术有限公司,共同合作研发交流伺服电机、伺服驱动器等核心部件,下游联结食品饮料等需要包装机械的企业。包括"高速泡罩医药智能包装专用成套设备研制与产业化"等在内的所有联盟合作项目均由永创智能公司主导完成。永创公司在联盟中处于绝对主导地位,引领联盟持续健康发展。

表 6-46 杭州永创智能设备股份有限公司技术创新实力

| 指标类型 | 指标描述 |
| --- | --- |
| 企业规模 | 2015 年公司总资产 12.4 亿元,总收入 9 亿元,总利润 7600 万元 |
| 核心技术能力 | 公司在国内包装机械行业排名第一。现已制修订国标 5 项、行标 4 项,拥有专利技术 144 项 |
| 资金投入强度 | 2015 年公司研发投入合计 4295 万元,研发投入占总公司总收入的比例为 4.77%。较 2014 年增加 28.43% |
| 人才厚度 | 公司技术团队人员总数由原来的 98 人,增加到现有的 132 人,近三年来新引进了 9 名硕士、2 名博士。在技术团队中,本科及以上人数占 81%,同时杭州永创智能设备股份有限公司设立了博士后工作站,极大地增强了技术研发尤其是前沿技术研发的实力 |
| 企业连接度 | 一方面永创智能位于包装智能机械联盟的核心环节,既是东菱技术有限公司的重要客户,又是千岛湖啤酒与佐力药业的核心供应商。另一方面永创智能作为食品与包装机械工业协会副理事长单位,与联盟外的企业也有着密切联系 |
| 企业荣誉 | 获得的称号有:国家火炬计划重点高新技术企业;省级高新技术企业研究开发中心;省级工业设计中心;省级专利示范企业;包装企业全国第三名;省级绿色企业等 |

②学研机构提供智力支持。联盟具备很强的科研实力,提供强大的智力支持。联盟中的高等院校包括浙江大学与浙江工业大学,两所院校的机械学科在全国均处于领先地位,在科研成果方面均取得了不俗的表现(如表 6-47 以浙江大学为例),为联盟的稳定发展提供技术与人才保障。

**表 6-47 浙江大学机械工程学院科研实力**

<table>
<tr><th colspan="2">类型</th><th>数量</th></tr>
<tr><td colspan="2">科研经费</td><td>累计科研经费超过 12 亿元</td></tr>
<tr><td colspan="2">国家科技进步奖</td><td>一等奖 16 项,二等奖 10 项,三等奖 2 项</td></tr>
<tr><td colspan="2">出版著作</td><td>24 部</td></tr>
<tr><td colspan="2">重点实验室</td><td>4 个</td></tr>
<tr><td colspan="2">SCI</td><td>1200 余篇</td></tr>
<tr><td rowspan="8">专家学者</td><td>院士</td><td>3 人(路甬祥,两院院士;谭建荣,杨华勇,中国工程院院士)</td></tr>
<tr><td>国家“千人计划”</td><td>1 人(姚斌)</td></tr>
<tr><td>浙江省“千人计划”</td><td>5 人(王林翔,黎鑫,黄勇,张晓晶,陈绍琛)</td></tr>
<tr><td>“973 计划”首席科学家</td><td>2 人(谭建荣,杨华勇)</td></tr>
<tr><td>长江学者</td><td>3 人(杨华勇,居冰峰,姚斌)</td></tr>
<tr><td>国家杰出青年基金获得者</td><td>3 人(谭建荣,杨华勇,居冰峰)</td></tr>
<tr><td>百千万人才工程</td><td>5 人(谭建荣,杨华勇,陈鹰,柯映林)</td></tr>
<tr><td>国务院政府津贴获得者</td><td>8 人</td></tr>
</table>

轻工业杭州机电设计研究院是联盟中的科研机构。轻工业杭州机电设计研究院是我国轻工装备行业的重点设计研究单位,代表了中国包装机械领域专业从事科学研究的顶尖水平(见表 6-48),在机械包装专业设计和科学试验方面积累了丰富的实践经验。

**表 6-48 轻工业杭州机电设计研究院科研实力**

| 类型 | 数量 | 举例 |
|---|---|---|
| 发明专利 | 24 个 | 用于纸机流浆箱的孔板结构,一种中浓纸浆泵的轴向旋转动密封结构 |
| 标准(国家级) | 34 项 | 国家标准 7 项,行业标准 27 项 |
| 国家级实验室 | 2 个 | 制浆造纸国家工程实验室,国家工业和信息化部工业(轻工机械)产品质量控制和技术评价实验室 |
| 科技项目 | 60 余项 | 国家 863 计划项目、科技部“十一五”科技支撑项目、科技部科研院所专项资金项目、浙江省重大科技专项项目、集团科技项目等 |
| 教授级高级工程师 | 22 人 | / |

续表

| 类型 | 数量 | 举例 |
| --- | --- | --- |
| 高级工程师 | 54 人 | / |
| 一级注册建筑师 | 3 人 | / |
| 一级注册结构工程师 | 4 人 | / |
| 享受国务院政府津贴专家 | 2 人 | / |

③政府政策引领产业发展。近年来国家制定了大力发展先进装备制造业的相关政策，包装机械行业顺应了这一产业发展的大方向，与国家战略同向而行。包装机械行业属于“工业 4.0”浪潮和“中国制造 2025”战略的重要参与者，其自动化、智能化的本质属性决定了它即将迎来更大的发展机遇。随着中国工业逐渐迈进智能制造时代，可以预见，未来将有越来越多的下游应用行业都有自动化、智能化的包装需求，这将极大地提高包装机械行业的影响力与竞争力。

**表 6-49 包装机械产业相关扶持政策**

| 文件 | 时间 | 主要内容 |
| --- | --- | --- |
| 《装备制造业调整和振兴规划实施细则》 | 2009 年 | 以食品机械、制浆造纸机械、塑料成型机械、制革制鞋机械、光机电一体化缝制机械、包装设备以及食品安全检测设备等为重点，推进轻工机械自主化；鼓励使用国产首台(套)装备，支持装备产品出口，完善出口退税政策 |
| 《产业结构调整指导目录》 | 2011 年 | 新型药用包装材料及其技术开发和生产、连续化、自动化工业炸药雷管生产线、自动化装药、包装技术与设备被纳入“鼓励类”产业 |
| 《食品工业“十二五”发展规划》 | 2011 年 | 将现代包装技术纳入“十二五”时期食品工业科技发展重点，将饮料后包装生产线、高速连续真空包装、高速高精度称重填充、农产品品质检测与在线监控装备纳入“十二五”时期食品工业主要行业专用装备自主化发展重点。建成一批国产化、智能化、成套化装备生产基地，建设一批具有国际竞争力的知名品牌 |
| 《“十二五”国家战略性新兴产业发展规划》 | 2012 年 | 将智能制造装备工程列为重大工程，推进泛在感知自动控制系统、工业机器人、关键零部件等装置的开发和产业化，发展基于机器人的自动化成形与加工装备生产线、自动化仓储与分拣系统、数字化车间等智能装备与系统集成创新 |

续表

| 文件 | 时间 | 主要内容 |
| --- | --- | --- |
| 《中国食品和包装机械工业“十三五”发展规划》 | 2015 年 | 坚持稳定规模、调整结构、提升水平、保障食品安全的发展思路，把技术创新、智能化、信息化、高效节能及重要成套装备作为食品和包装机械行业的发展重点。全面推进智能制造、绿色制造和优质制造，实现中国制造向中国创造转变 |
| 《关于加快我国包装产业转型发展的指导意见》 | 2016 年 | 进一步提升我国包装产业的核心竞争力，巩固世界包装大国地位，推动包装强国建设进程，实现产业规模、自主创新、标准建设、节能减排、两化融合目标 |

### 6.9.4 联盟存在的问题

(1)联盟发展动力不足

一般来说，联盟是成员围绕共同发展需求自发组织起来的组织。然而部分联盟在组建初期，往往以承担国家科技计划项目和重大创新任务为目标，联盟发展本身缺乏自主投入的动力机制和自主发展的长效机制，成员之间尚未找到共同的利益点，难以组织实质性的合作创新，联盟合作机制得不到保障，联盟往往沦为松散的交流平台，对产业技术创新的推动作用有限。

(2)成员结构不合理

包装机械联盟内部真正与包装机械紧密相关的企业只有杭州永创智能股份有限公司与东菱技术股份有限公司，其余企业属于食品、饮料行业，或是与包装机械相关的流水线、智能叉车等非核心模块，这就导致了两方面的问题。一方面，专业的包装机械企业较少，不利于联盟技术实力的提高，也不利于联盟的社会与行业影响力提升，联盟发展前景黯淡；另一方面，杭州永创智能股份有限公司作为联盟核心企业，其产品与东菱技术股份有限公司的产品同质化，客观上就存在杭州永创智能股份有限公司一家独大的局面，其余企业对联盟项目的参与积极性较低，不利于实现成员合作共赢。

(3)成员水平差距大

产业链上下游企业发展水平参差不齐，成熟的大企业由于具有较强的自主研发能力、生产能力，强大的人才队伍和较高的技术水平，对其他成员的知识扩散和技术输出较大；同时，中小企业由于受到规模和能力的限制，达不到核心企业对于合作创新的要求，阻碍了联盟的进一步发展，降低了大企业参与联盟的积极性。联盟企业资源构成、知识结构及价值取向、文化底蕴等方面的差异过大，使联盟尚未形成足够强大的合力，无形中也造成了联盟冲突与凝聚力较低。

### 6.9.5 联盟启示与建议

(1)加快科技创新体系建设

产业技术创新战略联盟在推动技术及信息共享，加强先进适用技术转化及推广应用，加大产、学、研、用协同发展方面发挥重要作用。例如，包装机械联盟通过不断加强科技创新平台建设，建立集源头创新、集成创新、成果转化、推广服务于一体的涉及全产业链的产业科技创新体系。因此，从长远发展来看，联盟应加快推进科技创新团队、重点学科、重点实验室建设，重点开展重大关键技术和共性技术的开发利用研究；支持创新要素向企业集聚，支持符合条件的企业设立省重点企业研究院，承接重大科技专项的实施；引导企业增加科技投入，开展重点实验室、工程技术中心或企业研究院建设，发挥科技创新的引领作用，提升产业发展水平。

(2)加快自主知识产权建设

调查显示，我国包装机械目前存在的主要问题不是制造问题，而是设计问题，约有80%左右的问题出在设计环节，包装机械行业主要采用参照设计，自主设计的寥寥无几，这种设计方式难以注入技术含量和提升设计水平。包装机械联盟应在自主知识产权建设方面不断完善，以长期务实的态度建立并完善知识产权体制和机制，改革科研设计程序，制定新一轮科研设计准则，扩大联盟内部与联盟内外的自行研发、委托研发、合作研发，在此基础上加强知识产权的保护与推广，运用先进的信息手段营造保护知识产权的良好氛围。因此，产业技术创新战略联盟应积极提升原始创新、集成创新和引进消化吸收再创新能力，推进具有自主知识产权的产品开发。

(3)加快科技人才队伍建设

产业技术创新战略联盟的组建和发展亟需大量高层次的科技人才队伍支撑，注重加快科技人才队伍建设提升，以人为本是联盟持续健康发展的保证。产业技术创新战略联盟应该依托重大科研和建设项目、重点学科和科研基地以及国际学术交流与合作项目，加大对学科带头人的培养力度，积极推进创新团队建设，对核心技术领域的高级专家要实行特殊政策；充分发挥教育在创新人才培养中的重要作用，加强科技创新与人才培养的有机结合，鼓励企业、科研院所与高等院校合作培养研究型人才；支持企业培养和吸引科技人才，鼓励企业聘用高层次科技人才和培养优秀科技人才，支持企业吸引和招聘外籍科学家和工程师；加大吸引留学和海外高层次人才工作力度，制定和实施吸引优秀留学人才回国工作和为国服务计划，重点吸引高层次人才和紧缺人才，加大对高层次留学人才回国的资助力度；完善人才的使用、评价和考核机制，将人才引进、培养与科技创业、科研项目有机结合起来，探索建立技术、专利入股、期权等政策，充分调动科研机构和人才创新创业的积极性，确保高层次人才引得进、留得住、用得好。

## 6.10 浙江省瓜菜产业技术创新战略联盟

### 6.10.1 行业背景

瓜菜行业是瓜类和蔬菜类行业的总称，与人民生产生活息息相关。我国是世界上最大的蔬菜、瓜类生产国和消费国，FAO 数据库显示，2015 年中国瓜菜收获面积 37333 万亩，产量 59884 万吨，瓜菜种子面积及产量均居世界第一位，分别高出第二位印度 2.29 倍和 4.63 倍。同时，我国瓜菜行业的整体发展不断优化，呈现如下特点：①生产布局不断优化；②产品质量大幅提高；③市场供应显著改善；④加工工业长足发展；⑤产业科技不断进步；⑥流通体系日益完善。

### 6.10.2 联盟概述

(1)联盟简介

2010 年 12 月 2 日，由浙江勿忘农种业股份有限公司牵头的瓜菜产业技术创新战略联盟成立。该联盟由浙江大学、省农科院、海通集团食品有限公司等 17 家瓜菜科研、生产和加工单位组成，集聚了浙江省瓜菜产业科研、种子生产营销、瓜菜生产加工的优势单位，联盟推广网络健全，覆盖面广，技术力量强，代表了浙江省瓜菜产业的最高技术水平。

(2)联盟主要内容

通过将市场需求与科研成果有机对接，促进新品种、新技术的研发、推广。同时，结合省水稻科技创新团队、省旱作粮油科技创新团队，共同做强浙江省瓜菜种子行业。

(3)成员简介

表 6-50 联盟成员简介

| 序号 | 成员名称 | 简介 |
|---|---|---|
| 1 | 浙江勿忘农种业股份有限公司 | 勿忘农种业股份有限公司是一家集科研、生产、加工、营销、技术服务于一体的具有全国育繁推一体经营资质的种子企业,中国种业骨干企业 |
| 2 | 浙江省农业科学研究院 | 浙江省农业科学院为浙江省政府直属的综合性纯公益农业科研机构,创办于1911年,主要承担着农业应用基础研究、高新技术应用及开发研究和科技兴农服务,研究领域涵盖了除水产、茶叶外大农业各个领域 |
| 3 | 浙江大学 | 国际重点一流高校,现拥有39个博士后流动站,20个国家重点(专业)实验室、3个国家工程技术研究中心,国家战略产业人才培养基地3个 |
| 4 | 浙江农林大学 | 浙江省唯一的省属本科农林类高校,是浙江省人民政府和国家林业局共建高校 |
| 5 | 海通食品集团股份有限公司 | 专业从事果蔬加工的外向型农产品加工企业 |
| 6 | 浙江新迪国际食品集团有限公司 | 中国最大的速冻果蔬类产品出口企业和冷冻烘焙食品制造企业 |
| 7 | 浙江吉天农业开发有限公司 | 吉天农业开发有限公司是一家集水产养殖、蔬菜种植、农产品加工、配送、直销,以及农业高新技术试验、示范于一体的省级骨干农业龙头企业 |
| 8 | 浙江勿忘农种业科学研究院有限公司 | 浙江勿忘农种业股份有限公司旗下研究院 |
| 9 | 浙江浙农种业公司 | 主营业务为种子批发 |
| 10 | 杭州三雄种苗有限公司 | 主要经营国外名、特、优、新蔬菜、瓜果和花卉种苗,是集育种、引进、试验及推广经营为一体的现代种业公司 |
| 11 | 温州肇丰种苗有限公司 | 集科研、生产、销售为一体的种子公司 |
| 12 | 温州市神鹿种业有限公司 | 为浙南历史最久、规模最大的专业种子公司 |
| 13 | 杭州市农业科学研究院 | 承担农业开发性、应用性研究和开展农业先进适用技术的引进、示范和推广任务 |
| 14 | 绍兴市农业科学研究院 | 属绍兴市市级农业综合性技术研究的纯公益性事业单位,下设糯稻研究所、蔬菜研究所、生物技术研究所、茶叶研究所、农业生态研究所、花卉研究所6大研究单位 |

续表

| 序号 | 成员名称 | 简介 |
| --- | --- | --- |
| 15 | 金华市农业科学研究院 | 原名金华市农业科学研究所，始建于 1958 年 8 月，系浙江省最早的四个地(市)级农科所之一 |
| 16 | 台州市农业科学研究院 | 建于 1962 年的台州农科所，2003 年撤所建院，是台州市政府下属的正处级综合性农业科研事业单位 |
| 17 | 宁波市农业科学研究院 | 宁波市政府直属的科研事业单位，于 2000 年 12 月在原宁波市农科所和宁波市林科所合并基础上组建 |

(4)联盟成效

浙江省瓜菜产业技术创新战略联盟在政府的发力支持下，取得了良好的效益，联盟的知名度与影响力逐步提高。

首先，联盟通过成员资源共享、优势互补，取得了大量技术突破，创造了一系列产品，增加了联盟整体与成员个体收益。技术突破包括“番茄抗 TYLCV 分子标记技术”、“辣椒小孢子培养技术”、“茄子耐低温弱光筛选技术”、“甜瓜枯萎病抗性的功能性分子标记”、“基于分子标记辅助选择技术”、“瓠瓜 SSR 分子标记分析技术体系”等 6 项，增加了 6500 万元左右的销售收入。

其次，在“产学研”的合作模式下，承担了大量的国家科研项目，包括“基于高通量测序研究 microRNA 调控嫁接西瓜氮、磷养分吸收和利用的分子机制”、“新型植物激素独脚金内酯(Strigolactone)调控西瓜耐涝性的分子机理研究”、“外源茉莉酸调控小白菜硫代葡萄糖苷生物合成的分子机制及诱导抗虫性的研究”、“大白菜 BrAOP2 基因克隆及萝卜硫苷代谢工程研究”、“黄瓜硅转运相关基因 CSiT-1 和 CSiT-2 功能研究”、“响应干旱胁迫黄瓜叶片质膜水通道蛋白的表达特征与生理功能分析”、“miR398 介导的 CSD 基因表达对番茄耐盐性影响机理研究”、“硫代葡萄糖苷调控小白菜农药代谢降解机制研究”等 8 项国家自然科学基金，青花菜新品种联合开发”、“西瓜优质抗病抗逆新品种合作选育与开发”、“茄子新品种选育合作”、“番茄新品种轩与合作”等 4 项联盟合作项目；获得浙江省科技进步二等奖 1 项(“抗番茄黄化曲叶病毒优质多抗番茄品种选育及高效聚合育种技术”)，浙江省科技进步三等奖 1 项(“长豇豆重要性状遗传基础和育种技术研究及品种选育”)，浙江省科技成果转化二等奖(“菜用大豆新品种‘浙农 6 号’的中试与示范”)。

第三，取得了大量发明专利，联盟共取得了“一种提高西瓜糖分的品质改良剂及其使用方法”、“提高葫芦种子活力指数的方法”、“提高西瓜糖分的品质改良剂及其使用方法”、“用于甜瓜枯萎病抗性鉴定的功能性分子标记及其用途”、“用于甜瓜枯萎病抗性鉴定的功能性分子标记一及其用途”、“用于甜瓜枯萎病抗性鉴定的功能性分子标记二及其用途”等 13 项专利。

此外，通过项目合作，培养了大量的瓜菜技术人才，在国内外知名刊物上发表“A Casparian strip domain-like gene, CASPL, negatively alters growth and cold tolerance”、“Genome-wide identification and comparative analysis of grafting-responsive mRNA in watermelon grafted onto bottle gourd and squash rootstocks by high-throughput sequencing”、“Identification of down-regulated genes modulated by an alternative oxidase pathway under cold stress conditions in watermelon plants”、“厚皮甜瓜新品种‘红状元’”、“厚皮甜瓜新品种‘金玫瑰’”、“小型哈密瓜新品种‘金脆丰’”、“卫星搭载对茄子后代主要性状遗传变异的影响及其选育技术研究”、“番茄黄化曲叶病毒病抗性鉴定技术研究”、“低磷胁迫下嫁接对西瓜生长早期磷素吸收和利用的影响”、“黄瓜白粉病抗性序列相关扩增多态性的分子标记研究”等中英文论文 51 篇。

### 6.10.3 联盟产业链分析

(1)联盟产业链构成

瓜菜联盟形成了以种子培育为核心，集科研、生产、加工、营销、技术服务等为一体的产业链条，产业链分布如表 6-51。产业链上游包括种子的育种、研发，成员单位如浙江勿忘农种业科学研究院有限公司；产业链中游为种子的调试生产，成员单位如浙江勿忘农种业股份有限公司；产业链下游主要是种子的试验与市场推广，成员单位如海通食品集团股份有限公司。另外，产业链成员也包括一些辅助单位，为整个链条提供技术服务。如杭州市农业科学研究院联盟产业链结构与合作机制见图 6-21。

**表 6-51 联盟成员产业链位置分布**

| 产业链位置 | 成员名称 |
|---|---|
| 上游 | 浙江勿忘农种业股份有限公司；浙江省勿忘农种业科学研究院有限公司 |
| 中游 | 浙江勿忘农种业股份有限公司；浙江吉天农业开发有限公司；浙江浙农种业公司；杭州三雄种苗有限公司；温州肇丰种苗有限公司 |
| 下游 | 海通食品集团股份有限公司；浙江新迪国际食品集团有限公司；温州市神鹿种业有限公司 |
| 辅助 | 浙江省农业科学研究院；杭州市农业科学研究院；绍兴市农业科学研究院；宁波市农业科学研究院；金华市农业科学研究院；台州市农业科学研究院 |

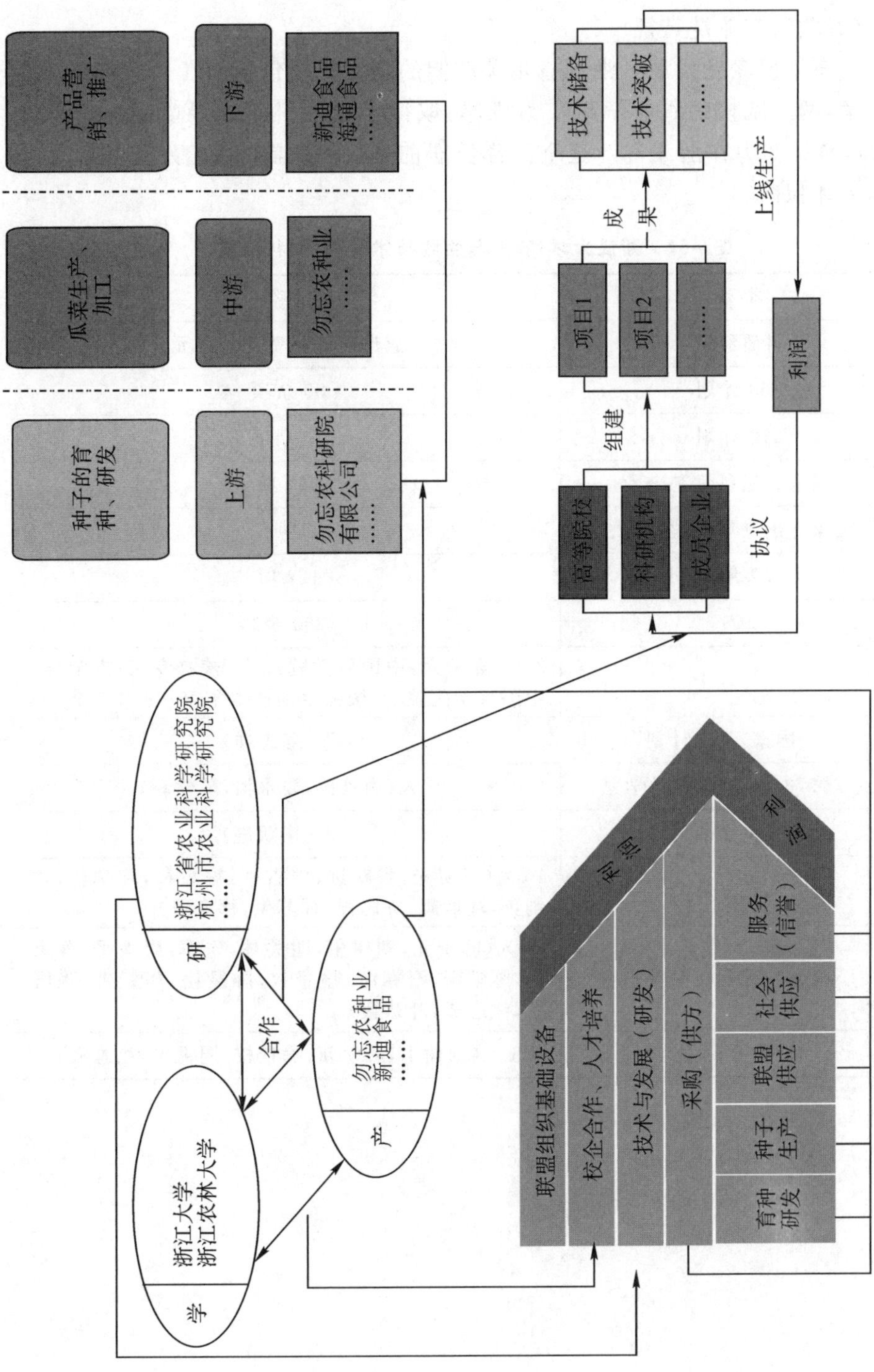


图6-21 浙江省瓜菜产业技术创新战略联盟产业链结构与合作机制

(2)联盟产业链特征

①产学研联动发展。浙江省瓜菜联盟的高等院校包括浙江大学与浙江农林大学,两所院校的农业学科实力雄厚,取得了众多科研成果(如表 6-52、表 6-53),科研实力在浙江省乃至全国都位居前列,为联盟的稳定发展提供了技术与人才保障。

**表 6-52 浙江大学(农业与生物技术学院)的科研实力**

| 类型 | | 介绍 |
|---|---|---|
| 科研经费 | | 累计科研经费约 8 亿元 |
| 863 计划 | | 30 余项 |
| 973 计划 | | 20 余项 |
| 国家自然科学基金 | | 268 项 |
| 国家杰出青年科学基金 | | 7 项 |
| 国家发明专利 | | 127 项 |
| SCI | | 1200 余篇 |
| 专家学者 | 院士 | 2 人(陈子元,中国科学院院士,核农专家;方荣祥,中国科学院院士,植物生物技术学家) |
| | 国家“千人计划” | 1 人(陈志祥) |
| | “973 计划”首席科学家 | 3 人(喻景权,娄永根,陈学新) |
| | 重大科学研究计划 | 1 人(华跃进) |
| | 长江学者 | 10 人(冯明光,华跃进,周雪平,喻景权,陈学新,甘剑英,沈炳辉,陈志祥,甘苏生,徐海君) |
| | 国务院政府津贴获得者 | 14 人(陈子元,刘树生,谢关林,朱军,周雪平,曹家树,陈学新,石春海,喻景权,陈昆松,华跃进,张国平,沈志成,叶恭银) |
| | “百千万人才工程” | 5 人(刘树生,陈学新,喻景权,周雪平,沈志成) |

**表 6-53　浙江农林大学在瓜菜领域的科研实力**

| | 序号 | 名称 | 作者 | 级别 |
|---|---|---|---|---|
| 重点研究中心 | 1 | 浙江省农产品品质改良技术研究重点实验室 | | 浙江省重点实验室 |
| | 2 | 浙江农林大学农产品质量安全监测中心 | | 浙江省重点实验室 |
| | 3 | 中一荷种子技术研究中心 | | 浙江省重要的种子科学研究平台 |
| | 4 | 浙江农林大学生物种业研究中心 | | 浙江省重点实验室 |
| 国家重大项目 | 序号 | 名称 | | 级别 |
| | 1 | 外源茉莉酸调控小白菜硫代葡萄糖苷生物合成的分子机制及诱导抗虫性的研究 | | 国家自然科学基金 |
| | 2 | 光与热胁迫下杨梅叶片 D1 蛋白周转的分子调控机理研究 | | 国家自然科学基金 |
| | 3 | 大白菜 BrAOP2 基因克隆及萝卜硫苷代谢工程研究 | | 国家自然科学基金 |
| | 4 | 蝴蝶兰成花“温敏”现象特异基因的鉴定及表达调控研究 | | 国家自然科学基金 |
| | 5 | 传统名花桂花繁育系统研究 | | 国家自然科学基金 |
| | 6 | 柑橘标准化及安全生产技术研究 | | 国家科技支撑计划项目 |
| | 7 | 我国沿江滩地水生植被的生理生态特性研究 | | 国家科技支撑计划项目 |
| 重要论文 | 序号 | 名称 | 作者 | 级别 |
| | 1 | Gene copy number evolution during tetraploid cotton radiation | Heredity | SCI |
| | 2 | Identification of rice TUBBY-like genes and their evolution | FEBS Journal | SCI |
| | 3 | Molecular evolution of the MLO gene family in Oryza sativa and their functional divergence | Gene | SCI |
| | 4 | Dicer-like (DCL) proteins in plants | Functional & Integrative Genomics | SCI |
| | 5 | Effect of auxin on mesocotyl elongation of dark-grown maize under different seeding depths | Russian Journal of Plant Physiology | SCI |

联盟中的科研机构包括：浙江省农业科学研究院，杭州市农业科学研究院，宁波市农业科学研究院，绍兴市农业科学研究院，台州市农业科学研究院以及金华市农业科学研究院，这些科研院所代表了浙江省农业科学研究的最高水平，如浙江省农科院取得了众多成果（如表 6-54），极大地提升了联盟的整体科研实力以及联盟在行业内的影响力。

**表 6-54　浙江省农科院在瓜菜领域的科研实力**

| 类型 | 数量 | 举例 |
| --- | --- | --- |
| 重要奖项 | 18 个 | 利用原子能辐射引变育成的水稻新品种——原丰早（国家发明一等奖）；我国大麦黄花叶病毒株系，新抗源筛选，抗病品种应用及其分子生物学研究（国家科技进步二等奖）；耐瘠耐酸高产优质春大豆浙春 2 号的选育与应用（国家科技进步二等奖） |
| 发明专利 | 146 个 | 一种新型盐渍发酵萝卜的制备方法<br>一种蔬菜和谷物复合乳酸发酵饮料及其制备方法 |
| 标准（国家级） | 7 个 | NY/T 2067-2011 土壤中 13 种磺酰脲类除草剂残留量的测定 液相色谱串联质谱法<br>大麦新品种 DUS 测试指南 |
| 软件注册权 | 16 个 | 嘉善县水稻测土配方施肥专家建议系统软件<br>桐乡市单季稻测土配方施肥专家建议系统软件 |
| 新品种 | 242 个 | 浙椒 3 号，浙樱粉 2 号，大麦新品种浙云 1 号 |
| 品种权品种 | 8 个 | 浙鲜豆 5 号品种权；浙紫薯 1 号；毛花猕猴桃“华特” |

②核心企业引领发展。浙江勿忘农种业股份有限公司是浙江省瓜菜产业技术创新战略联盟的发起者，也是联盟中的核心企业，其技术创新能力不论是在内部决定因素还是外部作用途径中都有着卓越的表现（如表 6-55），带领联盟不断突破新技术，创造更多的市场与社会价值。

**表 6-55　浙江勿忘农种业股份有限公司技术创新实力**

| 指标类型 | 指标描述 |
| --- | --- |
| 企业规模 | 注册资本一亿元。勿忘农种业是中国种业五十强企业，中国种业骨干企业、高新技术企业。公司建有长期稳定的各类农作物制繁种基地 8 万余亩 |
| 核心技术能力 | 目前拥有自主知识产权品种 70 多个 |
| 资金投入强度 | 公司配备了行业领先的设施设备，建有现代化的标准种子检验室、贮藏库和精选加工流水线 |

续表

| 指标类型 | 指标描述 |
| --- | --- |
| 企业荣誉 | 中国种业骨干企业，国家高新技术企业，中国种子行业 AAA 级信用企业，浙江省农业科技企业，浙江省省级骨干农业龙头企业，浙江省省级农资连锁经营龙头企业，浙江省知名商号，浙江省著名商标，省级高新技术企业研究开发中心 |

浙江勿忘农种业股份有限公司属于中国种业骨干企业，在浙江省同类企业中拥有较高的声望，联盟大多数定期、不定期的会议均由勿忘农种业股份有限公司组织召开，同时公司拥有 1500 亩的项目展示基地，可供联盟新品试验展示，实现了资源的充分利用。

③政策春风助力发展。农业行业关乎国家食品安全，关乎老百姓的温饱问题，各层级政府都制定了大力扶持农业行业的政策（如表 6-56），在政策的春风下，农业快速发展。瓜菜联盟属于农业行业范畴，因此，联盟的发展受益于利好政策，在联盟企业相互合作的基础上能够获得更多的成果，能够提升联盟的影响力与竞争力。

表 6-56　瓜菜行业相关利好政策

| 政策名称 | 内容简介 |
| --- | --- |
| 关于加快转变农业发展方式的意见 | 围绕转变农业发展方式的关键领域、薄弱环节，系统部署了七方面重点任务 |
| 关于支持多种形式适度规模经营促进转变农业发展方式的意见 | 提出完善农业补贴，支持粮食适度规模经营，重点向种粮大户、家庭农场、农民合作社、农业社会化服务组织等新型经营主体倾斜 |
| 关于财政支持建立农业信贷担保体系的指导意见 | 解决农户融资难问题，建立完善信贷体系 |
| 循环经济发展战略及近期行动计划 | 提出在农业领域加快推动资源利用节约化、生产过程清洁化、产业链接循环化、废物处理资源化，形成农林牧渔多业共生的循环型农业生产方式 |

随着社会经济的不断发展，人们的生活水平也在不断提高，对食品的要求也不断提高，例如希望能够吃到隔季的食品，不同国家的食品，不同种类的食品以及营养更为丰富的食品。这就需要农业企业通过持续的创新，研发和生产出更多满足消费者需求的产品，而联盟为实现这些目标搭建了一个理想的平台。

④企业集聚效应突出。瓜菜产业技术创新战略联盟成员都位于浙江省

内，企业的集聚有利于促进人才的良性流动，促进信息的交流、知识的融合和创新，有利于企业之间的相互合作，有利于交易成本及运输成本的降低，有利于企业之间的资源共享、优势互补，有利于实现联盟的规模经济，提高联盟的竞争实力。

同时，农业企业与工业企业不同，尤其是研发型农业企业，需要大量的试验田地，一般情况下，成本相对比较高。而瓜菜联盟通过协议，可使联盟成员共享联盟的试验基地，由于瓜菜联盟成员都在省内，地理位置接近、环境趋同，进一步提高了试验基地的有效性。

### 6.10.4 联盟存在的问题

(1)总体规模偏小、域外竞争力较弱

浙江省土地资源匮乏，农用土地更为稀少，导致联盟成员普遍规模较小，形不成规模经济。在与省外和国际企业竞争时，处于劣势，亟需依托联盟扩展省外资源。

(2)缺少产业技术层面的战略合作

高校及科研院所的科技人员在创新型科技人才的培养、知识产权、成果转化及科技开发等方面的意识比较淡薄，对研究项目的知识产权、企业需求和市场前景等重视不够，没有与企业联合、走向市场的意识。研究成果与企业需求不匹配，大多数处于基础研究和实验室阶段，距离市场较远，难以产生经济效益。

(3)推进产学研工作未形成合力

一般来说，企业对市场反应能力较快，具有农业产品生产、加工及销售的能力，但是缺乏农产品的研究开发能力，而这恰恰是高等院校与科研院所的长处。由于缺乏各方面的统筹安排，产学研工作难以形成合力，造成本来就匮乏的技术创新要素分散、交叉和重复，难以集成并聚焦在产业持续创新链上。

(4)经费使用规定束缚联盟发展

政府对经费使用的规定较为模糊，表现在所拨付经费是仅可以用于项目使用，还是可以用于联盟的整体经营，没有做出明确的说明；项目经费是由联盟管理还有直接分发到项目合作企业手中，也没有做出统一的规定。模糊的规定使得联盟对于经费使用存在一定的顾虑。

(5)联盟的运行机制有待改善

联盟由成立之初的以企业为主体转向了以科研单位为主体，企业尤其是核心企业的领导力不足。联盟成立时的成员单位在联盟运行过程中由于某些原因退出联盟，若承接加入新的成员，那么合作项目最终取得的收益如何进行分配成了棘手的问题。

### 6.10.5 联盟启示与建议

瓜菜联盟，其发展与市场的环境和供需息息相关。联盟应该保持以企业为主体的框架，保持与市场环境的动态联系，同时，联盟应该扩大市场范围，创造出一种新的发展方向或将联盟地域扩展到外省乃至国外，实现联盟整体的跨越式发展。

联盟成为经济实体有助于联盟的稳定发展，有助于形成一种合理的、能够得到成员单位支持的运行及分配机制，同时，联盟也应该允许成员单位有进有出，使成员结构健康合理地运行。

考核和激励也是联盟发展的一大措施。由于联盟成员的文化特性、利益的多重性、合作经历经验等方面的不同，政府过多地干预联盟运行是不明智的，也是无效的。联盟的运行应以结果管理和考核为导向，激发联盟创新的积极性和主动性。而结果管理和考核的前提是区别成员单位技术创新与产业共同技术创新，产业共同技术包括产业链上关键技术和产业共性技术，明确有效联盟运行机制的表征就是产业共同技术创新成果的产业化与商业化。同时，需要建立联盟内部相应的责任分担机制，明确联盟对外承担责任主体单位与课题承担单位相应的责任。

产业技术创新战略联盟的终止主要源于联盟内部的冲突和不协调，因此，产业技术创新战略联盟应密切关注与各市场要素的互动，高度关注国家科技创新总体战略布局。通过内部的资源和信息统筹，积极促成联盟各方的联动，建立“政府推动、内部联动、市场互动”的可持续发展动力机制。

由于农业企业的特殊性，政府应在资金、政策等方面给予大力支持。鼓励地方围绕区域农业支柱产业发展和创新体系建设，探索促进农业产业技术创新战略联盟发展的有效方式。及时总结地方的经验和做法，加大宣传力度，带动农业产业技术创新战略联盟工作的全面开展。

# 7 产业技术创新战略联盟运行绩效评价案例

对获得的绩效评价体系进行案例模拟应用是检验指标体系是否科学、实用的重要手段之一，孙继跃(2012)通过引入江苏省家禽产业技术创新战略联盟进行绩效模拟评价。王静(2011)则引入宁波智能家电产学研联盟利用构建的绩效指标体系进行模拟评价。本书在运用层次分析法对指标权重进行界定的基础上，以浙江省中药现代化产业技术创新战略联盟为例进行绩效模拟评价。

## 7.1 案例介绍

(1)行业背景

中药产业是指由中药材生产、中药加工和中药销售组成的产、供、销相结合的产业。现代中药行业是将现代工艺技术应用到传统中药领域而形成的一种拥有巨大发展潜力的行业。随着"回归自然"绿色热潮在全球范围内广泛兴起，人们对化学制药毒副作用的了解日益加深，全球医药市场对天然药物的重视与欢迎程度不断增加。世界主要发达国家对天然动植物药品的态度也明显转变。中药正以其天然、安全、有效、副作用小的显著特征在全球范围内得到认可。

中药产业在我国拥有几千年的历史，是我国的传统优势产业，一直以来中药凭借毒副作用小、产量多、分布广等优势占据着我国医药产业的半壁江山，中医药产业也被公认为是我国的"朝阳产业"。

2016 年 2 月，国务院印发《中医药发展战略规划纲要(2016—2030 年)》，这是首个国家级的中医药发展规划。《纲要》提出，到 2020 年，中药产业将成为国民经济重要支柱之一。对于我国中药产业而言，这无疑是一场"及时雨"。一直以来，专利意识淡薄、质量标准缺失、科技研发滞后等问题困扰着我国中药产业的发展，在国际中药市场被"洋中药"垄断的情况下，国内市场也受到了越来越大的冲击，中药振兴之路任重道远。

(2)联盟概述

①联盟简况。2010年8月,正大青春宝药业有限公司联合浙江省中药研究所有限公司、浙江大学、浙江中医药大学、浙江工业大学、浙江康恩贝制药股份有限公司、杭州胡庆余堂制药有限公司、浙江中信药用植物种业有限公司、浙江天科高新技术发展有限公司(浙江省微生物研究所)和浙江中医药大学中药饮片厂共同发起建立浙江省中药现代化产业技术创新战略联盟(简称中药联盟)。联盟主要内容为:建立从中药资源保护到中药新药开发,从新技术新装备研制到产业化应用的产、学、研相结合的中药产业创新链,突出科技创新,服务产业发展,为区域经济发展做出贡献。

②成员介绍。浙江省中药现代化产业技术创新战略联盟包括企业、高等院校与科研机构等成员,具体情况如表7-1。

表7-1　联盟成员概况

| 成员名称 | 简述 |
|---|---|
| 正大青春宝药业有限公司 | 国内最大的中成药制品企业 |
| 浙江省中药研究所有限公司 | 主要从事中药新药研发、中药材品种选育与规范栽培、保健食品开发等研究工作,并为保健食品中的指标性成分、重金属、农药残留等提供检测服务 |
| 浙江中医药大学中药饮片有限公司 | 浙江省内最大的以生产加工中药饮片为主的产学研结合的企业之一 |
| 浙江康恩贝制药股份有限公司 | 康恩贝集团有限公司的控股子公司和主要成员企业,一家集药材种植及药品研发、生产、销售为一体的医药上市企业 |
| 杭州胡庆余堂药业有限公司 | 我国现存历史最悠久、规模最大的传统国药企业之一,享有"江南药王"盛誉 |
| 浙江中信药用植物种业有限公司 | 浙江省内最大的专业从事药用植物研发、种植、收购、销售于一体的科技型企业 |
| 浙江天科高新技术发展有限公司 | 直属浙江省科技厅,成立于2002年,是一家集生物技术研发、技术服务、科技咨询、科技中介等于一体的研究和服务类机构 |
| 杭州朱养心药业有限公司 | 前身系创始人朱养心创办于明万历年间,与《本草纲目》同时代问世的"朱养心药室"。经过四百多年的发展历程,企业经过了合理建设,已经从原来的"前店后厂"的作坊式药店发展成现在的GMP认证现代化生产实体型医药企业 |
| 浙江省中药材协会 | 会员由全省各地从事中药材管理、科研、生产、加工、流通等领域的单位组成,主要职责为行业调研协调、标准规范制定、技术信息咨询 |

续表

| 成员名称 | 简述 |
| --- | --- |
| 浙江大学 | “985”、“211”高校成员，综合实力稳居全国前5 |
| 浙江中医药大学 | 中医中药为主，多学科协调发展的省属高校 |
| 浙江工业大学 | 浙江省综合实力第二，全国百强高校 |

③联盟产业链。中药产业链包括中药材生产、中药工业及中药商业三部分，其中，中药材生产(中药材的育种及种植)属于产业链的上游环节，联盟中浙江中信药用植物种业有限公司、浙江省中药研究所有限公司等参与此环节；中药工业(中药饮片、含片，中药制剂的生产)属于产业链的中间环节，联盟中正大青春宝药业有限公司、浙江省康恩贝制药股份有限公司等参与此环节；中药商业(中药饮片、制剂的销售)属于产业链的下游环节，正大青春宝药业有限公司、杭州胡庆余堂药业有限公司参与此环节。同时，高等院校、科研机构在上游育种、中游生产工艺的改进等环节均起到了重要的辅助作用。

浙江省中药现代化产业技术创新战略联盟内部成员的产业链分布如表7-2。

表 7-2 联盟成员产业链位置

| 产业链位置 | 成员名称 |
| --- | --- |
| 上游 | 正大青春宝药业有限公司、浙江省康恩贝制药股份有限公司、浙江省中药研究所有限公司、杭州胡庆余堂药业有限公司、浙江中信药用植物种业有限公司、杭州朱养心药业有限公司 |
| 中游 | 正大青春宝药业有限公司、浙江省康恩贝制药股份有限公司、浙江中医药大学中药饮片有限公司、杭州胡庆余堂药业有限公司、杭州朱养心药业有限公司 |
| 下游 | 正大青春宝药业有限公司、浙江省康恩贝制药股份有限公司、浙江中医药大学中药饮片有限公司、杭州胡庆余堂药业有限公司、杭州朱养心药业有限公司 |
| 辅助 | 浙江省中药材协会、浙江大学、浙江工业大学、浙江中医药大学、浙江天科高新技术发展有限公司 |

④联盟成效。浙江省中药现代化产业技术创新战略联盟在政府的大力支持下，取得了良好的效益，联盟的知名度与影响力不断提高。

第一，完成了“企业环境微生物管控”、“万亩浙麦冬和温郁金规范化种植基地建设”等23个联盟合作项目。

第二，联盟通过成员资源共享、优势互补，取得了“环境微生物快速检测”、“污染微生物快速溯源”、“一种具有高保水性的微生物培养基的开发”等21项行业重大技术突破，提高了联盟在行业内的知名度与美誉度，增加了联盟整体与成员个体的经济收益。

第三，在政府的大力支持和联盟“产学研”的合作模式下，承担了大量的国家科研项目，取得了众多科研奖项。国家科研项目包括“杭白菊规范化种植及综合利用研究”、“总葫芦素仿生胶束的构建及口服吸收机理研究”等10项国家科技支撑计划，“基于‘针捕集—肠道微生态学—代谢标志物’探讨白术芍药散治疗溃疡性结肠炎炮制增效机理”、“基于近红外光谱和多维谱效研究续断‘发汗’前后成分变化及对药效的影响”等4项国家自然科学基金项目，“银杏叶的关键生产技术研究及国际注册”等3项国家科技重大专项和众多的省部级项目。科研奖项包括“中药炮制关键技术和设备在饮片质量控制中的集成应用”等2项国家科技进步奖，1项国家级质量奖——“野马追颗粒”，“中药注射剂的安全性关键问题研究”等5项国家级协会奖，以及众多省部级、市级奖项。

第四，取得了大量发明专利，参与制定了众多国家及行业标准，联盟共取得了“薄荷流动性饮片及其制备方法”、“积雪草流动性饮片及其制备方法”等148项发明专利，参与制定了“参麦注射液质量标准”等11项国家标准，“磐五味中药材”等5项行业标准及1项地方标准。

第五，建立了先进的技术创新平台，联盟共拥有“微生物检测服务平台”、“基因测序公共服务平台”、“中药生产质量全程控制技术研究中心”等7个技术创新与服务平台。

第六，通过校企合作设立了大量教育实践基地，包括1个博士后工作站，2个研究生教育实践基地，及若干本科生教育实践基地。通过项目合作培养了大量的中药行业人才，包括13名高级工程师、20余名博士生、10余名硕士生及若干本科生，发表了一系列高质量的论文，包括30余篇SCI论文和200余篇国家核心期刊论文。

此外，联盟还成功举办、协办或参与了大量的国际会议，包括“全国制药企业质量控制技术论坛”、“国际癌症精准医学和现代化诊断与治疗会议”等，加强了与联盟外部组织的交流与联系，有效地扩大了联盟的社会影响力。

⑤联盟效应分析。

• 产学研合作。“产”为正大青春宝药业有限公司等企业成员，“学”为浙江大学等高等院校，“研”为浙江省中药研究所等科研院所。三个不同功能的主体按照联盟制定的合作机制（如图7-1），通过相关课题或项目合作，实现共性技术的突破或相关产品的研发，而后按照事先规定的契约进行效益分配，形成良好的“研发—生产—市场检验—研发”循环。

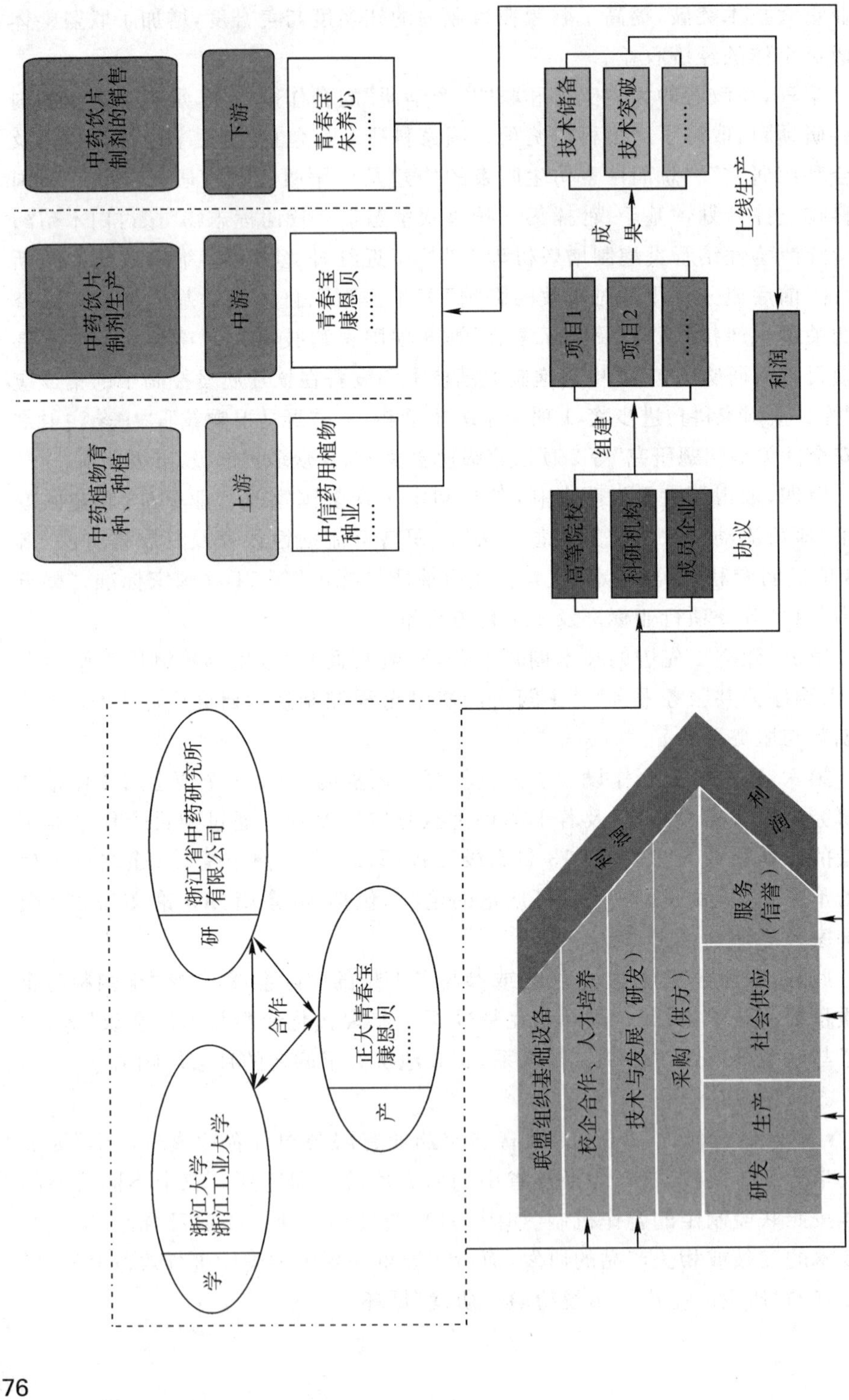


图7-1 浙江省中药现代化产业技术创新战略联盟产业链及其合作机制

在联盟的合作过程中，高等院校与联盟内企业合作完成了“青春宝抗衰老片质量标准提高及对血压影响的研究”等 11 个项目，依托高校的专家资源、实验设备，大大提高了联盟的整体研发水平。

此外，浙江大学、浙江工业大学等高校与正大青春宝、康恩贝等公司共同组建了本科生实践基地，浙江大学与康恩贝公司合作建立了博士后工作站，联盟共联合培养了 20 余名博士生、40 余名硕士生，为联盟内企业成员储备了大量人才。

• 龙头企业引领。正大青春宝药业有限公司是浙江省中药现代化产业技术创新战略联盟的发起者，也是联盟中的核心企业，拥有较强的技术创新能力（如表 7-3）。

访谈结果显示，正大青春宝在联盟成员中的威信较高，能够高效地组织联盟成员针对相关议题进行沟通交流，联盟很多的人才实践基地也是由正大青春宝带头建设，在它的带领下，联盟不断突破新技术，创造更多的市场与社会价值。

**表 7-3 正大青春宝药业有限公司技术创新实力**

| 指标类型 | 指标描述 |
|---|---|
| 公司规模 | 公司占地面积 12 万平方米，现代制药厂房 11.2 万平方米，是国内规模最大、设备最先进、以天然药物为主要原料的集科研、生产、经营为一体的综合性制药企业之一 |
| 核心技术能力 | 生产的天然药中包括药品及保健食品，其中青春宝抗衰老片、参麦注射液是浙江省名牌产品，产品商标“青春宝”为中国驰名商标 |
| 质量管理优势 | 有符合 GMP 要求的生产车间、生产过程及拥有先进的企业管理方法和按照国际惯例运行的财务管理制度，可生产注射剂、片剂、颗粒剂、胶囊等八种剂型近百种产品。所生产的产品全部通过国家 GMP 认证 |
| 企业荣誉 | 浙江省高新技术企业、浙江省先进技术企业、省“五个一批”重点骨干企业、浙江省最大工业企业之一、AAA 级守信用企业 |

• 成员互补发展。浙江省中药现代化产业技术创新战略联盟成员分布在产业链的上下游，各个企业自身发展定位明确，在具体的细分市场做到了行业前列，如表 7-4 所示。

表 7-4 中药产业细分市场领先企业

| 企业名称 | 细分市场及地位 |
|---|---|
| 正大青春宝有限公司 | 国内最大的中成药制品企业 |
| 浙江省康恩贝制药股份有限公司 | 中国现代植物药第一品牌 |
| 杭州胡庆余堂药业有限公司 | 传统中药享誉海内外,北有同仁堂,南有胡庆余堂 |
| 杭州朱养心药业有限公司 | 传统膏药,独具特色 |

联盟成员分布在中药全产业链,在不同的细分领域具有自己独特的核心竞争力,相互之间竞争强度相对较低,这不仅有利于完善联盟的行业市场覆盖面,提高联盟的整体实力,更有利于扩展联盟的声誉影响力,吸引更多有实力的企业加入联盟,同时,可以增强联盟及单个企业的客户黏性,有助于联盟实现可持续发展。

• 政策大力支持。中医药行业受到我国产业政策的大力支持,近两年,国务院及各部委陆续颁布了《中医药健康服务发展规划(2015—2020 年)》、《中药材保护和发展规划(2015—2020 年)》、《中医药发展战略规划纲要(2016—2030 年)》、《中华人民共和国国民经济和社会发展第十三个五年规划纲要》等政策和措施支持中医药行业发展。

2015 年 4 月,国务院办公厅发布了《中医药健康服务发展规划(2015—2020 年)》,提出了到 2020 年,基本建立中医药健康服务体系的目标,明确了大力发展中医养生保健服务等七大重点任务。同样在 2015 年 4 月,国务院办公厅发布了由工信部、中医药局等 12 个部门联合制定的《中药材保护和发展规划(2015—2020 年)》,这是我国首个关于中药材保护和发展的国家级专项规划,《规划》明确提出重点建设包括冬虫夏草在内的 100 种濒危稀缺中药材种植养殖基地。这对于深加工稀缺中药材的企业来说,无疑是重大利好。

2016 年 2 月,国务院印发《中医药发展战略规划纲要(2016—2030 年)》,将中医药发展提升为国家战略。2016 年 8 月,中医药发展"十三五"规划出炉,明确到 2020 年,实现人人基本享有中医药服务,中医药医疗、保健、科研、教育、产业、文化发展迈上新台阶,标准化、信息化、产业化、现代化水平不断提高的总目标,并提出了大力发展中医医疗服务等九大任务。

## 7.2 模糊数学综合评价法

(1)模糊数学综合评价法思想和原理

1965 年,美国自动控制专家 L. A. Zadeh 在"Information and Control"发表了一篇名为"Fuzzy sets"的文章,首次成功运用精确的数学方法描述了模糊概念,标志着模糊数学的诞生。模糊数学综合评价法是借助隶属度理论将模糊性问题转化为确定性问题,将定性评价转换成定量评价,对受到多种因素制约的对象进行整体性评价的理论方法。其特点是每个评价对象都有唯一的评价值,不受对象所处集合的影响。

模糊数学综合评价法的基本思想是用隶属程度代替属于或不属于,描述"中介状态"。

模糊数学综合评价法的基本原理是:首先确定被评价对象的因素(指标)集合,而后确定各因素的权重及其隶属度矢量,得到模糊评价矩阵。最后将模糊评价矩阵和各因素的权矢量进行模糊运算归一化,得到模糊数学综合评价结果。

(2)模糊数学综合评价法步骤

①确定评价对象的因素集。

设 $U=(u_1,u_2,\cdots,u_m)$ 为描述被评价对象的 $m$ 个评价因素(指标)集合。其中:$m$ 是评价因素的个数,由具体的指标体系所决定。

为了更加清晰、直观地进行权重分配和评价,将各评价因素按照不同的属性分为若干类,每一类都被视为单一评价因素,称为第一级评价因素。第一级评价因素下属可以继续分为若干第二级评价因素,第二级评价因素下属又可分为若干第三级评价因素,依此类推。

即 $U=U_1\cup U_2\cup\cdots\cup U_s$(有限不交并)。其中 $U_i=(u_{i1},u_{i1},\cdots,u_{im})$,$U_i\cap U_j=\Phi$,任意 $i\neq j,i,j=1,2,\cdots,s$。我们称$(U_i)$是 $U$ 的一个划分(或部分),$U_i$ 称为类(或块)。

②确定评价对象的评语集。

设 $V=(v_1,v_2,v_3,v_4$、$v_5)$,是评价者针对被评价对象做出的评价等级集合。其中:$v_j$ 代表第 $j$ 个评价结果,$j=1,2,\cdots,n$。$n$ 为总的评价结果数。一般划分为 5 级(优、良、中、差、劣)或 7 级(最好、很好、好、较好、中、较差、最差)。

以本书为例,根据层次分析法的分层,可以进行如下设计:

主因素集 $U=$(社会支持 $U_1$、联盟组建 $U_2$、要素投入 $U_3$、联盟运行 $U_4$、联

盟效应 $U_5$）

子因素集：

$U_1=(X_1,X_2,X_3)$

$U_2=(X_4,X_5)$

$U_3=(X_6,X_7,X_8)$

$U_4=(X_9,X_{10},X_{11},X_{12},X_{13},X_{14})$

$U_5=(X_{15},X_{16},X_{17},X_{18})$

评语集：$V=(v_1,v_2,v_3,v_4,v_5)=$(优，良，中，差，劣)

③确定评价因素的权重向量。

设 $A=(a_1,a_2,\cdots,a_m)$ 为权重分配模糊矢量，其中 $a_i$ 表示第 $i$ 个因素的权重，要求 $0\leqslant a_i$，$\sum a_i=1$。$A$ 反映了各因素的重要程度。此步骤运用层次分析法已经得到。

④确立模糊关系矩阵 $R$。

单独从一个因素的角度进行评价，来确定评价集合 $V$ 的隶属程度，称为单因素模糊评价。在等级模糊子集构建完毕后，就需要对每个因素 $u_i$ 进行量化处理，进而得到模糊关系矩阵：

$$R=\begin{pmatrix} r_{11} & r_{12} & \cdots & r_{1n} \\ r_{21} & r_{22} & \cdots & r_{2n} \\ \vdots & \vdots & \ddots & \vdots \\ r_{m1} & r_{m2} & \cdots & r_{mn} \end{pmatrix}$$

注：$r_i=(r_{i1},r_{i2},\cdots,r_{in})$，$\sum_{j=1}^{n} r_{ij}=1$。

其中 $r_{ij}$ 表示某被评价对象从 $u_i$ 的视角来看对 $v_j$ 的隶属度。$r_i$ 称为单因素评价矩阵，可以看作是因素集 $U$ 和评价集 $V$ 之间一种模糊关系。

⑤多指标综合评价。

选取恰当的模糊合成算子将 $A$ 与 $R$，即模糊权矢量与模糊关系矩阵合成得到各被评价对象的模糊综合评价结果矢量 $B$。

模糊综合评价的模型为：

$$B=A\cdot R=(a_1,a_2,\cdots,a_m)=\begin{pmatrix} r_{11} & r_{12} & \cdots & r_{1n} \\ r_{21} & r_{22} & \cdots & r_{2n} \\ \vdots & \vdots & \ddots & \vdots \\ r_{m1} & r_{m2} & \cdots & r_{mn} \end{pmatrix}=(b_1,b_2,\cdots,b_n)$$

其中：$b_j$ 表示被评级对象从整体上看对 $v_j$ 的隶属程度。

常用的模糊合成算子有四种，如表 7-5。

**表 7-5　四种常用的模糊合成算子模型**

| 序号 | 算子 | 模型 | 计算公式 | R 的利用度 | 特征 |
|---|---|---|---|---|---|
| 1 | ∧∨ | $M(\wedge,\vee)$ | $b_j=\sum_{i=1}^{n} a_i r_{ij}$ | 不充分 | 主因素决定 |
| 2 | ·∨ | $M(\cdot,\vee)$ | $b_j=\bigvee_{i=1}^{n} a_i r_{ij}$ | 不充分 | 主因素突出 |
| 3 | ∧⊗ | $M(\wedge,\otimes)$ | $b_j=\sum_{i=1}^{n} a_i \wedge r_{ij}$ | 比较充分 | 不均衡平均 |
| 4 | ·⊗ | $M(\cdot,\otimes)$ | $b_j=\sum_{i=1}^{n} a_i r_{ij}$ | 充分 | 加权平均 |

本书是对各细分指标进行打分，并最终计算出评价值，因此，选用第四种加权平均特征的算子模型进行计算。

⑥对模糊综合评价进行分析。

计算每个评价对象的综合分值，将被评价对象进行比较并排序，按序择优。即将综合评价结果 $B$ 转换为具体的综合分值，按大小进行排序，从而选出最优者。

(3)模糊数学综合评价结论与分析

①问卷发放及模糊矩阵构建。对按照层次分析法确定的二级指标权重，采用德尔菲法进行评价。通过指标评语集，设计了调查问卷(见附录 3)，对浙江省中药现代化产业技术创新战略联盟中的各主体，包括企业、高校、科研院所及政府相关部门的专家人员发放问卷，共发出问卷 24 份，其中有效问卷 20 份。

根据 20 份有效问卷中的评价结果进行模糊评价，具体过程如下：

ⅰ. 根据问卷调查得到的结果，确立二级指标(指标层)的模糊关系矩阵，如表 7-6。

**表 7-6　二级指标(指标层)的模糊关系矩阵**

| 指标 | 指标权重 | 综合权重 | 优 | 良 | 中 | 差 | 劣 |
|---|---|---|---|---|---|---|---|
| $X_1$ | 0.6483 | 0.0724 | 0.5 | 0.4 | 0.1 | 0 | 0 |
| $X_2$ | 0.2297 | 0.0256 | 0.35 | 0.25 | 0.4 | 0 | 0 |
| $X_3$ | 0.1220 | 0.0136 | 0.3 | 0.35 | 0.3 | 0.05 | 0 |
| $X_4$ | 0.3333 | 0.0281 | 0.25 | 0.35 | 0.25 | 0.15 | 0 |

续表

| 指标 | 指标权重 | 综合权重 | 优 | 良 | 中 | 差 | 劣 |
|---|---|---|---|---|---|---|---|
| $X_5$ | 0.6667 | 0.0563 | 0.4 | 0.3 | 0.3 | 0 | 0 |
| $X_6$ | 0.5714 | 0.2188 | 0.4 | 0.4 | 0.2 | 0 | 0 |
| $X_7$ | 0.2857 | 0.1094 | 0.3 | 0.4 | 0.3 | 0 | 0 |
| $X_8$ | 0.1429 | 0.0547 | 0.25 | 0.4 | 0.25 | 0.1 | 0 |
| $X_9$ | 0.1513 | 0.0399 | 0.25 | 0.3 | 0.3 | 0.15 | 0 |
| $X_{10}$ | 0.0630 | 0.0166 | 0.3 | 0.5 | 0.2 | 0 | 0 |
| $X_{11}$ | 0.3475 | 0.0917 | 0.4 | 0.5 | 0.1 | 0 | 0 |
| $X_{12}$ | 0.0946 | 0.0250 | 0.35 | 0.3 | 0.25 | 0.1 | 0 |
| $X_{13}$ | 0.1197 | 0.0316 | 0.35 | 0.4 | 0.15 | 0.1 | 0 |
| $X_{14}$ | 0.2238 | 0.0591 | 0.35 | 0.45 | 0.15 | 0.05 | 0 |
| $X_{15}$ | 0.2009 | 0.0316 | 0.6 | 0.25 | 0.15 | 0 | 0 |
| $X_{16}$ | 0.4598 | 0.0723 | 0.65 | 0.2 | 0.15 | 0 | 0 |
| $X_{17}$ | 0.2198 | 0.0346 | 0.35 | 0.3 | 0.2 | 0.15 | 0 |
| $X_{18}$ | 0.1194 | 0.0188 | 0.3 | 0.25 | 0.4 | 0.05 | 0 |

ⅱ.计算一级指标(准则层)的模糊评价向量。

如社会支持的模糊评价向量计算步骤为:

$$(0.6483 \quad 0.2297 \quad 0.1220)\begin{pmatrix} 0.5 & 0.4 & 0.1 & 0 & 0 \\ 0.35 & 0.25 & 0.4 & 0 & 0 \\ 0.3 & 0.35 & 0.3 & 0.05 & 0 \end{pmatrix}$$

$$=(0.4411 \quad 0.3594 \quad 0.1933 \quad 0.0061 \quad 0)$$

依次类推,得到一级指标的模糊评价向量,如表 7-7。

**表 7-7 一级指标(准则层)的模糊评价向量**

| 一级指标 | 指标权重 | $b_{21}$ | $b_{22}$ | $b_{23}$ | $b_{24}$ | $b_{25}$ |
|---|---|---|---|---|---|---|
| 社会支持 | 0.1100 | 0.4411 | 0.3594 | 0.1933 | 0.0061 | 0 |
| 联盟组建 | 0.0776 | 0.3500 | 0.3167 | 0.2833 | 0.0500 | 0 |
| 要素投入 | 0.3963 | 0.3500 | 0.4000 | 0.2357 | 0.0143 | 0 |
| 联盟运行 | 0.1553 | 0.3491 | 0.4276 | 0.1679 | 0.0553 | 0 |
| 联盟效应 | 0.2609 | 0.5322 | 0.2380 | 0.1908 | 0.0389 | 0 |

ⅲ.计算最终绩效评价向量。

**表 7-8 最终绩效评价向量**

| 一级指标 | 指标权重 | $b_1$ | $b_2$ | $b_3$ | $b_4$ | $b_5$ |
|---|---|---|---|---|---|---|
| 社会支持 | 0.1100 | 0.4075 | 0.3511 | 0.2125 | 0.0290 | 0 |
| 联盟组建 | 0.0776 | | | | | |
| 要素投入 | 0.3963 | | | | | |
| 联盟运行 | 0.1553 | | | | | |
| 联盟效应 | 0.2609 | | | | | |

②结果分析。

根据最大隶属度原则,分析各集合评价结果。

ⅰ.社会支持变量集合。

模糊综合评价向量=(0.4411,0.3594,0.1933,0.0061,0),其中第1级所属的隶属度最大,对应于评价集(优、良、中、差、劣)为优,表明社会支持方面做得很好。一直以来中药产业都受益于国家及各地方政府层面在政策倾斜、税收优惠层面的大力支持,在融资方面也更为便利。

ⅱ.联盟构建变量集合。

模糊综合评价向量=(0.3500,0.3167,0.2833,0.0500,0),其中第1级所属的隶属度最大,对应于评价集(优、良、中、差、劣)为优,表明联盟构建十分合理。中药联盟的企业成员不全是行业领域内最大的企业,但是大都是中药产业各细分领域的领头羊,这样的结构更易于发挥联盟优势互补,实现产业链整合发展。

ⅲ.要素投入变量集合。

模糊综合评价向量=(0.3500,0.4000,0.2357,0.0143,0),其中第2级所属的隶属度最大,对应于评价集(优、良、中、差、劣)为良,表明要素投入度良好,联盟通过自有资金与政府补贴的模式进行研发资金投入,依托浙江大学等高等院校实现高端人才及后备人才的投入,由各企业及高校、科研院所合作进行设备共享投入。

ⅳ.联盟运行变量集合。

模糊综合评价向量=(0.3491,0.4276,0.1679,0.0553,0),其中第2级所属的隶属度最大,对应于评价集(优、良、中、差、劣)为良,表明联盟运行情况良好。在调研过程中发现,中药联盟组织形式较为宽松,有利于知识、资源的共享转移，同时各企业成员的核心能力都具有差异化，方向不同，因此在资源、技术、知识的共享方面相对其他联盟也做得更好。

ⅴ. 联盟效应变量集合。

模糊综合评价向量＝(0.5322,0.2380,0.1908,0.0389,0)，其中第1级所属的隶属度最大，对应于评价集(优、良、中、差、劣)为优，表明联盟效应极佳。从调研数据中也可以看出，无论是在重大技术突破、专利发明，论文发表、参与国家项目，还是在组建公共平台等方面，中药联盟拥有及提供的数据、资料是数量全、成果佳的联盟之一。

ⅵ. 最终评价集合。

根据最大隶属度原则，可以得出，最终评价结果＝max(优、良、中、差、劣)＝优，因此，浙江省重要现代化产业技术创新战略联盟的最终评价结果为优。

在浙江省科技厅组织的40余家产业技术创新战略联盟的中期评估中，中药现代化产业技术创新战略联盟排名第一，这与本书的评价结果是一致的。不过根据二级指标模糊矩阵的数据结果显示，联盟在金融机构支持、中介机构支持、设备投入、联盟治理、关系治理等方面还有不断完善的空间。

③研究结论。

产业技术创新战略联盟作为一种新型的社会组织，具有“联合开发、优势互补、风险共担、利益共享”的特征，极大地提升了企业乃至整个产业的竞争实力。联盟组建、要素投入、联盟运行等要素决定了联盟运行绩效的质量。对联盟运行绩效的合理评价，一方面是对一段时间内联盟运行效果的检验，另一方面是为联盟的未来发展方式、方向提供指导和借鉴。本书立足于浙江省产业技术创新战略联盟的发展实践，首先，以资源基础理论、交易费用理论、自组织理论、价值链理论等作为理论支撑，结合国内外相关学者的研究，通过问卷调研的方式发现影响产业技术创新战略联盟的关键因素．并运用SPSS19.0、Eviews7.0工具对所获得的数据进行实证检验。其次，承接关键影响因素分析结果，利用层次分析法构建了产业技术创新战略联盟运行绩效的指标评价体系，并确定了各级指标的权重。最后，通过案例分析，利用模糊数学综合评价法对联盟绩效指标体系进行模拟评价应用。通过上述步骤，本书得出以下主要结论：

• 社会支持、联盟组建、要素投入、联盟运行、联盟效应是构成影响产业技术创新战略联盟运行绩效的关键因素，在运用层次分析法构建绩效评价指标体系时，必须综合考虑这5个要素、缺一不可。只有这样，才能够对产业技术创新战略联盟进行科学性、系统性评价。

- 运用实地访谈、问卷调研、层次分析法得出的指标权重发现，各准则层权重从大至小的排序为：要素投入(0.3829)、联盟运行(0.2639)、联盟效应(0.1572)、社会支持(0.1117)、联盟组建(0.0844)。表明，在产业技术创新战略联盟发展初期，要素投入的多少及联盟运行效率的高低对联盟绩效影响最大，其中18个细分指标中，资金投入(0.2188)、人才投入(0.1094)排在前两位，说明联盟发展初期对资金、人才的需求非常强烈。此外，社会支持与联盟效应所占权重虽然相对较低，但其下属的政府支持与内部效应指标却分别排在了18个细分指标中的第4、第5名，表明政府支持在引导联盟健康发展以及内部效应在映衬目标实现程度中都起着非常重要的作用。
- 通过案例应用研究，得出浙江省中药现代化产业技术创新战略联盟的最终绩效评估结果为优，这与浙江省科技厅的中期考核结果一致，不过根据二级指标模糊矩阵的数据结果显示，联盟在金融机构支持、中介机构支持、设备投入、联盟治理、关系治理等方面还有不断完善的空间。

# 第三篇 政策篇

由于产业技术创新战略联盟在整合创新资源、引导协同创新、促进跨界融合和提升产业核心竞争力等方面有着无可替代的作用，欧美日等发达国家从20世纪80年代起就构建并不断完善产业技术创新战略联盟运行体系，充分发挥产业技术创新战略联盟的作用，推动了国家产业体系的持续创新和转型升级。

近年来，在国家科技部的大力号召下，北京、天津、湖南、厦门、安徽等省市纷纷出台政策支持产业技术创新战略联盟的发展，2011年，北京发布了《关于促进产业技术创新战略联盟加快发展的意见》，从成立联盟促进工作联席会、优先推荐各类人才计划、介入政府采购市场、实施联盟分类后补助、跨区域合作等方面提出了国内率先实施的重大创新政策；而天津滨江新区、厦门和湖南等省市推出的联盟联席会议制度、制定联盟规划、编制产业路线图、联盟考核体系、联盟统计报告制度和千万级的资金支持等举措，也走在全国前列。

浙江省创新资源丰富，教育科技发达，中小企业云集，政府开放有为，具备良好的产业技术创新战略联盟构建基础。自2010年起，由浙江省科技厅启动建设的产业技术创新战略联盟，分4批共成立了46家，在制定发展规划、搭建创新平台以及培养行业人才等方面取得了显著成效，但总体而言，与浙江省委、省政府提出的全面实施创新驱动发展战略、加快建设"创新强省、活力之省"的要求还存在差距。为此，需要大力借鉴国内外产业技术创新战略联盟的发展经验，加快浙江省产业技术创新战略联盟的发展步伐。

# 8 国外产业技术创新战略联盟的实践经验

20 世纪 80 年代以来，欧美日等发达国家以产业技术创新战略联盟为依托，针对共性技术和核心技术制定和实施国家层面的产业技术创新战略联盟，如美国的 SEMATECH（半导体制造技术研究联合体）、欧盟的 ESPRIT（信息技术发展战略联盟）、英国的 ALEY（国家信息技术联盟）、日本的 VLSI（超大规模集成电路联盟）等。这些国家通过颁布相关法律法规、直接参与联盟管理、运用组合政策工具、加强服务体系建设等举措，构建了高效的产业技术创新战略联盟运行体系。

## 8.1 颁布相关法律法规

（1）鼓励产业技术创新战略联盟建设

日本在 1961 年通过《工矿业技术研究组合法》将官产学结合的技术研究组合开发体制立为国策，赋予产业技术创新战略联盟以独特的"非营利性特殊法人"地位，改变了联盟不是独立法人的状况，成功解决了联盟发展的制度障碍。美国在 1984 年颁布的《国家合作研究法》，消除了《反垄断法》对联盟的限制，降低了企业建立产业技术创新战略联盟的门槛；1993 年的《国家合作研究与生产法》进一步允许企业和研究机构合作，共同推广和使用联盟获得的技术。韩国政府通过制定促进产业技术创新战略联盟的政策和法律法规，鼓励韩国企业或高校围绕特定的产业组建产业技术创新战略联盟，攻克产业共性技术和制定产业技术标准，同时推动技术转移。如 2001 年，韩国政府出台《科学技术转移保护法》，鼓励大学创新技术向企业转移，强调国民产业要增强与大学、科研机构合作，提升市场专业化水平。以色列政府一直致力于鼓励企业创新的法律环境建设，1984 年制定的《工业研究与开发鼓励法》，规定由政府提供被批准的联盟研发项目所需资金的 30%～66%的一般原则。被资助项目应具有创新性、技术上的可行性和很好的出口前景。如果项目开发成功，前 3 年每年应将收益的 3%偿还政府，第二个 3 年每年偿还收益的 4%，第 7 年开始每年偿还收益的5%，直到将通货膨胀计算在内的全部政府资助款还清为止。

(2)保护知识产权

1980年美国通过的《拜杜法案》规定大学、科研机构及企业拥有政府经费支持下成立的产业技术创新战略联盟获得的知识产权。以色列知识产权法律体系与国际接轨的突出特征体现在立法和积极加入相关国际条约两个方面。在立法方面，以色列继承了英国托管时期实施的知识产权法律体系。从20世纪60年代开始，以色列对相关法律进行了修订和补充，而在修订和补充的过程中，除了结合自身国情外，也在一定程度上移植了英美法系和欧盟法律法规中有关知识产权保护的部分法律。目前，以色列已经逐步形成了既具有以色列特色又与国际接轨的相当完善的知识产权法律体系，被保护的客体范围十分广泛，包括专利权和邻接权、商标和版权、著作权、工业设计、原产地名称和地理标志、商业秘密、集成电路布图设计、植物新品种等等。除了国内立法，以色列积极加入世界上主要的知识产权国际条约，为知识产权的国际国内双向流动扫清障碍。以色列加入的知识产权保护国际条约有《保护文学艺术作品伯尔尼公约》、《世界版权公约》、《世界知识产权组织公约》、《国际专利合作公约》等，很好地保护了产业技术创新战略联盟的技术成果。

(3)促进成果转让

美国1986年的《联邦技术转移法》鼓励联邦实验室与企业通过产业技术创新战略联盟推进技术转移商品化；1995年的《国家技术转移与促进法》中提出，加快合作研发协议所产生专利的商业化步伐；日本1998年的《促进大学等的技术成果向民间事业转移法》提出设立专项基金，为实施技术转移的大学提供资金支持。韩国产业技术创新战略联盟在促进科技成果转让上得到了政府政策的多方面鼓励。1994年韩国颁布《协同研究开发促进法》，并通过修订《科学技术革新特别法》，把知识产权保护和转移纳入法制化轨道。韩国政府通过政策补贴企业和国民开发专利，在专利产品完成后期，撮合企业购买并应用推广，保证企业能够推广获利；2001年韩国颁布《促进技术转让法》，为韩国产业技术创新战略联盟的科技创新成果转让提供了有效的制度环境；朴槿惠政府出台的《2013年创新事业发展计划》促进了韩国国内大学和研究所的研究成果转让机制建设，建立了企业与科研机构之间更加紧密的合作关系，特别是为联盟内中小企业的发展提供了技术支援。

## 8.2 建构科学计划体系

(1)韩国

2013 年韩国公布《第六次产业技术创新计划(2014—2018 年)》,提出 5 年内,产业通商资源部将为该计划投资 17.8 万亿韩元(约 1010 亿元人民币),建设“良性循环的产业技术生态系统”,充分发挥产业生态系统利益相关各方的相互作用,增强企业、研究机构与大学的联系,重点通过产业技术创新战略联盟的建设发展自主科研力量,提高国家整体的技术适应能力和创新能力。

(2)以色列

20 世纪 60 年代末期开始,以色列国家创新体系开始向自主创新转变。1976 年以色列工贸部建立 R&D 资助计划,对以色列本土产业、技术或产品给予创新资助,重点资助具有良好信用记录的大企业的产业技术创新战略联盟项目。以色列的科技合作计划基本都是年度计划,包括石铁计划、磁子计划、技术孵化器计划等。

磁石计划主要支持具有竞争力的前沿共性技术的研发,针对已经具备一定竞争力的企业。鼓励工业集团与学术机构组成合作体,共同开发关键的通用技术,往往是前沿的高技术。每个项目由企业、科研机构和一两家协会等十几个成员组成的研发联合体承担,企业担当研发联合体的领导地位。项目周期为 3～6 年。磁石计划包括两个渠道:一是技术研发渠道。来自工业企业和学术科研机构的技术小组、开发商及研究员一起合作研发下一代产品生产线所需的共性技术。二是分配和执行渠道。目的是最终用户团体——由同行业部门或拥有相似技术的成员组成——从最新技术诀窍和海外技术应用于其开发项目中受益。实施“磁石”项目十年内,以色列政府就推动组建了 18 个研发联盟,研发资助金额达到 6 亿美元。目前,以色列正在运作的大型研发联盟有 49 个,涉及 500 多个研发项目,主要集中在通信、微电子、生物技术和能源行业。

磁子计划是磁铁计划的组成部分,主要面向急需技术支持的小企业。通过企业和学术机构间的合作计划,推动新技术从学术机构向产业化转移。该计划针对企业的一般技术需求,主要鼓励一家学术机构与一家企业之间一对一的合作。企业最终要形成自己的研发能力,该计划支持的项目周期最多为 2 年,支持的经费最多为 80 万美元。

技术孵化器计划主要是支持具有产业竞争力的创新产品的研发计划,经批准的创新项目申请可获得政府50%的研发资助，改进现有产品和工艺的可得30%的政府资助。一般研发基金只能由企业界申请。获得资助的企业要自行完成研发项目，但是政府鼓励获得资助的企业与研究机构签订分包合同，从而使得研究机构间接地获得政府资助，来进行技术转移。

(3)德国

在德国，由于时间、目标和计划的不同，对产业技术创新战略联盟有不同的称呼，联邦经济技术部支持的创新联盟计划称作“能力合作网”，国家高技术战略框架中的促进计划称为“创新联盟”，支持中小企业研究联盟的计划称为“创新网络计划”，而教研部支持尖端技术和领域的计划称为“精英团体计划”。虽然名称不同，其实质都是促进经济界和科技界的结合，组成不同形式的产业技术创新战略联盟。

创新联盟。2006年8月，德国联邦政府史无前例地推出了第一个涵盖所有政策范围的《德国高技术战略》，德国“高技术战略”的目标就是把科技界和经济界的力量结合起来，开辟主导市场，共同开发未来发展的重要领域，通过公共资金鼓励和吸引其他资金投入到重点领域的研究和开发上来，促进经济界和科学界联合，并为研究人员、创新者和企业家创造自由空间。“高技术战略”的核心是架起科学和经济的桥梁，发现和开发出具有创新潜力的科研结果并快速和成功进入市场，使创意迅速转成有市场的新产品、工艺和服务。同时，“高技术战略”通过改进科学界和经济界合作的框架条件，成功促成了新的联盟——德国实施“高技术战略”最重要的伙伴“经济—科学研究联盟”。德国联邦政府“高技术战略”的投入总额为215亿欧元，其中很大一部分资金专项用于对产业技术创新战略联盟的支持，涉及有机光电、海上风力、氢及燃料电池、发电站技术、精确的网格、二氧化碳储存等前沿领域。

创新网络计划。1999年德国启动促进创新网络计划(In-noNet)，主要是促进竞争前的合作研究，其目的是促进知识向中小企业转移，引导鼓励和支持中小企业和研究机构组成产业技术创新战略联盟，以提高中小企业的创新能力和市场竞争力。同时，鼓励德国研究机构和高校的研究工作更多地面向中小型企业的需求。创新网络计划项目资助申请必须有4个中小企业和2个研究机构组成，参加企业承担至少10%费用。到目前已有9500个企业和研究机构参加该资助计划，资助额1.37亿欧元，批准项目248个。

精英团体计划。所谓的“精英团体”计划，就是政府支持最具有未来市场发展潜力的产业和地区组成的精英联盟。2007年12月在第二轮筛选入选该计划的项目共计38个，2008年3月，12个精英团队进入最后一轮竞争，经过一年半的评选，2008 年 9 月将最终评选出 5 个精英团体，德国教研部在年内提供 2 亿欧元的资金支持，重点资助这 5 个精英团体的发展。精英团体的评选注重具备高发展潜力和市场前景的产业，例如光伏产业。精英团体计划以更加创新、更快发展、更多就业为目标，把经济界和科技界的优势有机结合起来，支持德国一些领域和地区走向世界顶尖道路。

## 8.3 直接参与联盟管理

在联盟组建初期，日本通产省的技术专家、官员往往充当联盟领导者和协调者，对联盟的研发产生直接的影响，为日后日本在世界半导体设备领域的霸主地位奠定了基础。以色列政府设立了首席科学家办公室，大部分由政府资助的产业技术创新战略联盟由有关各部的首席科学家直接领导，由首席科学家办公室负责政府技术创新战略联盟研发专项资金的具体发放工作。1997 年，韩国政府不顾韩国电信、三星、LG 等通信巨头的强烈反对，由韩国信息部牵头直接介入和主导 CDMA 产业技术创新战略联盟的构建、运行和管理，较好地承担了 CDMA 技术发展的不确定性和高风险性。1999 年，CDMA 产业技术创新战略联盟宣布能够生产 CDMA 手机的绝大部分核心芯片。

## 8.4 综合运用政策工具

(1)税收优惠政策

韩国政府自 1997 年实施《科学技术创新特别法》，制定技术开发准备金制度、技术及人才开发费税金减免制度，落实《新技术产业化投资税金扣除制度》、《科研设备投资税金扣除制度》等政策，为联盟产业技术创新活动提供税收优惠，保持研发投入长期快速增长。通过减免企业和个人所得税，为新技术推广所需投资或新设备的采购提供税收减免，对新产品实施税收返回，对科研用地免征土地增值税，对服务于各业的技术转让、培训、咨询等取得的技术性服务收入免征税等制度，激发企业和技术人员的研发投入动力，推动科技成果的交流和扩散。

2003 年 1 月 1 日《以色列税收改革法案》正式实施，该税收改革法案是以色列税收体制的一次革命性变化，其主要特征表现在：对“个人的全部收入，包括海外收入”征税；开征西方国家通行的“被动性的资产、资本收益税”(如红利、租赁以及利息等)；调整“主动性的资本收益税的幅度”(如风险投资、证券交易、直接投资等），以适应产业技术创新战略联盟发展的客观需要。其主要目的是形成有利于风险投资、高科技创业的税收环境，刺激经济长期增长。该税法在针对高技术产业技术创新战略联盟员工资产收益的会计处置上给予了选择性，对其资产收益税可以减低到25％，接近一般西方国家的水平（美国是20％），而此前以色列的资产收益税对个人是50％。

（2）设立政府专项基金

美国国会向SEMATECH联盟每年拨款1亿美元，占联盟总研发经费的50％；日本通产省在VLSI联盟运行的四年时间里对其的补助金高达291亿日元，约占联盟总研发经费的40％。1999年德国启动促进创新网络计划（InnoNet），已有9500个企业和研究机构参加该资助计划，资助额1.37亿欧元，批准项目248个。

自1994年起，韩国科学财团每年为产学研合作研究提供15亿韩元（约175万美元）经费。韩国汽车合作联盟在成立之初便得到了政府的大力支持。现代汽车、现代制铁、LG Hausys与韩国政府联手，将汽车CERP（碳纤维增强复合材料）的国产化作为首个共同合作的项目，以提高汽车行业的竞争力。政府则提供专项资金支持联盟研发投入，以专款专用、事前立项、事后补助拨款等形式，保证联盟经费的正常开支和联盟活动的顺利开展。

以色列政府直接与科技强国建立合作基金，为产业技术创新战略联盟提供资金上的支持。国际合作协议由外交部进行审批和签署，由科技部负责后续管理，大部分合作基金也由科技部管理协调。以色列政府还通过建立双边合作基金分担经费与风险，获取知识与技术，并促使本国企业通过合作伙伴进入新的市场。如以色列与美国合作建立的跨国产业研发基金（BIRD），这是最早的双边合作基金，该基金能够为创业企业提供政策性贷款。类似的基金还有以色列与新加坡合作建立的SIRRD基金，与韩国合作建立的KORIL基金，与加拿大合作建立的CIRDF基金等，这些基金都设立了独立的委员会进行管理。以色列与其他国家建立的双边合作基金的总额达到近5亿美元（其中50％为以色列政府投入），这些基金每年产生4000多万美元的利息，用于支持产业技术创新战略联盟以及双边科技合作项目。

（3）其他政策

韩国政府通过立法对高新技术产品实施政府采购，如《科学技术促进法》、《科技振兴法》、《政府合同法实施细则》和《关于特定采购的政府合同法的特殊实施规则》等。以上政策规定对尚处于市场发展早期需重点扶持的本国高新技术产品，在性能相近的情况下，即使价格高于国外同类产品，政府仍应优先采购。政府出资采购产品是对联盟技术研发成果的有效保障，有利于产业技术创新战略联盟在发展的初始阶段得到一定的贸易保护。

## 8.5 加强服务体系建设

(1)推进中介机构建设

意大利政府通过组建欧洲研究促进会、创新中继中心、技术创新服务局等中介机构为联盟提供管理咨询、专利申请和成果转化等技术中介服务。在促进中小企业组成创新联盟计划中，德国工业研究协会工作联合会(AIF)起到积极的促进作用。自1978年以来，工作联合会作为联邦经济技术部项目协调单位，负责该部资助的“中小企业创新能力规划”、“资助东部地区中小企业研究、开发及创新活动”等规划，支持产业技术创新战略联盟的研究与开发活动。同时，作为联邦教研部项目协调单位，还负责“应用技术大学面向应用的研究与开发规划”，加强应用技术大学与中小企业之间的产学研合作。工作联合会的活动得到了联邦政府和中小企业的资助，联邦政府通过工作联合会用于资助产业技术创新战略联盟研究项目的经费每年高达2.5亿欧元。

(2)建立技术孵化机制

以色列产业技术创新战略联盟之所以能迅猛发展得益于技术孵化器的积极作用，而以色列技术孵化器的发展又与政府支持息息相关。首先，政府加强对技术孵化器的引导，直接或间接提供孵化器日常运作的经费。每个孵化器都是一个非营利组织。孵化企业在两年的孵化期内，工贸部首席科学家办公室给予孵化企业批准费用的85%，每年最高可达15万美元。孵化企业成功后，政府则规定孵化企业的20%股权归孵化器所有，其市场销售额的3%返还给政府的孵化基金。其次，控制孵化企业数量，保证孵化质量。以色列政府对每个孵化器做出硬性规定，即每个孵化器只能孵化8—15家初创企业，以确保孵化器对每家企业进行深度孵化的可能性。孵化器帮助创业者组建创业团队，全权管理初创企业的财务，同时帮助初创企业制订商业策划书和研发计划，寻找合作伙伴等，并规定2年内企业不得随意转让股权和期权。第三，孵化器的运行必须保证官产学研的有机结合。以色列孵化器是政府支持的独立法人实体，其董事会成员是来自政府、企业界、研究所、大学、中介等的代表。而孵化企业的董事会则由发明者、孵化器代表、投资方代表、产业界代表等组成。

(3)加强联盟管理评估

美国国会每年对SEMATECH联盟的技术进展情况、管理有效性和提升产业竞争力等方面进行评估，美国审计署每年也会对SEMATECH联盟的财务情况进行监督和审计。

韩国政府将技术前瞻、规划制定、计划实施、后期评估紧密结合，形成联盟科技规划与计划工作的完整框架。1999年韩国成立科技评估与规划院，对联盟科技计划进行调查、分析和评价。制定联盟管理办法，规定联盟验收程序，加强联盟评估体系建设，建立完善的产业技术创新战略联盟评估机制，利用评价系统跟踪考核重大联盟项目。每一年由政府专门指派项目小组通过一些关键业绩指标来衡量每个项目绩效，其结果将直接关系到下一期是否得到、减少或暂停补贴。

以色列政府对孵化器建立严格的考核监督机制。每年年初政府与孵化器签订年度目标责任书，在年终考核合格后，政府下达20万美元左右开支费用。而且，每个在孵项目都由孵化器与政府签订协议，项目基金的责任全权赋于孵化器。政府严格控制每个初创企业的预算、工作计划、工作节点等，每半年孵化器要向政府上交项目汇报书。

(4)构建信息渠道

为集中展示德国最佳的创新联盟、创新领域和创新区域的有关信息，为海内外机构与个人及时了解创新、投资动态及寻求合作提供便捷的信息平台，为创新联盟交流经验提供现代化的网络通信手段，在联邦教研部的倡议下，德国建立了名为能力网的网站。该网站的用户群体由两部分组成，一部分是加入该网站的创新联盟，它们可以以能力网为依托，建立透明的信息交流渠道，开展灵活、多样、面向需求的技术合作与转让，交流管理经验，实现优势互补；另一部分是海内外投资者、创业者、科研人员、政府官员、媒体和社会公众，他们可以通过能力网了解德国的创新联盟、创新领域和创新区域，开展投资与合作。

(5)引导沟通交流

日本通产省要求VLSI联盟的科研人员每隔一到两周进行研究交流，并通过公用实验室等方式加强各部门研究人员的非正式沟通；此外，联盟成员还经常进行各种联谊活动，以达到缩小心理距离的作用。

以色列政府鼓励本国科研院所、高校与外国科研院所、高校建立合作关系，开展科研合作。国外科学家可以申请参与以色列的科技计划，以色列科学家也会主动联系国外合适的实验室或科学家，争取实验室资源，邀请国外科学家参加自己的项目。开放的科技计划与科研项目使以色列的科学家与国际科技界保持着广泛的联系和深入的合作关系，目前，以色列同西班牙、巴西、波兰等国都有此类交流计划。

(6)推进研究中心建设

为了更好地服务于产业技术创新战略联盟的技术创新，韩国相继在大学建立起一些优秀中心，包括科学研究中心、工程研究中心和地区研究中心，强调地区性大学和产业界的合作研究。到 2002 年，这些优秀中心的数目已达到 150 个，为联盟合作打下坚实的基础。这些研究中心形成了一个有效的产学协作体系并合理运营，凭借自身的学科优势与产业的市场需求相联结，加强基础理论研究和技术应用研究，为联盟科技发展提供充足的后劲。韩国政府正是通过实施研究中心等专门的科技和教育计划不断加大对产业技术创新战略联盟的支持力度，在研究中心的支持下，各牵头大学与当地产业联合开展基于产业需要的人才培养、技术培训、联合研究和成果转化等多方面的长期合作。

# 9 国内产业技术创新战略联盟的实践经验

近年来，在国家科技部的指引下，北京、天津、安徽、厦门等省市纷纷出台政策支持产业技术创新战略联盟的发展。2011 年，北京市发布了《关于促进产业技术创新战略联盟加快发展的意见》，从成立联盟促进工作联席会、开放政府采购市场、实施联盟分类后补助、跨界和跨区域合作等方面提出了国内率先实施的重大创新政策；而天津滨海新区、厦门市和湖南省等地推行的联席会议制度、联盟发展规划、联盟考核体系、联盟统计报告和千万级资金支持等举措，也走在全国前列。

## 9.1 制定联盟发展支持政策

(1)广州

2008 年广东省颁布《关于深化省部产学研结合工作的若干意见》，由政府直接推动和引导省部产学研创新联盟建设。2012 年广州市颁布《科技创新促进条例》，加快建立以产业技术创新战略联盟为主导的产学研相结合的科技创新体系。2015 年广州市科技创新委员会印发《关于促进科技、金融与产业融合发展的实施意见》，为产业技术创新战略联盟构建多层次、多渠道、多元化的科技投融资体系。2017 年广州市发布《广州市科技创新第十三个五年规划》，提出围绕战略性新兴产业重点发展领域组建若干个产业技术创新战略联盟。

(2)杭州

2012 年 1 月，杭州市正式颁布《杭州市产业技术创新战略联盟构建与发展管理办法》，指出要围绕本市重点扶持的十大产业和战略性新兴产业发展，以及高新技术项目产业化基地建设需求，按照符合市场经济规则、满足产业发展需求、促进技术转移辐射、发挥政府引导作用的原则，到 2015 年底完成 30 个左右市级产业联盟的建设，并推荐运行良好、管理规范、绩效优秀的联盟成为浙江省或国家产业联盟试点。

(3)上海

2009年，上海市制定《国家技术创新工程上海市试点工作方案》，将“推动产业技术创新战略联盟构建和发展”列为技术创新工程的一个重要任务，从政策、资金、资源等多种渠道给予大力引导和扶持。2010年4月，上海市正式启动产业技术创新战略联盟试点工作，以项目资助形式支持创新联盟的成立，首批确定了“上海智能电网终端用户设备产业技术创新战略联盟”等22个产业技术创新战略联盟。2011年，在22家产业联盟的基础上，上海车联网与车载信息服务产业技术创新战略联盟、上海MEMS及智能传感芯片产业技术创新战略联盟、上海饮用水安全保障产业技术创新战略联盟等30家联盟列入联盟试点项目计划开展试点。2014年，上海市颁布《中共上海市委、上海市人民政府关于贯彻〈中共中央 国务院关于深化科技体制改革加快国家创新体系建设的意见〉的实施意见》，强调联盟承担实施国家和市级科技重大专项功能，要求加快构建创新服务体系，培育发展战略性新兴产业。2016年上海市颁布《科技创新“十三五”规划》，促进各类创新主体协同发展、合作共赢，积极推动产学研各方围绕产业链、价值链开展合作，加快创新集群发展。

(4)沈阳

2011年，由沈阳市人民政府办公厅印发的《2011年沈阳市创建国家创新型城市工作要点》首次提出“推进产业技术创新战略联盟建设，围绕新兴产业支持发展一批产业技术创新战略联盟”，并规定“此项工作由市科技局牵头，市发展改革委、经济和信息化委配合”。同年，由市政府办公厅转发的市发展改革委《关于贯彻落实国家2011年振兴东北地区等老工业基地工作要点的实施意见》中，也明确提出“推动科研机构与企业合作，促成一批产业技术创新战略联盟、重大科技攻关、重点校企合作等项目”。此后，“组建产业技术创新战略联盟等新兴产业组织”在2013年《沈阳市加快国家中心城市建设规划纲要》中被列为实施科技驱动战略的重要举措之一和沈阳市2014年政府工作报告中要着力抓好的工作之一。由此，产业技术创新战略联盟建设已经成为沈阳市提升自主创新能力，振兴老工业基地，创建国家创新型城市和国家中心城市的重要推进器。

## 9.2 建立健全管理体制机制

(1)改革联盟协调机制

北京市成立“产业技术创新战略联盟促进工作联席会”，成员单位由市科委、市发展改革委、市教委、市经济信息化委、市民政局、市财政局、市国资委、中关村管委会、市总工会、国家开发银行北京市分行等部门组成。联席会每年召开一次会议，通报联盟促进工作情况，研究解决联盟促进工作中的问题，协调落实相关政策。联席会各成员单位间建立信息通报、工作交流、业务协商等工作制度。

(2)创新联盟运行模式

杭州市支持产业技术创新战略联盟形成具有持续竞争力的运作发展模式。联盟应从成员单位的切身利益出发，坚持"集成、协同、增值、服务"的发展理念，积极引导各类主体加入联盟，建立合理的分工协作机制，开展形式多样的技术创新协作和交流活动，选择各具特色的运作模式，在进行组织和机制创新中提高联盟的凝聚力、竞争力。鼓励条件成熟、运行规范的产业技术创新战略联盟独立注册法人单位；建立市和区、县(市)联动的产业技术创新战略联盟推进机制。市级层面重点抓好国家、省和市级产业技术创新战略联盟建设和发展工作。各区、县(市)围绕本地科技、经济发展规划确定的重点产业，突出区域发展特色，运用市场机制推动本区、县(市)产业技术创新战略联盟的建设和发展工作，负责市级及以上产业技术创新战略联盟的推荐和配套支持，合力推进产业技术创新战略联盟建设和发展。

(3)引导联盟组建工作

广州市政府围绕区域发展的重大课题、产业技术优化和产业转型升级的战略性要求，参与引导联盟的组建工作，就各方的经费、人员、设备、知识产权等协议内容提供意见并督促落实。例如广州绿色化工产业技术创新战略联盟就是在贯彻广州市经济可持续发展要求，配合广州市"中调"战略和"退二进三"工作部署，关注化工清洁生产与绿色化学品发展的背景下组建的，联盟一开始就得到了广州市政府的高度重视，帮助牵头企业广州化工集团组建核心团队，并提供项目和经费支持。

(4)明晰联盟发展方向

天津滨海新区和厦门市鼓励联盟参与制订产业规划和编制产业技术路线图；支持联盟开展共性和前沿技术开发，组织成员参与制定技术标准。上海市聚焦支持上海建设具有全球影响力的科技创新中心重点领域、"新技术、新产业、新业态、新模式"企业和创新项目，以国家战略产业和区域支柱产业的技术创新需求为导向，以形成产业核心竞争力为目标，支持相关产业的技术创新联盟构建。上海在实施科教兴市《行动纲领》中，确定了许多重大的产业科技攻关项目，这些项目与产业联盟的合作方向统一起来，使得产业创新的合作成果直接为社会发展服务。

(5)加强知识产权保护

厦门市规定联盟承担市科技计划项目形成的知识产权，由项目(课题)承担单位依法取得。联盟组织申报市科技计划项目，应依据联盟协议在项目申请书中约定成果和知识产权的权利归属、许可实施以及利益分配，约定联盟解散或成员退出的知识产权处理方案。对于知识产权约定不明确的项目不予立项。违反成果和知识产权权益分配约定的项目参与单位，五年内不得参与市科技计划项目的组织实施。联盟对承担市科技计划项目形成的知识产权，有向本市其他单位有偿或无偿许可实施的义务。向境外转让或许可独占实施的，按有关规定执行。

(6)制定联盟考核体系

广州产学研协同创新联盟办公室制定了《广州产学研协同创新联盟各领域创新联盟年度绩效评价方案(试行)》，以推动各领域产业技术创新战略联盟有序运行。由产学研协同创新联盟办负责监督考核工作，遵循定性与定量结合、日常与年度相结合、当前与长远相结合的原则，按照联盟自评、专家集体评议、政府抽查、结果公开的程序，明确各联盟落实重要发展指标的责任目标。从各领域产业技术创新战略联盟的日常运作情况、推进广州产学研协同创新工作情况、创新活动及创新绩效情况、服务广州企业情况、国际合作、社会效益等方面进行评价。组织实施“产学研合作综合示范企业”行动计划，选择产学研结合基础好、创新氛围浓的科技型企业作为示范企业，综合运用无偿资助、贷款贴息、风险及产业投资、后补助等多种方式对示范企业产学研结合活动给予支持。

杭州市科学技术委员会在产业技术创新战略联盟认定后第 3 年和第 5 年组织期中、期末考核评估。考核评估的主要内容包括联盟的整体运行情况，组织重大创新项目研发、转化情况，拥有科技成果、知识产权及向本市同行业推广、扩散情况，受资助科技经费管理使用情况等。对 3 年期中评估优良的市级产业技术创新战略联盟，继续给予各项支持。对 3 年期中评估较差，存在问题较多的市级产业技术创新战略联盟，给予告诫，限期整改。对 5 年期满运行综合评估优秀的市级产业技术创新战略联盟，可免予申请认定直接进入第二期，给予滚动支持。对 5 年期满运行综合评估一般的市级产业技术创新战略联盟，取消杭州市产业技术创新战略联盟称号，终止市级产业技术创新战略联盟的各项支持措施。对 5 年期满运行综合评估不合格的市级产业技术创新战略联盟，取消杭州市产业技术创新战略联盟称号，并降低牵头龙头企业和成员单位的科技信用。

## 9.3 创新联盟支持方式

(1)联盟分类资助

北京市率先将联盟分为培育类和建成类两类进行评价和支持,采用财政资金后补助方式,支持额度分别不超过30万元和50万元。培育类联盟指成立时间在3年以下的联盟,重点支持联盟开展以下工作:支持联盟加强自身能力建设,明确联盟创新目标,建立健全联盟运作机制及各项管理制度;支持联盟建立与联盟成员及有关部门的联络沟通机制,组织丰富、有效的行业活动,提升联盟成员的凝聚力,扩大联盟影响力;支持联盟依托联盟优势资源,针对共性需求,搭建公共服务平台,提高联盟为产业服务、为成员服务的能力。建成类联盟指成立时间在3年以上的联盟,重点支持联盟开展以下工作:支持联盟牵头,规范联盟标准化工作,制定或参与制定国际标准、国家标准,组织制定联盟标准,推动标准的实际应用,积极承担各级标准化技术工作委员会工作;支持联盟牵头,围绕技术、标准等的应用,开展知识产权战略工作,如筹建联盟专利池、建立健全联盟知识产权共享机制等,推动联盟创新成果的实际应用;支持联盟积极开展科技成果转化、示范应用等工作,健全相关制度和机制,推动联盟内现有重要科技成果的有效转化及良好的示范应用;支持联盟牵头,组织重点成员单位开展产业共性关键技术研发,搭建产业公共服务平台,为产业及联盟成员提供第三方(或第四方)科技服务,推动科技服务业业态的形成;支持联盟开展产业研究工作,提升联盟进行产业分析、产业规划及编制产业研究报告的能力,为成员企业提供产业信息服务,为政府部门决策提供支撑服务。

广州市政府制定专门的资金计划,遵循《产学研省部合作专项资金管理暂行办法》和《广州市科技计划项目经费管理办法》,分类资助联盟产学研合作。政府计划设立高新技术产业投资基金和科技型中小企业贷款担保风险准备金,完善科研经费拨款和补助金发放制度。建立联盟创新型企业研发投入补助制度,对创新型企业予以研发投入补助。每年评审"产学研协同创新重大专项"项目,对于联盟符合条件的基础性、公益性研究和重大共性关键技术研究、开发、集成等公共研发项目以及其他重要研发项目,给予重点资金支持。联盟企业申报或者联合高等学校、科研机构申报国家或者省级重大科技项目获准立项,财政部门按照配套要求或者比例予以配套,或视财力情况予以一定的配套资金支持。

(2)鼓励研发投入

厦门市在联盟先行投入的基础上,对于联盟牵头企业联合上下游企业、高校、科研机构承担的行业共性关键技术研究、重大产品开发和成果转化类重大科技项目,按照厦门市科技政策兑现相关办法进行申报、评审并获立项,在项目执行完成验收后,按其经过专项审计的实际投入研发经费的50%给予一次性资助。联盟如在政府主导下申报重大科技项目,可在项目立项后,先行拨付所需投入研发经费的35%,待项目验收后,按专项审计实际投入的研发经费的50%予以补足。联盟承担的立项项目,联盟秘书处可提取一定比例(不高于5%)的运行管理费,上限不超过50万元(含)。

(3)多措并举支持

北京市、厦门市和湖南省支持联盟组建国家重点实验室等创新平台以及各种公共服务平台;杭州市优先支持具备条件的联盟整合相关成员单位的优势资源,集成产学研合作力量,建设国家和省、市级研发机构、产业技术创新服务平台。对市产业技术创新战略联盟取得重大技术突破后的重大成果产业化项目,在联盟单位先行投入的基础上,鼓励市创投、产投基金优先向联盟提供投资或融资贴息。市产业技术创新战略联盟提供的重大创新技术、创新产品和首台(套)重大技术装备,列入自主创新产品目录,进入政府采(首)购,并予推广应用。市科技、经济部门可通过购买服务的方式,委托市产业技术创新战略联盟开展专题调研,编写产业年度创新发展报告等,并支付相应费用;湖南省鼓励银行和投资机构参与联盟,向联盟企业提供多样化金融支持和服务;北京市提出联盟及其成员自主创新产品(服务),经认定为北京市自主创新产品的,可以参加首购、订购、示范项目、推广应用等政府采购活动。

上海市积极引导、支持高等院校、科研院所和企业面向市场开展科技成果转移转化活动,通过加强政府采购首购、订购等方式的扶持力度,加快科技成果转移转化和资本化、产业化,鼓励新技术、新产品的扩大示范应用和推广。同时完善联盟科技成果转化的激励机制,探索建立符合科技成果转化规律的市场评价定价机制,下放高等院校、科研院所科技成果的管理、使用和处置权,允许通过协议定价、技术市场挂牌交易、拍卖等市场化定价方式确定科技成果价格,收益分配向发明人和转移转化人员倾斜。

## 9.4 推动跨界和跨区域合作

(1)跨界合作

北京市重点支持联盟开展跨界合作,包括:开展跨领域、跨产业协同创新工作,推动不同领域、产业的技术融合创新发展,培育新兴产业;重点支持联盟在互联网+、智能硬件、大数据、大健康、中国制造2025等方面开展跨界创新与合作。

(2)跨区域合作

北京市鼓励联盟在联盟标准化、科技成果转化、产业研究、京津冀协同、与长江经济带有关省市开展合作与交流、与国际资源对接等方面开展实质性工作。国际资源对接方面重点引导和支持联盟与一带一路有关国家和地区开展交流与合作。

## 9.5 强化人才集聚机制

北京市鼓励联盟培养、引进高端创新人才。支持联盟探索产学研合作的人才培养模式。支持联盟设立博士后工作站。符合条件的高端人才优先推荐参选“千人计划”、“北京海外人才聚集工程”、“中关村高端领军人才聚集工程”、“百名科技领军人才工程”、“科技新星计划”。

天津滨海新区支持联盟探索产学研合作的人才培养模式,鼓励联盟引进一批科技创新创业领军人才、科技精英人才和高层次从业人员。支持联盟设立博士后工作站,大力鼓励联盟技术和管理人员晋升和评聘专业技术职务职称,参选“131”人才计划、国家和天津市“千人计划”等,对于入选人员,根据实际情况给予相应奖励。

上海市发布“人才30条”政策,引进高层次人才并促进人才交流。鼓励高校、科研院所与企业联合共建新型研发机构,做大做强产学研用对接平台;鼓励高校、科研院所等科研人员在履行所聘岗位职责前提下,经所在单位同意,可在岗创业或者到企业兼职从事科技成果转化、技术攻关,所得收入由个人、单位协商分配;支持企业创新创业人才到高校、科研院所兼职,允许高校、科研院所设立一定比例流动岗位,吸引有创新实践经验的企业家和企业科研人才兼职,探索人才柔性双向流动,以此作为衔接产学研的重要手段。

# 10　加快中国产业技术创新战略联盟发展的政策建议

## 10.1　明确联盟总体定位，科学引导联盟发展

(1)明确总体定位

明确浙江省产业技术创新战略联盟的总体定位是围绕产业技术链，依托杭州城西科创大走廊和浙江省特色小镇建设，通过跨区域的、全产业链关键环节甚至是跨产业边界的整合，开发前瞻性和创新性的共性技术，从而科学地引导和把控联盟的发展方向。

(2)引导发展方向

提倡以龙头企业、高校院所为联盟核心，以互补性的、产业链纵向环节为联盟参与主体，通过政府牵线搭桥，减少伙伴选择中的盲目性，奠定联盟的良好基因。鼓励联盟在所属产业技术路线框架下制定符合联盟发展实际的技术路线图，积极延伸产业链和集聚优势互补环节，研究产业关键技术或共性技术，整合联盟成员的短期目标，制定联盟长期目标、重点领域和发展路径等。

(3)创新监督管理

委托院校、科研机构或中介机构组建第三方产业技术创新战略联盟理论研究和运行监督机构，一方面制定考核评价标准，定期考核联盟运行，提出考核评价意见供管理部门决策参考；另一方面追踪和研究国内外产业技术创新战略联盟的理论和实践，定期出版《全球产业技术创新战略联盟白皮书》研究报告，编制和发布《全球产业技术创新战略联盟运行绩效排名》、《中国产业技术创新战略联盟运行绩效排名》、《产业技术创新战略联盟分类排名》等，力争成为全球产业技术创新战略联盟风向标。

## 10.2 明晰联盟法律地位，改革联盟运营模式

(1)明确法律地位

尝试联盟与研究院合二为一的非营利性组织模式，解决联盟不能作为实体注册的难题，提升联盟运营的自主性和灵活性；着眼于国家反垄断法律法规及政策的要求，提前谋划，制定“促进”和“监管”并用的政策，明确联盟可以从事的业务范围和行为禁区。

(2)改革运营模式

鼓励以龙头企业和高校院所为核心的联盟组建方式，推动具备条件的联盟采用股份制形式进行实体化运作；支持成立联盟股权投资基金，投资实体化运营的联盟和联盟项目，帮助其孵化和上市，增强联盟自我造血功能；依托政府信用，以 PPP 项目为平台，导入金融机构和投资基金，鼓励互补型和有成功合作历史的联盟成员抱团参与，共同承接 PPP 重大项目，滚动良性发展。

## 10.3 完善运营生态体系，优化内部治理结构

(1)完善生态体系

进一步完善联盟的生态体系，引导中介机构、金融机构、相关社会团体和知名人士等加入联盟，解决联盟运行管理、知识产权保护、成果转化、人才引进、资金融通等重大问题，奠定联盟可持续发展的稳固基因。

(2)优化治理结构

防止“一家独大”和决策的不民主，根据联盟的成员构成、所属产业和区域特点，制定相应的、基于信息渠道畅通、相互信任和民主决策的治理结构，提倡以高校院所为秘书长单位的联盟运营体制。

## 10.4 变革政策扶持方向，丰富联盟支持手段

(1)制定因地制宜政策

对联盟采取分类资助政策：对战略新兴行业，如互联网+、智能硬件、大数据、大健康、中国制造 2025 等设立联盟专项计划，分等级地、连续性支持联盟开展工作；对在区域经济发展和产业结构升级转型中有突出贡献的联盟实行奖励，根据联盟产品的技术水平确定新产品的补贴政策；对联盟申请专项基

金、专项贷款及联合申请项目给予优先考虑。

(2)实施后补助政策

建立联盟运行绩效考核体系，推行优胜劣汰，采用后补助方式对绩效出色联盟和联盟项目进行资助:重点鼓励以共性技术研发为主导的联盟和联盟项目，对共性技术有研究突破、中试成功、成果产业化的，政府分阶段进行阶梯性后补助支持;采用引导资金、联盟自筹和后补助相结合的方式资助影响区域重大技术创新和产业发展的联盟和联盟项目。

(3)改革经费管理方法

明确经费的使用范围，并在总体方案下给予联盟成员单位一定的经费自主使用权，同时解决省外合作伙伴的资金使用问题。

(4)支持联盟成果转化

完善地方的政府采购计划，优先考虑联盟的新技术和新产品;在惠民计划中，鼓励企业示范推广联盟的研发成果。

(5)搭建金融支持平台

与银行建立联盟金融服务体系或平台，根据联盟的实际需求，开展相关咨询和服务工作，如开展融资信息对接会，提供银行种子基金批量授信业务、知识产权质押贷、订单贷、小额信用贷款等金融产品。

(6)帮助对接重大专项

帮助联盟了解国家政策和行业发展最新趋势，支持联盟积极对接国家、省级科技重大专项，拓展联盟技术研发的广度与深度，避免额外研发成本的浪费。

(7)推进联盟标准创新

鼓励联盟从技术创新和产品创新向标准创新转变，支持联盟研究制定技术标准和技术规范，帮助联盟推动标准成为业内技术标准。

(8)创造交流学习条件

构建联盟沟通交流平台和创造外出合作学习的条件，推动联盟内部成员之间、联盟与省内外(包括国外)联盟之间、联盟与社会各界之间的交流与合作，促进联盟的开放性和融合性发展。

## 10.5　构建综合信息平台，加强联盟宣传培训

(1)构建综合信息平台

综合平台包括沟通平台、信息平台、资金平台、人才平台、推介平台和技术

社区等。通过沟通平台，推动联盟内部成员之间、联盟与政府的沟通，联盟与产业链各相关群体之间的沟通、交流与合作，联盟与省内外联盟甚至国外联盟和相关机构的合作交流；通过信息平台，建立联盟及其相关产业的数据库，掌握所属产业、技术和产品、专利和产权保护、联盟成员、政府政策等信息和知识，做到信息互通和知识共享；通过资金平台，政府以引导资金、后补助、奖励为主，企业以自有资金为主，银行以专利权抵押、低息和专项贷款为主，联盟以每年技术成果转让的红利提成和中介服务等费用构成的基金为主，形成政、产、学、研、金多渠道共同投入资金的格局；通过人才平台，以政府科技计划项目为依托，加强人才培养、储备和评价管理，制定优惠政策吸引海内外优秀高技术人才回归，改革分配制度，收入分配向高技术人才倾斜；通过推介平台，提升政府、社会和企业对联盟的认知水平和支持力度，传播联盟的整体形象和个体形象，吸引外部投资和交流合作；通过技术社区，形成以企业技术主管为主体的社交平台，推动跨界研发团队和融合型 SC（战略社区）的建立，进而推动不同联盟之间的跨界融合和联盟的转型升级，实现基于联盟组合的产业融合和更多新兴产业的兴起和发展。

(2)加强联盟宣传培训

提升联盟的认知程度。提升政府各级部门，尤其是地方各级部门对联盟的重视程度和支持力度；联盟相关的规定、通知，制定的联盟普及知识手册要分发给政府各级部门、行业协会和重要企业；针对相关政府部门、行业协会、企事业单位和新闻媒体，组建联盟专家团队，定期开展联盟知识的认知培训工作。推动联盟形象宣传。构建链接各级政府、相关行业协会、国内外相关联盟、相关企业、中介机构、金融企业和新闻媒体等组织的“浙江省联盟综合管理平台”，将联盟形象的认知和推介作为重要的构成部分，通过联盟的内外互通，提升浙江省联盟整体的存在感和影响力；鼓励把联盟成果作为政府倡导或筹办的各种交流会、成果展、科技展、推介会的宣传专题，提高社会对联盟的认知度；鼓励各级政府、新闻媒体和联盟等，通过各种方式、渠道宣传联盟，对于宣传有力的，给予一定的精神和物质奖励；鼓励联盟建立自己的信息发布平台，定期宣传联盟的重大研发活动、科技成果，为成果产业化奠定基础，平台的运营和管理可以申请政府的后补助。

# 参考文献


[1] Akbar Zaheer. Benefiting from network position: firm capabilities, structural holes, and performance[J]. Strategic Management Journal. 2005:26(9): 809—825.

[2] Aulakh P S, Sahay A. Trust and performance in cross-border marketing partnerships: a behavioral approach [J]. Journal of International Business Studies, 1996, 27(5):1005—1032.

[3] Baum J A C, Calabrese T, Silverman B S. Don't go it alone: alliance network composition and startups' performance in Canadian biotechnology [J]. Strategic Management Journal, 2000, 21 (3): 267—294.

[4] Beamish P W, Delios A, Lecraw D J. Japanese multinationals in the global economy[M]. Northampton: Edward Elgar Publishing, 1997.

[5] Benitez-Amado, Jose, Perez-Arostegui, et al. The relationships between learning in alliances, information technology and innovation-supportive culture capabilities[J]. International Journal of Business Environment, 2011, 4(3):234—253.

[6] Boateng A, Glaister K W. Performance of international joint ventures: evidence for west africa[J]. International Business Review, 2002, 11 (5):523—541.

[7] Brass, D. J. , Galaskiewicz, J. , Grenve, H. R. , et al. Taking stock of networks and organizations: a multilevel perspective [J]. Academy of Management Journal, 2004(6): 796—817.

[8] Cho, Y. S. , Hwang, J. & Lee, D. Identification of effective opinion leaders in the diffusion of technological innovation: a social network approach[J]. Technological Forecasting & Social Change, 2012, (79): 97—106.

[9] Christian Lechner, Michael Dowling, Isabell Welpe. Firm networks and firm development: the role of the relational mix [J]. Journal of Business Venturing, 2006,(21): 514—540.

[10] Cooke S, Ryan P. Brand alliances: from reputation endorsement to collaboration on core competencies[J]. Irish Marketing Review, 2000 (2):36.

[11] Das T K, Teng B S. Between trust and control: developing confidence in Partner cooperation alliances[J]. Academy of Management Review, 1998, 23(3):491—512.

[12] Das. T K. Rahman N. Determinants of partner opportumism in strategic alliances: a conceptual framework [J]. Journal of Business and Psychology, 2010(1):55—74.

[13] Fryxell G E, Dooley R S, Vryza M. After the ink dries: the interaction of trust and control in us-based international joint ventures [J]. Journal of Management Studies, 2002, 39(6):865—886.

[14] Dries F, Matthias D V, Petra A, et al. Technology alliance portfolios and financial performance: value-enhancing and cost-increasing effects of open innovation[J]. Journal of Product Innovation Management, 2010, 27(6):785—796.

[15] Ernst D, Bleeke J. Collaborating to compete: using strategic alliance and acquisitions in the global marketplace [M]. New York: Wiley, 1993.

[16] Gomes-Casseres B. Group versus group: how alliance networks compete[J]. Harvard Business Review, 1994, 72(4): 62—66.

[17] Goodman D. The determinats of commitment in the distributor manufacturer relationship [J]. Industrial Marketing Management, 2001(30):287—300.

[18] Gulati R. Network location and learning: the influence of network resources and firm capabilities on alliance formation [J]. Strategic Management Journal, 1999, 20(5):397—420.

[19] Hagedoorn J, Cloodt M. Measuring innovative performance: is there an advantage in using multiple indicators? [J]. Research Policy, 2003, 32(8):1365—1379.

[20] Harrigan K R. Joint ventures and competitive strategy[J]. Strategic Management Journal, 1988, 9(2):141—158.

[21] Hora M, Dutta D K. Entrepreneurial firms and downstream alliance partnerships: impact of portfolio depth and scope on technology innovation and commercialization success[J]. Production & Operations Management, 2013, 22(6):1389—1400.

[22] I C T. Canadian biotechnology start-ups, 1991—1997: the role of incumbents' patents and strategic alliances in controlling competition [J]. Social Science Research, 2000, 29(4):503—34.

[23] Jao I Y. The interaction-learning effects in cross-border manufacturing alliances[R]. Puli: The First International Management Conference,1997.

[24] Jasbinsek J, Dueker K. The relationships between supplier development, commitment, social capital accumulation and performance improvement[J]. Journal of Operations Management, 2007, 25(2):528—545.

[25] John D. Neilla GMP, Candace E. Young Ybarrab. Technology R&D alliance and firm value [J]. Journal of High Technology Management Research, 2001, 12: 227—237.

[26] Kaplan R S, Norton D P. Balanced scorecard: measures that drive performance[J]. Harvard Business Review, 1992, 70(1):187—204.

[27] Kashiwagi D T. Application of backward chaining, "fuzzy logic," and the management of information to procurement of facility systems/services[J]. Computers & Industrial Engineering, 1995, 29(1): 399—403.

[28] Lambe C J, Spekman R E. Alliances, external technology acquisition, and discontinuous technological change [J]. Journal of Product Innovation Management, 1997, 14(2):102—116.

[29] Mjoen H, Tallman S. Control and performance in international joint ventures [J]. Journal of International Business Studies, 1989: 257—274.

[30] Murray L W. Flexible innovation: Technological alliances in canadian industry [J]. Journal of Product Innovation Management, 1996, 13 (5):472—472.

[31] Neely M J, Modiano E, Li C P. Fairness and optimal stochastic control

for heterogeneous networks[C]. 24th Annual Joint Conference of the IEEE Computer and Communications Societies. Proceedings IEEE. IEEE, 2005:1723—1734.

[32] Parkhe. A. Strategie alliance structuring: a game theoretic and transaction cost of inter firm cooperation [J]. Academy of Management Journal, 1993(4):794—829.

[33] Perry-Smith, J. E. , & Shalley, C. E. The social side of creativity: A static and dynamic social network perspective [J]. Academy of Management Review, 2003, 28(1), 89—106.

[34] Powell, W W, K ogut, K . &Smith-Doerr , L . Inter-organizational collaboration and the locus of innovation: Networks of learning in biotechnology[J]. Administrative Science Quarterly, 1996, 41(l):116—145.

[35] Prashant Kale JDs. Alliance capability, stockmarket response, and long-term alliance success: the role of the alliance function [J]. Strategic Management Journal, 2002(23):747—767.

[36] Prasopoulou E, Poulymenakou A. Adopting a lifecycle perspective to explain the transition from technological innovation to alliance management[J]. Management Decision, 2004, 42(9):1115—1130.

[37] Provan K G, Milward H B, Isett K R. Collaboration and integration of community-based health and human services in a nonprofit managed care system. [J]. Health Care Management Review, 2002, 27(1):21—32.

[38] Provan, K. G. , Fish, A. & Sydowet J. Literature on whole networks interorganizational networks at the network level: a review of the empirical [J]. Journal of Management, 2007(3):479—516.

[39] Ren A, School B A. The Research of developing industry-university-research technology innovation strategic alliance in henan province[J]. Journal of Guangdong Industry Technical College, 2016(4):110—115.

[40] Stel F. Improving the performance of co-innovation alliances [J]. Journal of Biomedical Optics, 2011, 20(12):371—381.

[41] Stuart T E. Interorganizational alliances and the performance of firms: a study of growth and innovation rates in a high - technology industry

[J]. Strategic Management Journal, 2000, 21(8):791—811.

[42] Sutcliffe K M, Zaheer A. Uncertainty in the transaction environment: an empirical test[J]. Strategic Management Journal, 1998, 19(1): 1—23.

[43] Teece D J, Gary P, Amy S. Dynamic capabilities and strategic management [J]. Strategic Management Journal, 1997, 18(7): 509—533.

[44] Teece D J. Competition, cooperation, and innovation: organizational arrangements for regimes of rapid technological progress[J]. Journal of Economic Behavior & Organization, 1992, 18(1):1—25.

[45] Thompson, G., Frances, J., Levacie, R.. Markets, Hierarchies and networks: the coordination of social Life[M]. London: Sage, 1991.

[46] Ulf Andersson, Mats Forsgren, Ulf Holm. The strategic impact of external networks: subsidiary performance and competence development in the multinational corporation [J]. Strategic Management Journal, 2002, 23 (11): 979—996.

[47] Vanhaverbeke W, Belderbos R, Duysters G, et al. Technological performance and alliances over the industry life cycle: evidence from the ASIC industry[J]. Journal of Product Innovation Management, 2015, 32(4):556—573.

[48] Walker W. Technological innovation, corporate R&D alliances and organizational learning[J]. Rand Corporation, 1995.

[49] Wernerfelt B. A Resource-based view of the firm [J]. Strategic Management Journal, 1984 , 5(2):171—180.

[50] Williamson, O. The Economic Institutions of Capitalism: firms. markets, relational contracting[J], New York: Gabler, 1985, 65—71.

[51] Xie F T, Johnston W J. Strategic alliances: incorporating the impact of e-business technological innovations [J]. Journal of Business & Industrial Marketing, 2004, 19(3):208—222.

[52] Yoshino M Y, Rangan U S. Strategic Alliances: an entrepreneurial approach to globalization [J]. Long Range Planning, 1996, 29 (6):1241.

[53] Zaheer A, Mcevily B, Perrone V. Does trust matter? exploring the

effectsof interorganizational and interpersonaltrust on performance[J]. Organization Science, 1998, 9(2):141—159.
[54] 边伟军.企业战略联盟绩效研究[D].青岛:中国海洋大学,2004.
[55] 蔡兵.技术联盟现象初探[J].自然辩证法研究,1995(8):38—42.
[56] 蔡娜智子.基于财务指标的企业战略联盟绩效评价[J].企业管理,2015(3):117—120.
[57] 柴珺芳,施海燕,孙国君等.国内外医药产业联盟研究综述[J].现代经济:现代物业中旬刊,2012(9):113—116.
[58] 曹静,范德成,唐小旭.产学研结合技术创新绩效评价研究[J].科技进步与对策,2010,27(7):114—118.
[59] 常荔,李顺才,邹珊刚.论基于战略联盟的关系资本的形成[J].外国经济与管理,2002,24(7):29—33.
[60] 陈劲,陈钰芬.企业技术创新绩效评价指标体系研究[J].科学学与科学技术管理,2006,27(3):86—91.
[61] 陈立勇.产业技术创新战略联盟知识治理研究[D].长沙:湖南大学,2013.
[62] 陈培樗,屠梅曾.产学研技术联盟合作创新机制研究[J].科技进步与对策,2007,24(6):37—39.
[63] 陈守明.现代企业网络[M].上海:上海人民出版社,2002.
[64] 陈通,吴苓,刘晓峰.基于网络分析法的企业绩效评价研究[J].中国农机化学报,2008(5):19—21.
[65] 陈雪善,张高忠.嘉兴区域产业技术创新战略联盟构建模式研究[J].嘉兴学院学报,2011,23(2):37—41.
[66] 池仁勇,唐根年.基于投入与绩效评价的区域技术创新效率研究[J].科研管理,2004,25(4):23—27.
[67] 戴淑芬,张群,王思博.我国中小企业策略联盟绩效及其影响因素的实证研究[J].管理学报,2008,5(4):591—595.
[68] 邓剑平.高新技术创新项目绩效评价研究[D].哈尔滨:哈尔滨工程大学,2007.
[69] 邸晓燕.产业技术创新战略联盟的支持政策研究[M].北京:知识产权出版社,2014.
[70] 丁元杰.联盟能力、创新网络与创新绩效的关系研究[D].杭州:浙江工业大学,2015.

[71] 方静,武小平.产业技术创新联盟信任关系的演化博弈分析[J].财经问题研究,2013(7):37—41.
[72] 费艳颖,王越,刘琳琳.产业技术创新联盟创新人才共享分析[J].科技进步与对策,2012,29(13):140—143.
[73] 冯晓青.国家产业技术政策、技术创新体系与产业技术创新战略联盟——兼论知识产权战略的作用机制[J].当代经济管理,2011,33(8):19—26.
[74] 付苗,张雷勇,冯锋.产业技术创新战略联盟组织模式研究——以TD产业技术创新战略联盟为例[J].科学学与科学技术管理,2013,34(1):31—38.
[75] 高广文.创新网络的力量[J].华东科技,2007(11):48—49.
[76] 高建,汪剑飞,魏平.企业技术创新绩效指标:现状、问题和新概念模型[J].科研管理,2004,25(1):14—22.
[77] 葛志伟.基于平衡积分卡的商业银行绩效管理体系设计[J].市场周刊:理论研究,2009(1):103—104.
[78] 郭焱,刘月荣,郭彬.战略联盟中伙伴选择、伙伴关系对联盟绩效的影响[J].科技进步与对策,2014,31(5):25—29.
[79] 郝生宾,于渤,吴伟伟.企业网络能力与技术能力的耦合度评价研究[J].科学学研究,2009,27(2):250—254.
[80] 何平林,兰凤云.基于数据包络分析法的绩效评估技术研究——来自军工上市公司的实证分析[J].中国流通经济,2007,21(10):45—48.
[81] 何卫红.产业技术创新联盟研究现状及展望[J].南京邮电大学学报(社会科学版),2013,15(2):50—56.
[82] 胡大伟.产业技术创新联盟模式研究[D].南京:南京邮电大学,2011.
[83] 胡剑波,安丹.产业技术创新战略联盟发展的国际经验与启示[J].工业技术经济,2014(10):125—131.
[84] 胡勇,霍可以.中药材产业技术创新联盟构建的瓶颈、模式与政策选择研究[J].农学学报,2013,3(11):70—73.
[85] 华东,张国英.我国中药产业技术创新联盟的组织模式及发展趋势探讨[J].中国药物经济学,2011(5):33—37.
[86] 华金秋,华金科.技术标准联盟收益分配研究[J].科技进步与对策,2006,23(2):36—38.
[87] 黄洁.集群企业成长中的网络演化:机制与路径研究[D].杭州:浙江大

学,2006.

[88] 黄志民,郭海燕.基于信任关系的虚拟研究开发组织运行机制原则的研究[J].科技管理研究,2006,26(4):132—135.

[89] 嵇登科.企业网络对企业技术创新绩效的影响研究[D].杭州:浙江大学,2006.

[90] 吉迎东.基于知识权力的技术创新网络治理机制研究[D].西安:西安理工大学,2014.

[91] 贾生华,吴波,王承哲.资源依赖、关系质量对联盟绩效影响的实证研究[J].科学学研究,2007,25(2):334—339.

[92] 简兆权,刘荣,招丽珠.网络关系、信任与知识共享对技术创新绩效的影响研究[J].研究与发展管理,2010,22(2):64—71.

[93] 蒋芬."联合开发、优势互补、利益共享、风险共担":产业技术创新战略联盟是产学研结合的趋势[J].华东科技,2009(12):36—37.

[94] 靳芳芳.政府引导的中小企业集合信托的绩效评估——以北京中小企业集合信托为例[D].北京:中国科学院大学,2013.

[95] 赖馨正.产学研技术创新战略联盟模式及运行研究[D].武汉:中南大学,2008.

[96] 李岱松,王瑞丹,马欣.孵化器产业特征及我国孵化器营运模式探析[J].科研管理,2005,26(3):8—11.

[97] 李海燕,吕焕方,曹蓓.产业技术创新联盟绩效评价指标体系的构建[J].科技管理研究,2013(22):80—83.

[98] 李健,金占明.战略联盟伙伴选择、竞合关系与联盟绩效研究[J].科学学与科学技术管理,2007,28(11):161—166.

[99] 李伟,聂鸣,李顺才.影响技术联盟绩效的企业组织行为特征研究[J].中国软科学,2009(7):124—133.

[100] 李新男.创新"产学研结合"组织模式构建产业技术创新战略联盟[J].中国软科学,2007(5):9—12.

[101] 林雨洁,谢富纪.基于协同创新理论的产业技术创新战略联盟伙伴选择研究[J].科技与经济,2013(6):6—10.

[102] 刘东.企业网络论[M].北京:中国人民大学出版社,2003.

[103] 刘建生.产学研合作模式再探讨——基于共生理论的视角[J].北京交通大学学报(社会科学版),2012,11(1):102—106.

[104] 刘林舟,武博.产业技术创新战略联盟构建原则及政策取向[J].科技进

步与对策,2012,29(14):102—106.

[105] 刘林舟,武博,孙文霞. 产业技术创新战略联盟稳定性发展模型研究[J]. 科技进步与对策,2012,29(6):62—64.

[106] 刘唐勇. 中小企业技术创新网络联盟组建和运行机制研究[D]. 乌鲁木齐:新疆大学,2007.

[107] 刘学,王兴猛,江岚. 信任、关系、控制与研发联盟绩效——基于中国制药产业的研究[J]. 南开管理评论,2008,11(3):44—50.

[108] 刘益,李垣,杜旖丁. 关于战略联盟研究现状的分析与探讨[J]. 科学学研究,2003,21(6):626—631.

[109] 卢纪华,王锐,赵希男. 技术联盟契约承诺与成员绩效的关系研究[J]. 科学学与科学技术管理,2012,33(3):149—157.

[110] 吕焕方,李海燕,曹蓓. 产业技术创新联盟绩效评价指标体系研究[J]. 中国高校科技,2013(4):50—51.

[111] 迈克尔·波特,陈小悦. 竞争优势[M]. 华夏出版社,2005.

[112] 潘东华,孙晨. 产业技术创新战略联盟创新绩效评价[J]. 科研管理,2013(1):296—301.

[113] 彭月芹. 产学研合作政策、企业协同创新能力与经济绩效的关系研究[D]. 杭州:浙江理工大学,2016.

[114] 漆东. 技能型战略联盟中伙伴选择、伙伴关系与联盟绩效关系的实证研究[D]. 重庆:重庆大学,2004.

[115] 綦方中,翁潇彬,潘晓弘. 一种基于模糊综合评价法的动态联盟绩效评价方法[J]. 科技进步与对策,2006,23(4):110—113.

[116] 戚文举. 产业技术创新战略联盟运行机制效率评价研究[D]. 重庆:重庆理工大学,2011.

[117] 邱光宇. 用现代企业管理理念管理产业技术创新战略联盟[J]. 科技管理研究,2009(12):260—261.

[118] 邱晓力,钱兵,姚赛苗,等. 浙江省医疗器械产业技术创新战略联盟建设及成效[J]. 中国医疗设备,2016,31(2):175—177.

[119] 时立文. SPSS 19.0 统计分析从入门到精通[M]. 北京:清华大学出版社,2012.

[120] 宋东林,孙继跃. 产业技术创新战略联盟运行绩效评价体系研究[J]. 科技与经济,2012,25(1):27—31.

[121] 石书玲. 基于不同评价主体的知识联盟绩效评价模型构建[J]. 科技进

步与对策,2011,28(18):119—122.
[122] 孙继跃.江苏产业技术创新联盟构建模式与运行绩效评价研究[D].镇江:江苏大学,2012.
[123] 孙肖南,钟书华.构建我国企业技术联盟的协调机制[J].软科学,2001,15(4):83—87.
[124] 孙月华.基于治理视角的产业技术创新战略联盟运行研究[D].南京:南京财经大学,2011.
[125] 孙作林.中小企业结成联盟提高自身形象力[J].企业技术进步,2004(7):33—33.
[126] 陶力波.房地产企业战略联盟全过程管控及绩效评价研究[D].哈尔滨:东北林业大学,2010.
[127] 田善武,王庆金,侯英津,等.产业技术创新战略联盟中科技中介组织的作用[J].管理观察,2015(4):180—181.
[128] 王冰,顾远飞.簇群的知识共享机制和信任机制[J].外国经济与管理,2002,24(5):2—7.
[129] 王发明,刘丹.产业技术创新联盟中焦点企业合作共生伙伴选择研究[J].科学学研究,2016,34(2):246—252.
[130] 王飞绒.基于组织间学习的技术联盟与企业创新绩效关系研究[D].杭州:浙江大学,2008.
[131] 王菲,毛乃才.企业绩效评价理论综述及实践应用[J].商业时代,2010(7):70—70.
[132] 王静.产业技术创新战略联盟运行绩效的评价研究[D].杭州:杭州电子科技大学,2012.
[133] 王晓娟.知识网络与集群企业竞争优势研究[D].杭州:浙江大学,2007.
[134] 王玉丽,于成学,武春友.产业技术创新联盟知识转移绩效机制及实证研究[J].科技与管理,2010,12(6):31—35.
[135] 王越,费艳颖,刘琳琳.产业技术创新联盟组织模式研究——以高端装备制造业为例[J].科技进步与对策,2011,28(24):70—73.
[136] 魏末梅,陈义华.基于ANP的企业技术创新能力评价体系研究[J].科技管理研究,2006,26(4):59—61.
[137] 文小玲.基于模糊综合评价法的企业绩效评价[J].武汉理工大学学报,2006,28(8):146—149.
[138] 邬备民,李政.产业技术创新战略联盟运行机制及策略研究[J].中国高

校科技,2010(7):24—25.
[139] 吴笛.浙江产业技术创新战略联盟及其发展研究[D].杭州:浙江大学,2013.
[140] 吴焕香.影响跨国公司战略联盟绩效的因素分析[J].山东大学学报(哲学社会科学版),2005(6):107—111.
[141] 伍建民.产业技术联盟与政策导向[M].北京:科学出版社,2011.
[142] 徐二明,徐凯.资源互补对机会主义和战略联盟绩效的影响研究[J].管理世界,2012(1):93—103.
[143] 许安.网络组织边界和治理研究[D].武汉:华中科技大学,2008.
[144] 许端阳,徐峰.产业共性技术的界定及选择方法研究——基于科技计划管理的视角[J].中国软科学,2010(4):73—79.
[145] 严进.R&D导向产业技术创新联盟运行管理机理研究[D].南京:南京邮电大学,2015.
[146] 杨东奇,张春宁,徐影.企业研发联盟伙伴选择影响因素及其对联盟绩效的作用分析[J].中国科技论坛,2012(5):116—122.
[147] 杨京.沈阳产业技术创新战略联盟政策研究[D].沈阳:东北大学,2014.
[148] 杨茂盛,李涛,白庶.基于数据包络分析的供应链绩效评价[J].西安工程大学学报,2005,19(2):180—182.
[149] 杨旺军.湖北省产业技术创新战略联盟运行绩效指标体系研究[D].武汉:武汉理工大学,2013.
[150] 叶飞,徐学军.动态联盟的绩效评价指标体系及其评价方法[J].中国软科学,2000(9):117—119.
[151] 叶伟巍.产学合作创新机理与政策研究[D].杭州:浙江大学,2009.
[152] 殷群,王世庆.产业技术创新联盟信任机制研究——基于博弈分析的视角[J].科技与经济,2013,26(1):19—23.
[153] 袁雯静.联盟能力、网络创新与网络演化关系研究[D].杭州:浙江工业大学,2012.
[154] 张坚.企业技术联盟绩效评价体系的比较和发展趋势分析[J].科研管理, 2006,27(1):29—34.
[155] 张文强.我国产业技术创新与产学研结合模式研究[D].武汉:武汉理工大学,2013.
[156] 张晓,盛建新,林洪.我国产业技术创新战略联盟的组建机制[J].科技进步与对策,2009,26(20):52—54.

[157] 张学华，邬爱其．产业集群演进过程中关键竞争要素的实证研究[J]．科技管理研究，2006，26(12)：234—237．

[158] 张银萍，郭梅．基于平衡计分卡的供应链绩效评价方法研究[J]．价值工程，2012，31(19)：19—20．

[159] 张展，刘军鹏，覃波，等．推进辽宁产业技术创新战略联盟发展的建议[J]．辽宁经济，2013(11)：24—25．

[160] 曾德明，黄玉勇，禹献云．产业技术创新战略联盟知识转移障碍及对策研究[J]．情报理论与实践，2012，35(2)：64—67．

[161] 赵志泉．产业技术创新联盟的运行机制研究[J]．创新科技，2009(4)：18—19．

[162] 郑胜华，芮明杰，池仁勇．联盟能力的基本架构及其提升联盟绩效的机理研究[J]．科学学与科学技术管理，2007，28(6)：122—128．

[163] 郑胜华．企业联盟能力理论与实证研究：基于动态能力的观点[D]．杭州：浙江大学，2005．

[164] 周青，韩文慧，杜伟锦．技术标准联盟伙伴关系与联盟绩效的关联研究[J]．科研管理，2011，32(8)：1—8．

[165] 周勇，郑丕谔．基于平衡记分卡的动态联盟绩效评价[J]．工业工程，2005，8(5)：70—75．

[166] 朱琳．中小企业联盟网络创新绩效的影响因素研究[D]．杭州：浙江工业大学，2012．

[167] 邹文杰．企业网络模式探析[J]．上海商学院学报，2006，7(1)：36—40．

# 附　录

## 附录1　调查问卷Ⅰ(关键影响因素调查)

尊敬的女士/先生:

您好!

非常感谢您在百忙之中抽出时间填写这份问卷。本问卷旨在对浙江省产业技术创新战略联盟运行绩效进行评价,以了解联盟目前的运营状况,为联盟后续的发展提供战略性、方向性支持。您的回答对我们的研究结论非常重要,我们真诚地希望您能够根据自己的真实看法和实际情况来回答相关问题,协助我们完成这一课题的研究。本问卷为匿名调查,所涉及的内容不窥探贵组织的商业机密,问卷调查结果仅供科研使用,不会对任何人以任何形式公开。烦请您客观如实地填写,以帮助我们进行科学的统计分析。如在填写过程中有任何疑问,欢迎您联系:418904240@qq.com。

真诚感谢您的支持与合作!祝您工作顺利,事业通达!

浙江工业大学经贸管理学院

2016年3月

### 一、联盟基本情况

<table>
<tr><td>联盟名称</td><td colspan="5"></td></tr>
<tr><td>对外承担责任主体单位</td><td colspan="2"></td><td>地址(邮编)</td><td colspan="2"></td></tr>
<tr><td>联盟联系人</td><td></td><td>电话</td><td></td><td>Email</td><td></td></tr>
<tr><td>联盟成员(个)</td><td></td><td colspan="4">其中:企业________个;大学________个;<br>科研院所________个;学会协会________个;<br>中介机构________个;金融机构________个;<br>其他________个</td></tr>
</table>

| 联盟成立时间（年月） | | | |
|---|---|---|---|
| 联盟主营业务收入总额（亿元） | | 占全行业主营业务收入的比例（%） | |
| 联盟利润总额（亿元） | | 共建联盟研发平台（个） | |
| 联盟目标简述（100 字以内） | | | |
| 联盟任务简述（300 字以内） | | | |

注：联盟企业主营业务收入和利润总额指联盟所有企业最近一年的主营业务收入和利润总额。

## 二、评价指标

| 以下题目中 1～7 的分值表示从非常不同意向非常同意依次渐进，请在相应的数值上打√（1 表示非常不同意，4 表示中立，7 表示非常同意） | 不同意 ←→ 同意<br>1 2 3 4 5 6 7 |
|---|---|

**A 社会支持**

**A-1 政府支持**

| | |
|---|---|
| A-11 引导联盟制定联盟发展规划 | 1 2 3 4 5 6 7 |
| A-12 联盟科研立项逐年增加 | 1 2 3 4 5 6 7 |
| A-13 政府给予联盟税收优惠 | 1 2 3 4 5 6 7 |
| A-14 政府引导联盟建立公共服务平台 | 1 2 3 4 5 6 7 |
| A-15 政府为联盟搭建了交流平台 | 1 2 3 4 5 6 7 |
| A-16 政府采购联盟产品规模逐年增加 | 1 2 3 4 5 6 7 |

**A-2 金融机构支持**

| | |
|---|---|
| A-21 联盟链接的金融机构数量不断增加 | 1 2 3 4 5 6 7 |
| A-22 金融机构给予联盟企业更多金融支持 | 1 2 3 4 5 6 7 |

**A-3 中介机构支持**

| | | | | | | | |
|---|---|---|---|---|---|---|---|
| A-31 联盟链接的中介机构数量不断增加 | 1 | 2 | 3 | 4 | 5 | 6 | 7 |
| A-32 中介机构为联盟提供了专业化服务 | 1 | 2 | 3 | 4 | 5 | 6 | 7 |

**B 联盟组建**

**B-1 联盟结构**

| | | | | | | | |
|---|---|---|---|---|---|---|---|
| B-11 联盟具有较完整产业链 | 1 | 2 | 3 | 4 | 5 | 6 | 7 |
| B-12 联盟成员有良好的历史合作经验 | 1 | 2 | 3 | 4 | 5 | 6 | 7 |
| B-13 联盟拥有行业龙头企业 | 1 | 2 | 3 | 4 | 5 | 6 | 7 |

**B-2 伙伴匹配**

| | | | | | | | |
|---|---|---|---|---|---|---|---|
| B-21 合作伙伴拥有良好的知识互补性 | 1 | 2 | 3 | 4 | 5 | 6 | 7 |
| B-22 合作伙伴拥有良好的能力互补性 | 1 | 2 | 3 | 4 | 5 | 6 | 7 |
| B-23 合作伙伴拥有良好的资源互补性 | 1 | 2 | 3 | 4 | 5 | 6 | 7 |

**C 要素投入**

**C-1 资金投入**

| | | | | | | | |
|---|---|---|---|---|---|---|---|
| C-11 联盟研发投入数额不断增加 | 1 | 2 | 3 | 4 | 5 | 6 | 7 |
| C-12 联盟研发经费比例不断增加 | 1 | 2 | 3 | 4 | 5 | 6 | 7 |

**C-2 人才投入**

| | | | | | | | |
|---|---|---|---|---|---|---|---|
| C-21 联盟集聚联盟成员的优秀人才 | 1 | 2 | 3 | 4 | 5 | 6 | 7 |
| C-22 联盟引进外部人才数量逐年增加 | 1 | 2 | 3 | 4 | 5 | 6 | 7 |
| C-23 联盟人才的总体素质不断提升 | 1 | 2 | 3 | 4 | 5 | 6 | 7 |

**C-3 设备投入**

| | | | | | | | |
|---|---|---|---|---|---|---|---|
| C-31 联盟持续投入先进研发设备 | 1 | 2 | 3 | 4 | 5 | 6 | 7 |
| C-32 联盟持续投入先进生产设备 | 1 | 2 | 3 | 4 | 5 | 6 | 7 |

**D 联盟运行**

**D-1 联盟治理**

| | | | | | | | |
|---|---|---|---|---|---|---|---|
| D-11 联盟构建了较好的治理结构 | 1 | 2 | 3 | 4 | 5 | 6 | 7 |
| D-12 联盟职能部门有效履行了职能 | 1 | 2 | 3 | 4 | 5 | 6 | 7 |

D-13 联盟制定了公平的效益分配机制　1　2　3　4　5　6　7

D-14 联盟制定了合理的风险共担机制　1　2　3　4　5　6　7

**D-2 运营管理**

D-21 联盟制定了明确的总体战略规划　1　2　3　4　5　6　7

D-22 联盟成员的战略目标具有一致性　1　2　3　4　5　6　7

D-23 联盟项目开展顺利并有效达成目标　1　2　3　4　5　6　7

D-24 联盟经费筹措到位且使用符合要求　1　2　3　4　5　6　7

**D-3 关系管理**

D-31 合作伙伴之间有着充分的信任　1　2　3　4　5　6　7

D-32 合作伙伴之间经常性沟通交流　1　2　3　4　5　6　7

D-33 合作伙伴之间矛盾能够有效及时处理　1　2　3　4　5　6　7

**D-4 知识获取**

D-41 联盟定期进行公司互访与培训活动　1　2　3　4　5　6　7

D-42 联盟定期举办会议与组织论坛　1　2　3　4　5　6　7

D-43 联盟有联盟技术手册(联盟数据库)供成员学习　1　2　3　4　5　6　7

D-44 联盟促进了技术社区的形成　1　2　3　4　5　6　7

(注:1.联盟技术手册是指联盟内部用于成员之间相互学习及交流技术和联盟经验的小册子。2.技术交流社区是指主要由技术人员组成的用于学习交流和创新创意的线上及线下社交平台。)

**D-5 知识吸收**

D-51 联盟成员对伙伴知识有着很强的学习意愿　1　2　3　4　5　6　7

D-52 联盟成员从合作伙伴处获得了先进经验　1　2　3　4　5　6　7

D-53 联盟成员有效实现了新旧知识的整合　1　2　3　4　5　6　7

**D-6 知识共享**

D-61 联盟搭建了完善的知识共享平台　1　2　3　4　5　6　7

D-62 联盟成果在联盟内得到了较好传播　1　2　3　4　5　6　7

**E 联盟效应**

**E-1 联盟形象**

| | | | | | | | |
|---|---|---|---|---|---|---|---|
| E-11 联盟拥有较高的知名度 | 1 | 2 | 3 | 4 | 5 | 6 | 7 |
| E-12 联盟拥有较高的忠诚度 | 1 | 2 | 3 | 4 | 5 | 6 | 7 |
| E-13 联盟拥有较高的美誉度 | 1 | 2 | 3 | 4 | 5 | 6 | 7 |

**E-2 内部效应**

| | | | | | | | |
|---|---|---|---|---|---|---|---|
| E-21 联盟产生专利数量逐年增加 | 1 | 2 | 3 | 4 | 5 | 6 | 7 |
| E-22 联盟发表论文数量逐年增加 | 1 | 2 | 3 | 4 | 5 | 6 | 7 |
| E-23 联盟新产品的研发周期缩短 | 1 | 2 | 3 | 4 | 5 | 6 | 7 |
| E-24 联盟新产品销售额逐年增加 | 1 | 2 | 3 | 4 | 5 | 6 | 7 |

**E-3 产业效应**

| | | | | | | | |
|---|---|---|---|---|---|---|---|
| E-31 产业共性技术突破数量持续增加 | 1 | 2 | 3 | 4 | 5 | 6 | 7 |
| E-32 联盟推动了产业链的进一步完善 | 1 | 2 | 3 | 4 | 5 | 6 | 7 |
| E-33 联盟参与制定的行业标准数量逐年增加 | 1 | 2 | 3 | 4 | 5 | 6 | 7 |
| E-34 联盟培养的产业相关人才数量不断增加 | 1 | 2 | 3 | 4 | 5 | 6 | 7 |
| E-35 联盟培育了一批知名龙头企业 | 1 | 2 | 3 | 4 | 5 | 6 | 7 |

**E-4 区域效应**

| | | | | | | | |
|---|---|---|---|---|---|---|---|
| E-41 联盟每年利税上交百分比逐年增加 | 1 | 2 | 3 | 4 | 5 | 6 | 7 |
| E-42 联盟促进了区域经济的转型升级 | 1 | 2 | 3 | 4 | 5 | 6 | 7 |
| E-43 联盟举办国内外会议数量逐年增加 | 1 | 2 | 3 | 4 | 5 | 6 | 7 |
| E-44 联盟促进了基础学科和院校发展 | 1 | 2 | 3 | 4 | 5 | 6 | 7 |

请您检查一下是否有漏选某个问题，再次谢谢您的合作，祝您工作愉快！

# 附录2 调查问卷Ⅱ(指标权重调查)

尊敬的女士/先生：

您好！

非常感谢您在百忙之中抽出时间填写这份问卷。本问卷旨在对浙江省产业技术创新战略联盟运行绩效进行评价，以了解联盟目前的运营状况，为联盟后续的发展提供战略性、方向性支持。您的回答对我们的研究结论非常重要，我们真诚地希望您能够根据自己的真实看法和实际情况来回答相关问题，协助我们完成这一课题的研究。本问卷为匿名调查，所涉及的资料、数据仅供科研使用，不会对任何人以任何形式公开。烦请您客观如实地填写，以帮助我们进行科学的统计分析。如在填写过程中有任何疑问，欢迎您联系：418904240@qq.com。

真诚感谢您的支持与合作！祝您工作顺利，事业通达！

浙江工业大学经贸管理学院

2016 年 5 月

**填写说明**：本书目的是运用层次分析法来确定各个指标对浙江省产业技术创新战略联盟运行绩效的权重，本指标评价体系分为两个层次（准则层，包括社会支持、联盟组建、要素投入、联盟运行和联盟效应；指标层，包括政府支持、金融机构支持、中介机构支持、联盟结构、伙伴匹配、资金投入、人才投入、设备投入、联盟治理、运营管理、关系管理、知识获取、知识吸收、知识共享、联盟形象、内部效应、产业效应、区域效应）。请您对准则层及指标层分别予以赋值，表 1 是层次分析法赋值说明，供您参考。

**表 1　层次分析法赋值表**

| 标度 | 含义 |
|---|---|
| 1 | 表示两个元素相比，具有同样的重要性 |
| 3 | 表示两个元素相比，前者比后者稍重要 |
| 5 | 表示两个元素相比，前者比后者明显重要 |
| 7 | 表示两个元素相比，前者比后者极其重要 |
| 9 | 表示两个元素相比，前者比后者强烈重要 |
| 2,4,6,8 | 表述上述相邻判断的中间值 |

$a_{ij}$ 表示：$i$ 相对 $j$ 来讲的比较结果（重要性），其中 $a_{ij}=1$，$a_{ji}=1/a_{ij}$。

**填写内容**：

准则层：主因素集 $U$=（社会支持、联盟组建、要素投入、联盟运行、联盟效应）分别由对应的代码（$U_1$、$U_2$、$U_3$、$U_4$、$U_5$）来表示。

| | 社会支持 $U_1$ | 联盟组建 $U_2$ | 要素投入 $U_3$ | 联盟运行 $U_4$ | 联盟效应 $U_5$ |
|---|---|---|---|---|---|
| 社会支持 $U_1$ | | | | | |
| 联盟组建 $U_2$ | | | | | |
| 要素投入 $U_3$ | | | | | |
| 联盟运行 $U_4$ | | | | | |
| 联盟效应 $U_5$ | | | | | |

指标层：

(1) 社会支持层面

| 一级（准则） | 二级（指标） | 指标测度 |
|---|---|---|
| 社会支持（$U_1$） | 政府支持（$X_1$） | 是否引导制定联盟发展规划、科研立项支持度、经费支持度、政府采购支持度、税收优惠程度，是否引导建立联盟公共服务平台、合作交流平台 |
| | 金融机构支持（$X_2$） | 联盟连接的金融机构数量、金融机构对联盟的支持度 |
| | 中介机构支持（$X_3$） | 联盟连接的中介机构数量、中介机构的专业化服务水平 |

社会支持层面指标的判断矩阵：

| | $X_1$ | $X_2$ | $X_3$ |
|---|---|---|---|
| $X_1$ | | | |
| $X_2$ | | | |
| $X_3$ | | | |

(2)联盟组建层面

| 一级（准则） | 二级（指标） | 指标测度 |
|---|---|---|
| 联盟组建（$U_2$） | 联盟结构（$X_4$） | 联盟内部产业链完整度、成员间的历史合作关系、联盟中行业龙头企业数量 |
| | 伙伴匹配（$X_5$） | 合作伙伴的知识互补性、能力互补性与资源互补性 |

联盟组建层面指标的判断矩阵：

| | $X_4$ | $X_5$ |
|---|---|---|
| $X_4$ | | |
| $X_5$ | | |

(3)要素投入层面

| 一级(准则) | 二级(指标) | 指标测度 |
|---|---|---|
| 要素投入($U_3$) | 资金投入($X_6$) | 研发经费投入数量、研发经费投入占总投入的比例 |
| | 人才投入($X_7$) | 内外部优秀人才集聚数量、人才总体素质水平 |
| | 设备投入($X_8$) | 研发及生产设备投入数量、研发及生产设备投入占总投入的比例 |

要素投入层面指标的判断矩阵：

| | $X_6$ | $X_7$ | $X_8$ |
|---|---|---|---|
| $X_6$ | | | |
| $X_7$ | | | |
| $X_8$ | | | |

(4)联盟运行层面

| 一级(准则) | 二级(指标) | 指标测度 |
|---|---|---|
| 联盟运行($U_4$) | 联盟治理($X_9$) | 职能部门的工作效率、分配机制的公平程度、风险共担机制的合理化水平 |
| | 运营管理($X_{10}$) | 战略规划的明确性、战略目标的一致性、合作项目开展情况、经费到位及使用情况 |
| | 关系管理($X_{11}$) | 合作伙伴的信任程度、合作伙伴的沟通交流频率、矛盾处理的有效性与及时性 |
| | 知识获取($X_{12}$) | 成员培训与互访活动的举办情况、会议与论坛的举办情况、是否有联盟技术手册(联盟数据库)、是否形成了技术社区 |
| | 知识吸收($X_{13}$) | 学习意愿的强弱、先进经验的获取情况、新旧知识的整合情况 |
| | 知识共享($X_{14}$) | 知识共享平台的建设情况、联盟成果的有效传播情况 |

联盟运行层面指标的判断矩阵：

| | $X_9$ | $X_{10}$ | $X_{11}$ | $X_{12}$ | $X_{13}$ | $X_{14}$ |
|---|---|---|---|---|---|---|
| $X_9$ | | | | | | |
| $X_{10}$ | | | | | | |
| $X_{11}$ | | | | | | |
| $X_{12}$ | | | | | | |
| $X_{13}$ | | | | | | |
| $X_{14}$ | | | | | | |

（5）联盟效应层面

| 一级（准则） | 二级（指标） | 指标测度 |
|---|---|---|
| 联盟效应（$U_5$） | 联盟形象（$X_{15}$） | 联盟的知名度、忠诚度、美誉度 |
| | 内部效应（$X_{16}$） | 专利产生数量、论文发表数量、研发周期缩短情况、新产品销售收入增加数量 |
| | 产业效应（$X_{17}$） | 共性技术突破数量、产业链完善状况、行业标准制定数量、产业人才培养数量、知名企业培育数量 |
| | 区域效应（$X_{18}$） | 利税上缴、重大会议举办数量、基础学科发展及促进区域经济转型发展情况 |

联盟效应层面指标的判断矩阵：

| | $X_{15}$ | $X_{16}$ | $X_{17}$ | $X_{18}$ |
|---|---|---|---|---|
| $X_{15}$ | | | | |
| $X_{16}$ | | | | |
| $X_{17}$ | | | | |
| $X_{18}$ | | | | |

# 附录 3　调查问卷Ⅲ（模糊矩阵测度）

尊敬的女士/先生：

您好！

非常感谢您在百忙之中抽出时间填写这份问卷。本问卷旨在对浙江省中药现代化产业技术创新战略联盟运行绩效进行评价，以了解联盟目前的运营状况，为联盟后续的发展提供战略性、方向性支持。您的回答对我们的研究结论非常重要，我们真诚地希望您能够根据自己的真实看法和实际情况来为联盟相关的指标表现打分(选择层次)，协助我们完成这一课题的研究。本问卷为匿名调查，所涉及数据仅供科研使用，不会对任何人以任何形式公开。烦请您客观如实地填写，以帮助我们进行科学的统计分析。如在填写过程中有任何疑问，欢迎您联系：418904240@qq.com。

真诚感谢您的支持与合作！祝您工作顺利，事业通达！

浙江工业大学经贸管理学院

2016年6月

| 指标 | 含义 | 优 | 良 | 中 | 差 | 劣 |
|---|---|---|---|---|---|---|
| $X_1$ | 政府支持 | | | | | |
| $X_2$ | 金融机构支持 | | | | | |
| $X_3$ | 中介机构支持 | | | | | |
| $X_4$ | 联盟结构 | | | | | |
| $X_5$ | 伙伴匹配 | | | | | |
| $X_6$ | 资金投入 | | | | | |
| $X_7$ | 人才投入 | | | | | |
| $X_8$ | 设备投入 | | | | | |
| $X_9$ | 联盟治理 | | | | | |
| $X_{10}$ | 运营管理 | | | | | |
| $X_{11}$ | 关系管理 | | | | | |
| $X_{12}$ | 知识获取 | | | | | |
| $X_{13}$ | 知识吸收 | | | | | |
| $X_{14}$ | 知识共享 | | | | | |
| $X_{15}$ | 联盟形象 | | | | | |
| $X_{16}$ | 内部效应 | | | | | |
| $X_{17}$ | 产业效应 | | | | | |
| $X_{18}$ | 区域效应 | | | | | |